Giovanni Tizian / Stefano Vergine

SCHWARZBUCH LEGA

Aus dem Italienischen von
Andreas Rostek

*edition.*fotoTAPETA

INHALT

ZU DIESEM BUCH

Anmerkungen des Übersetzers

Das „Schwarzbuch Lega" ist im italienischen Original im Frühjahr 2019 erschienen. Die Journalisten Giovanni Tizian und Stefano Vergine hatten mehrere Jahre recherchiert, ihre Ergebnisse präsentierten sie zum Teil auch im italienischen Wochenmagazin „L'Espresso", für das beide arbeiten. Die Recherche liefert das Basiswissen für gleich zwei Skandale, in deren Mittelpunkt der Rechtspopulist Matteo Salvini und seine Partei „Lega" standen und stehen.

Salvini, der mächtige Mann der italienischen Rechten, ist ein gefährlicher Zeitgenosse – und diese Aussage wird wahrlich nicht dadurch abgeschwächt, dass er Innenminister war und stellvertretender Regierungschef Italiens und er es im Sommer 2019 in Meinungsumfragen auf Zustimmungsraten von rund einem Drittel der Befragten bringt: Er will seine Popularität ausschlachten und als Premierminister in den Palazzo Chigi in Rom einziehen. Ob ihm das möglicherweise bei den nächsten Wahlen gelingt, ist noch nicht ausgemacht.

Aber ob als Minister, Regierungschef oder Oppositionsführer, Salvini ist und bleibt ein gefährlicher Mann. Wie gefährlich er ist und mit welchen obskuren Figuren er in Verbindung steht, das kann man in der hier vorliegenden Recherche nachvollziehen. Giovanni Tizian und Stefano Vergine haben akribisch nachgezeichnet, wie es um die Lega und ihren Vorsitzenden auf drei Feldern, die für das Erstarken dieser Rechtspartei ganz offensichtlich von wesentlicher Bedeutung sind, steht:

- im Skandal um die unrechtmäßig einbehaltenen Gelder aus der staatlichen Wahlkampffinanzierung, bei dem es um die Kleinigkeit von 48,9 Millionen Euro geht;
- bei den Verbindungen zur alten und neuen Rechten und zum organisierten Verbrechen, die allem Anschein nach für die (Wahl-)Erfolge der Partei, die einmal Lega Nord hieß, nun auch im Süden Italiens mitverantwortlich sind;
- und nicht zuletzt bei den Verbindungen der Salvini-Partei in Putins Reich, bei denen es um anti-europäische Strategien geht – aber auch um Geld. Um viel Geld.

Die Gliederung des Buches in drei Teile folgt diesen Themenfeldern, und die Lektüre jedes einzelnen Teils, gewinnbringend auch jeweils für sich, bringt überraschende Erkenntnisse.

Die Recherche-Ergebnisse der beiden Journalisten aus Rom wurden nach Veröffentlichung des Buches in Italien durch neue Entwicklungen vor allem auf zwei Feldern bestätigt:

Die Kanäle der Lega in den Kreml lösten im Sommer 2019 fast eine Staatskrise in Italien aus. Der auch damals amtierende Ministerpräsident Conte ließ sich sinngemäß mit der Bemerkung zitieren, wenn er glaubte, sein Regierungspartner von der Lega lasse sich von fremden Mächten finanzieren, dann wäre die Regierung am Ende. Die Regierung kam so oder so wenig später an ihr Ende – und in Sachen „Moscopoli" wie der Skandal von der italienischen Presse getauft wurde, kamen Details zu Tage, die das Urteil befeuerten: Salvini ist ein gefährlicher Mann.

Das amerikanische Online-Magazin „buzzfeed.news"[*] veröffentlichte im Juli 2019 Tondokumente, die bei einem Gespräch vom Oktober 2018 zwischen Lega-Leuten und Kreml-nahen Emissären entstanden waren. Diese Aufnahmen, von denen man nicht weiß, wie sie zustande kamen, bestätigten bis ins Detail die Schilderungen im Teil drei dieses Buches – darin berichten Tizian und Vergine, wie damals in Moskau ein Deal zur Finanzierung der Lega eingefädelt werden sollte: Eine russische Staatsfirma sollte große Mengen Öl zu Preisen unter Weltmarktniveau liefern; eine italienische Staatsfirma kauft dann das Öl zu Weltmarktpreisen; die Differenz von ein paar Millionen Dollar geht zum guten Teil an die

Lega, den Rest kassieren die russischen Emissäre. Ob aus dem Deal etwas wurde, weiß man nicht – die Justiz ermittelt. Die Absicht allerdings war klar. Wie der Deal eingefädelt wurde, kann man in diesem Schwarzbuch ab Seite 161 nachlesen.

Der erste Teil dieses Buches widmet sich der Summe von 48,9 Millionen Euro, die die Lega wegen Tricksereien bei den Parteifinanzen an den Staat zurückzahlen muss. Dabei ging es um die Erstattung von Wahlkampfkosten. Bei Abfassung des italienischen Textes stand das Urteil des höchsten italienischen Gerichts in der Sache noch aus. Am 6. August 2019 bestätigte das Kassationsgericht die Verfügung früherer Instanzen* – und die Schilderungen in diesem Buch: Die Lega muss die 48,9 Millionen Euro zurückzahlen.

Im Mittelteil dieses Schwarzbuchs verfolgen die Autoren sehr detailliert die Verbindungslinien zwischen den Politikern, die die bisherige Regionalpartei Lega Nord im Süden Italiens verankern sollen, und Figuren, die dort seit jeher verankert sind: Protagonisten der alten Christdemokratie, Aktivisten der (neo-)faschistischen Szene, Mitgliedern diverser Clans des organisierten Verbrechens. Mitunter vermischen sich diese Szenen, die Namensketten sind dementsprechend bisweilen überraschend lang. Aber genau das zeichnet diese Recherche aus: Detailfreude und Genauigkeit, die die eigenen Beobachtungen nachvollziehbar machen. Die Ergebnisse sind besorgniserregend – auch weil Verbindungen und Ziele der Lega zum Teil weit über die italienischen Grenzen hinausreichen.

Der italienischen Ausgabe des Schwarzbuchs sind zahlreiche Kopien italienischer Originaldokumente beigefügt. Für das deutsche Publikum dürften diese Dokumente in aller Regel wenig hilfreich sein – wir haben sie jedoch für die Internetseite des Verlags aufbereitet: Man findet sie unter der Web-Adresse http://www.edition-fototapeta.eu/Schwarzbuch-Anhang. Genauere Verweise sind Teil der Anmerkungen am Ende dieses Buches.

Andreas Rostek
Berlin, im September 2019

VORBEMERKUNG

Bevor Sie die folgenden Seiten lesen, ist es vielleicht angebracht, etwas zur Methode dieser journalistischen Recherche zu sagen. Und man sollte auch etwas zum Ziel dieser Arbeit, die fast zwei Jahre in Anspruch genommen hat, sagen.

Gehen wir von der Motivation aus, die uns dazu gebracht hat, Nachforschungen über die Partei des derzeitigen* italienischen Innenministers Matteo Salvini anzustellen. Es gibt ein wichtiges Ereignis, mit dem alles begonnen hat: die Beschlagnahme der berühmten 48,9 Millionen Euro, der Summe also, die durch einen Betrug bei der Wahlkampfhilfe zusammenkam. Es ist der erste derartige Fall in der Geschichte der Republik Italien. Von diesem Punkt sind wir ausgegangen um zu verstehen, in welchen Kanälen dieser Schatz versickert ist – ein Schatz, den Umberto Bossi, der frühere Parteichef der Lega Nord, hinterlassen hatte, und nach dem die Justiz im Zusammenhang mit dem Betrug sucht, den der Gründer der Lega Bossi inszeniert hatte. Wir sind also von einem Gerichtsurteil ausgegangen, das ein führender Politiker – der zum Spitzenpersonal der Regierung gehört – nicht einfach ignorieren darf.

Bei der zweiten, politisch relevanten Frage geht es um Transparenz. Und das ist eine Frage, die für jede Partei und jeden führenden Politiker von Bedeutung ist, nicht nur für die Lega. Ein Minister ist verpflichtet, den Bürgern, seinen Wählern, die Wahrheit zu sagen. Ein Journalist seinerseits ist gehalten zu überprüfen, ob er das getan hat. Es ist die Aufgabe des Reporters, Widersprüchen und möglichen Lügen nachzugehen. Das ist in allen entwickelten Demokratien so: Wer an der Regierung ist, wer ein öffentliches Amt innehat, wer öffentliche Gelder verwaltet, ist per se der Kontrolle der öffentlichen Meinung unterworfen – sie hat das Recht, die Fakten und die Hintergründe zu kennen.

Während wir der Geschichte vom Geld der Lega nachgingen, das sich in so kurzer Zeit in Nichts aufgelöst hat, sind wir auch auf eine bemerkenswerte Menge von Material gestoßen, das drei weitere relevante Aspekte betrifft: die Auswahl des neuen Führungspersonals der Lega vor allem im Süden des Landes, Fragen der internationalen Politik und die Netzwerke zur Finanzierung der Partei von Matteo Salvini. Alle drei Aspekte sind von Relevanz für die Öffentlichkeit, gerade weil sie eine Partei betreffen, die an der Regierung ist.

Jeder von uns hat ein Recht zu erfahren, wie sich eine Bewegung oder eine Partei finanziert, und das vor allem, seit die letzte Mitte-Links-Regierung in Italien die öffentliche Parteienfinanzierung abgeschafft hat; diese Reform hat privaten Geldern Tür und Tor geöffnet und bisweilen Platz geschaffen für eine undurchsichtige Handhabe dieser Spenden. So sind zum Beispiel Stiftungen und Vereine außerhalb jeglicher Kontrolle entstanden: ohne die Pflicht, Spender und Unterstützer beim Namen zu nennen. Der Bürger hat hingegen ein Recht zu erfahren, finden wir, wer einen Minister, einen Senator, einen Abgeordneten oder einen Bürgermeister oder Assessor füttert. So wie jeder von uns das Recht hat zu erfahren, ob jemand, der uns regiert, durch Geld aus dem Ausland unterstützt wird. Vor allem wenn der fragliche Politiker sich als bekennender Nationalist gibt.

Der Leser wird in den drei Abschnitten, in die dieses Buch unterteilt ist, viele Informationen finden. Einige davon sind bisher völlig unbekannt. Entsprechend wichtig ist es, dass er auch erfährt, welche Quellen wir genutzt haben, um dieses *Schwarzbuch Lega* zu schreiben: Personen, parteiinterne Papiere, Dokumente von Banken und Unternehmen, seltener solche der Justiz. Dank einiger der hier präsentierten Dokumente sind allerdings Untersuchungen der Justizbehörden in Gang gekommen, zum

Beispiel wegen des Verdachts illegaler Parteienfinanzierung in Rom und Bergamo, wegen der die dortigen Staatsanwaltschaften ermittelt haben.

In den zwei Jahren, die wir an diesem Buch – zum Teil auch für das Magazin „L'Espresso" – gearbeitet haben, hatten wir die Möglichkeit, mit vielen internen Quellen aus der Partei der „*sovranisti*" zu reden, die verschiedene Phasen in der Geschichte der Lega erlebt hatten: von den Sezessionsbestrebungen Umberto Bossis bis zum Nationalismus Salvinis.

Jedes Gerücht oder jede Spur, auf die wir durch Gespräche hingewiesen wurden, haben wir gegengecheckt und dafür Dokumente gesammelt, die bestätigen, was wir zusammentragen konnten. In anderen Fällen haben wir die Informationen überprüft, indem wir die Betroffenen direkt angesprochen haben, vor Ort gegangen sind, Firmensitze überprüft oder Treffen nachvollzogen haben. Auch wenn wir die Möglichkeit hatten, die interne Kommunikation der Partei zu Rate zu ziehen, haben wir das bei den entsprechenden Protagonisten verifiziert und haben ihnen Fragen gestellt, von denen viele ohne Antwort blieben.

Wir konnten zahlreiche Kontoauszüge der Lega aus den Zeiten von Maroni und Salvini einsehen. Diese Dokumente haben uns ermöglicht, die abgehenden Geldflüsse und die Austrocknung der Bankkonten zu rekonstruieren.

Und schließlich liegen uns die Akten der Ermittler vor. Haftbefehle, Berichte von Polizei und Carabinieri, Protokolle von Verhören. Die sind durchaus nützlich, um die Biografien von einigen Abgeordneten, Kandidaten oder lokalen Ansprechpartnern auf den Listen der „Lega per Salvini Premier" zu verifizieren. Aber auch, um das Profil der Finanziers der Lega deutlich zu machen.

Korrekterweise muss man darauf hinweisen, dass einige dieser Untersuchungen noch im Gang sind, andere noch nicht zu einem Prozess geführt haben und wieder andere zu den Akten gelegt wurden. Für alle Betroffenen gilt folglich die durch die Verfassung garantierte Unschuldsvermutung bis zur letzten Instanz. In anderen Fällen nennen wir Namen, die sich aus den Akten ergeben, aber es geht dabei um Personen, die noch nicht vor Gericht stehen oder gegen die noch nicht einmal ermittelt wird. Wir haben sie erwähnt, um zu erläutern, in welchem Umfeld sich einige Personen aus der Partei bewegen, die von Matteo Salvini geführt wird. Denn nicht alles, das von öffentlichem Interesse ist, hat auch juristisch eine Bedeutung. Journalisten reden auch von Dingen, die nicht im Gerichtssaal landen. Natürlich gilt auch für alle Personen, die im Zusammenhang mit diesen Ermittlungsakten genannt werden, die Unschuldsvermutung.

ERSTER TEIL

„Ich habe dieses Geld noch nie gesehen."

Wo sind die 49 Millionen geblieben?

1. DIE URSPRÜNGE DES BETRUGS

Der Winter 2012 wird den Mitgliedern der Lega als der dunkelste und kälteste in ihrer politischen Geschichte in Erinnerung bleiben. Dabei hatte die von Umberto Bossi, dem „*Senatur*", gegründete Partei bereits einige dramatische Momente erlebt. Das erste juristische Erdbeben geht noch auf die erste Republik zurück. Oder besser gesagt, auf die zwei Jahre, als ein Tornado, der seither als *Tangentopoli* bekannt ist, diese erste Republik hinwegfegte. Bossi hatte es plötzlich selber mit dem Pool von Richtern der Aktion „Saubere Hände" zu tun, den die Abgeordneten der Lega Nord einige Monate zuvor noch unterstützt hatten, indem sie im Parlament mit Handschellen wedelten, gedacht für die Mitglieder der traditionelle Parteien, die Bestechungsgelder genommen hatten. Bossi geriet in den Riesenskandal um Enimont[*]: zweihundert Millionen Lire und acht Monate als Strafe für illegale Parteienfinanzierung. Zwanzig Jahre später scheint es, als wären wir wieder an der Startlinie. Die Lega hat sich verändert, jetzt hat Matteo Salvini das Sagen, die Zustimmungsraten sind auf einem historischen Höchststand, viel höher als alles, was Bossi jemals erreicht hat. Aber der jetzige Vizepremier und Innenminister schafft es nicht, ein Urteil wieder loszuwerden, das bereits von der nächsten Instanz bestätigt wurde: 48,9 Millionen Euro, die seine Lega an den Staat, an die italienischen Bürger zurückgeben muss. Ein Debakel, das die stärkste politische Partei des Augenblicks finanziell schwach dastehen lässt. Eine Ungerechtigkeit, versichert Salvini immer wieder. „Ein politischer

Prozess wegen Sachen, die zehn Jahre zurückliegen, wegen Geldern, die ich noch nie gesehen habe.“[*] So klingt das bei ihm.

Fangen wir also noch einmal an, in jenem Winter des Jahres 2012. Der 23. Januar – das ist der Tag, an dem alles beginnt. Niemand bemerkt auf der Treppe der Mailänder Staatsanwaltschaft den Mann mit einer Mappe voller Dokumente unter dem Arm. Niemand kann sich vorstellen, dass dieser Gentleman, Oscarino Corti, ein Aktivist der Lega Nord ist und aufgebracht wegen der ständigen Klauereien seiner Chefs. Vor allem aber kann sich niemand vorstellen, dass diese Papiere Jahre später ein Erdbeben in der Partei auslösen würden, das das Ende der Lega in ihrer ersten Version mit sich bringen sollte. Der 23. Januar 2012 also ist das Datum, an dem alles beginnt. Mit einer scheinbar harmlosen Aussage eines fast 70-jährigen Gentleman, den nur wenige in seiner Partei kennen.

Die Anzeige Cortis basiert auf einigen journalistischen Treffern, die in den Wochen zuvor vom „Il Secolo XIX“ veröffentlicht worden waren. In der Zeitung aus Genua beschrieb Giovanni Mari, wie die Lega einige Tage davor, zwischen Weihnachten und dem Dreikönigstag, etwa 7 Millionen Euro ins Ausland verschoben hatte, um sie in Tansania, Zypern und Norwegen zu investieren. „Alles ganz regulär“, hatte der damalige Schatzmeister der Partei, Francesco Belsito, gleich mitgeteilt. Aber die Beteuerungen des von Bossi ausgewählten Schatzmeisters nützen wenig. Im Parteisitz in der Via Bellerio wird die Luft immer dicker, der Parteiflügel um Maroni protestiert öffentlich: „Wir müssen jeden einzelnen Euro umdrehen.“ Das Fundament, auf dem der Erfolg der Lega gründet, die granitharte Geschlossenheit um die Figur des Chefs, um Bossi herum, beginnt zu wanken.

Die Befürchtungen der Lega-Führer werden drei Monate später zu Gewissheiten. Am 3. April kommt es zu systematischen Durchsuchungen durch die Finanzpolizei, es stellt sich heraus, dass nicht weniger als drei Staatsanwaltschaften gegen die Lega ermitteln: Mailand, Reggio Calabria und Neapel. Insbesondere Reggio. Da geht es um Belsito und die gefährlichen Freundschaften des Schatzmeisters mit Managern, die mit den Clans der 'Ndrangheta verbandelt sind. Am 3. April öffnet sich die Büchse der Pandora. Es ist etwas faul in der Lega, und langsam kommt es heraus: Die Ermittler der „Gelben Flammen“, so heißt in Italien die Finanzpolizei, durchleuchten die Büros der Partei im Montecitorio, dem Parlament in Rom, und stoßen auf einen dicken Fund: einen roten Ordner mit der Aufschrift „The Family“. Eine eindrucksvolle Ansammlung von Akten, Papieren und Rechnungen, die viel mehr zeigen als nur seltsame Investitionen im Ausland. Sie zeigen die private Nutzung öffentlicher Gelder, Erstattungen von Wahlkampfgeldern, die dann für die privaten Ausgaben von Bossi und seiner Familie eingesetzt wurden.

Die Mailänder Untersuchung liegt von Anfang an beim damaligen stellvertretenden Leiter der Staatsanwaltschaft Alfredo Robledo – wir werden auf ihn zurückkommen – und bei den Staatsanwälten Roberto Pellicano und Paolo Filippini. Die Hypothese der Anklage: Belsito und Bossi haben sich der Veruntreuung schuldig gemacht. Nach dem Blitzeinsatz der Finanzpolizei ist die Nachricht schnell in aller Munde. Von diesem Tag an jagt ein Detail über die Investitionen der Partei und das darin verwickelte Personal das andere.

Einige dieser Details sind mehr als andere im kollektiven Gedächtnis als Symbole für die Verschwendung öffentlicher Ressourcen haften geblieben. Zum Beispiel das Geld der Partei, das ausgegeben wurde, um über ein Konto der Banca Aletti Anteile an einem Fonds in Zypern und einem anderen in Tansania zu erwerben. Aber mehr noch die Goldbarren und die Diamanten. Und dann jenes Geld der Italiener aus der Wahlkostenerstattung, das ausgegeben wurde für recht familiäre Angelegenheiten: einen Universitätsabschluss in Albanien für Renzo Bossi, besser bekannt als „*trota*“ (die Forelle), der in Tirana einen Doktor in Unternehmensmanagement für die bescheidene Summe von 77.000 Euro bekam; dann knapp 50.000 Euro, die für einen Audi A6 ausgegeben wurden; außerdem die deftigen Bußgelder, die ein anderer Bossi-Sohn, Riccardo, mit einem BMW X5 zusammenfuhr, dazu Leasingraten und einige Raten für die Universität über insgesamt 158.000 Euro; mehr als 14.000 Euro an Rechnungen und Mietkosten für eine Wohnung, 8.000 Euro an Lebensmitteln für die Ex-Frau; 208.000 Euro für Bossi selbst als Unterstützung nach dem Schlaganfall, den er 2004 erlitt.

Auf der Liste fehlen noch kleinere Posten, aber sie reicht doch, um den Mechanismus verständlich zu machen, der die Mailänder Richter veranlasste, Umberto Bossi wegen Veruntreuung zu belangen, zusammen mit Francesco Belsito, damals Schatzmeister der Partei und Nachfolger des langjährigen Schatzmeisters Maurizio Balocchi, dessen Fahrer und dann Assistent er war. Belsito kommt ursprünglich aus Kalabrien, ist aber Wahl-Genueser, so wie auch Balocchi Ligurier war, der es in der Regierung Berlusconi-Lega zum Staatssekretär brachte. Belsito, der auch der verrückteste Schatzmeister der Welt genannt wurde, trat in die Fußstapfen seines Vorgängers: Auch er wird nicht nur Schatzmeister, sondern bekommt ebenfalls eine Ernennungsurkunde als Staatssekretär in dem Ministerium, das Roberto Calderoli von der Lega Nord führte, dem für Bürokratieabbau.

Die Geschichte der Gerichtsverfahren der „Family" spielt ganz in Mailand, der Hauptstadt der Lombardei. Am 10. Juli 2017 verurteilten die Richter des Mailänder Gerichts Bossi, Belsito und Renzo *(„trota")* wegen Veruntreuung. Am 23. Januar 2019 im Berufungsprozess wurde nur Belsito verurteilt (1 Jahr und 8 Monate) – Umberto Bossi und sein Sohn wurden freigesprochen, teils wegen Verjährung, teils weil Salvini, der neue Chef der Lega, schließlich darauf verzichtete, sie zu belangen.

Allerdings geht es auf die Ermittlungen gegen Bossi & Co. wegen der privat verwendeten öffentlichen Gelder zurück, dass die Mailänder Richter ihren Kollegen in Genua einen Teil der Akten überließen – sie vermuteten, dass von der Filiale der Banca Aletti in Genua zahlreiche Überweisungen auf ausländische Konten getätigt worden waren.

In Genua rekonstruierten die Ermittler dann die Mechanismen der Finanzstrategien, die Belsito im Namen der Partei entwickelt hatte. Und sie beschuldigten ihn schließlich auch des Betrugs zu Lasten des Staates. Alle wurden verurteilt: in erster Instanz am 24. Juli 2017, im Berufungsverfahren am 26. November 2018. Für Bossi und Belsito sind das einfach weitere Prozesse und weitere Verurteilungen, aber diesmal trifft es auch die Rechnungsprüfer der Partei: Stefano Aldovisi, Diego Sanavio und Antonio Turci. Schuldig auch sie, so schreiben die Richter des Genueser Gerichts in ihrem Urteil. Sie alle werden nicht nur zu Gefängnisstrafen verurteilt, sondern auch zur Entschädigung von Parlament und Senat, die im Prozess als Nebenkläger auftraten. Einem Prozess, in dem zu Tage trat, dass es der Lega in den drei Jahren von 2008 bis 2010 gelungen war, unrechtmäßig 48,9 Millionen Euro an Wahlkampfkostenerstattung zu beziehen, weil sie nach Vorlage falscher Abrechnungen gezahlt wurden – unrechtmäßig.

2. WARUM DIE LEGA 48,9 MILLIONEN ZURÜCKZAHLEN MUSS

An dieser Stelle sollten wir einhalten und das Urteil im Detail durchgehen. Denn dort hat der politische Skandal, von dem noch heute die Rede ist, seinen Ausgangspunkt. Wir haben es mit dem Urteil in einem Berufungsprozess zu tun – daran muss man denken –, das daher theoretisch noch vom Kassationsgericht aufgehoben werden kann[*]. Gegen dieses Urteil hat sich die derzeitige Führung der Lega immer verwahrt. Die Gründe hat vielleicht am treffendsten Roberto Calderoli zusammengefasst, einer der wenigen historischen Köpfe der Lega, die unversehrt aus den Umwälzungen der Nach-Bossi-Ära hervorgegangen sind. Seine Position ist folgende: „Wenn jemand der Lega 500.000 Euro oder 800.000 Euro entzogen hat, wie kann man mir dann eine Summe von 49 Millionen Euro vorhalten, die auf der Anzahl der für die Lega abgegebenen Stimmen basiert?“[*] Die gleiche These wurde von verschiedenen Exponenten der Lega in unterschiedlicher Form immer wieder vorgebracht, darunter der Schatzmeister Centemero und Parteichef Salvini, der seinen Ton auch nach seiner Ernennung zum Innenminister und Vizepremier nicht gemäßigt hat. Im Gegenteil: Nach der Wahl ging Salvini so weit, den Richtern vorzuwerfen, sie hätten „ein politisches Urteil“ gefällt[*]. Gemeint ist: Sie wollen uns durch diese Geschichte mit dem Geld fertigmachen. Man kann die Position der Lega folgendermaßen zusammenfassen: Bossi und Belsito haben mehrere

Hunderttausend Euro gestohlen. Sie haben einen Fehler begangen, aber was hat das mit uns, mit der neuen Lega zu tun? Und selbst wenn wir für Fehler anderer bezahlen müssen, warum wollt ihr bei uns dann 48,9 Millionen Euro beschlagnahmen? Das sind Gelder, die wir mit der Wahlkampfkostenrückerstattung für die Jahre 2008, 2009 und 2010 erhalten haben, aber nur ein kleiner Teil davon hat mit einem Vergehen zutun. Diese These hat etliche Anhänger unter den professionellen Kommentatoren der italienischen Politik gefunden. Und in der Tat erscheint der Satz, wenn man ihn so hört, zumindest paradox.

Es lohnt sich daher nachzuvollziehen, warum die Richter von Genua zweimal entschieden haben, die 48,9 Millionen müssten eingezogen werden. Dazu haben wir uns das Urteil wegen Betrugs zu Lasten des Staates gegen Bossi und Belsito vorgenommen, das am 26. November 2018 vom Berufungsgericht Genua bestätigt wurde[**]. Und dazu die 60-seitige Eingabe der juristischen Vertreter von Parlament und Senat als Nebenkläger in dem Betrugsverfahren[**].

Fangen wir mit dem Urteil an. Die Richter entschieden, die in den Jahren 2008 bis 2010 gezahlten Wahlkampfkostenrückerstattungen – also die 48,9 Millionen Euro – einzuziehen, weil die von der Partei in diesen drei Jahren vorgelegten Bilanzen gefälscht waren. „Die Zahlung“, so schrieben die Richter, „ist abhängig von der Ordnungsmäßigkeit der Rechnungsführung.“ So steht es auch im Gesetz von 1997. Mit anderen Worten: Die Parteien kommen in den Genuss einer Wahlkampfkostenrückerstattung, wenn sie ordnungsgemäße Bilanzen vorlegen, andernfalls, so sagt es das Gesetz, bekommen sie keinen einzigen Euro. Im Verlauf des Verfahrens kam heraus, dass in diesen drei Jahren, von 2008 bis 2010, die Bilanzen der Lega Nord, des *Carroccio*, wie sie in Italien genannt wird, gefälscht worden waren.

Durch „Betrug und Täuschung“, so heißt es in dem Urteil, enthielt „die Rechnungsführung falsche Angaben über den Verwendungszweck der entstandenen Ausgaben, dabei fehlten Belege für Ausgaben, und vorliegende Belege weisen Ausgaben für Zwecke aus, die nicht mit den Zielen der politischen Partei zusammenhängen“.

Gerade in Bezug auf diesen letzten Satz, den über Ausgaben, die mit der Lega nichts zu tun haben, erklären die Richter, dass „gesonderte Verfahren gegen Francesco Belsito, Umberto Bossi und Renzo Bossi eingeleitet wurden". Das ist der Punkt, bei dem es leicht zu Konfusion kommt, zumindest wenn man die Äußerungen von Calderoli und vielen anderen hört. Denn die Tatsache, dass Bossi und seine Kollegen Geld für persönliche Zwecke ausgegeben haben – zum Beispiel den albanischen Doktortitel für seinen Sohn Renzo –, hat nichts zu tun mit dem Betrug zu Lasten des Staates. Hier geht es um Veruntreuung, ein Vergehen, wegen dem der alte Vorsitzende, der damalige Schatzmeister Belsito und „*trota*" vor das Mailänder Gericht kamen.

Mit anderen Worten, das Geld, von dem Salvini sagt, er sei bereit, es aus eigener Tasche zu zahlen, hat nichts mit den 49 Millionen zu tun, die eingezogen werden sollen. Dieses Geld – so der Richterspruch – muss die Lega zurückgeben, weil sie es unrechtmäßig bekommen hat. Die Verteidigungslinie der Lega ist simpel und basiert auf einer Anomalie des Verfahrens: Die Wahlkampfkostenrückerstattungen sind an die Anzahl der Stimmen gebunden, die die Partei erhalten hat, folglich ist die Abrechnung der Ausgaben eine reine Formalität. Das Urteil der Richter von Genua und die Einlassung der Anwälte des Parlaments zielen aber auf ein anderes Argument. Wir haben bereits darauf hingewiesen, dass das Gesetz von 1997 die Erstattung von der Vorlage einer ordentlichen Bilanz abhängig macht. Die anschließende Änderung des Gesetzes im Jahr 1999, so die Erläuterung der Richter, „koppelte eine Wahlkampfkostenrückerstattung an die Kosten des Wahlkampfs für die Erneuerung des Senats und der Abgeordnetenkammer, des Europäischen Parlaments und der Regionalparlamente". Allerdings unter einer Bedingung: Die Bilanzen dürfen keine Unregelmäßigkeiten aufweisen, sonst wird die Zahlung gestoppt. Das ist der Grund, warum die Richter, und mit ihnen die Rechtsvertreter der Abgeordnetenkammer und des Senats, den Umstand betonen, die Bilanzen der Lega Nord hätten „falsche Angaben über den Verwendungszweck der entstandenen Ausgaben" enthalten. Und dabei geht es nicht um Kleinigkeiten: In dem Urteil heißt es, dass in den drei untersuchten Jahren

„Belege für zwei Drittel der Ausgaben der Lega fehlten". Mit anderen Worten, aus den Kassen der Lega sind etwa 46 Millionen Euro ohne Beleg abgeflossen, und nicht etwa 500.000 oder 800.000 Euro, wie Äußerungen von Calderoli vermuten lassen könnten. Aus diesen Gründen haben die Richter entschieden, die gesamte Summe der von der Lega für diese Jahre erhaltenen Rückerstattung zu beschlagnahmen, und nicht nur, wie Salvini sich das wünscht, die von Bossi und Belsito für private Zwecke verwendete Beute.

Gehen wir noch einen Schritt weiter. Die Lega Salvinis hat sich entschieden, nicht als Nebenkläger in dem Verfahren aufzutreten. Als der Prozess 2014 beginnen sollte, hat man es vorgezogen, sich nicht gegen den Gründer der Partei Bossi und den einst überaus beliebten Kassenwart Belsito zu stellen. „Wir können nicht Geld und Zeit in Verfahren stecken, die Jahre dauern werden"*, erklärte der Innenminister. Offensichtlich hatte er nicht richtig gerechnet: Weil er ein paar tausend Euro an Anwaltskosten sparen wollte, hat Salvini nun Schulden von 48,9 Millionen Euro am Hals. Prosaischer ausgedrückt: Der Fluch des Betrugs ist nun auch auf die heutige Partei zurückgefallen, die nicht nur keine Entschädigung erhält, sondern auch noch die Beute zurückgeben muss.

Im Schlusswort ihrer Eingabe schrieben die Rechtsvertreter von Kammer und Senat, das Verhalten der Betrüger sei „unsäglich und bösartig" vor allem deshalb, weil Italien inzwischen „eine schwere Zeit" durchgemacht hat, „in der die Führung des Staates sich gezwungen sah, Bestimmungen über die strikte Eindämmung der öffentlichen Ausgaben [...] zu erlassen, einschließlich einer Blockade von Tarifverhandlungen und der Erhöhung des Rentenalters mit der Reform Fornero* und anderer. Es macht daher sprachlos, wenn man erfährt, dass in der selben Zeit Hunderte und Tausende von Euro schwarz an Mitarbeiter der Lega mittels der legendären ‚Buffetti-Umschläge' verteilt wurden."*

Die Anklage der Anwälte von Abgeordnetenhaus und Senat zieht also eine direkte Verbindung zwischen der munteren Verwendung öffentlicher Gelder durch die Parteien, im konkreten

Fall der Lega, und der drastischen Sparpolitik, wie der durch das besagte Gesetz Fornero. Irgendwie ein absurde Bestätigung für Matteo Salvini, der seinen Wahlerfolg in gewissem Umfang auf die Forderung nach Abschaffung dieses Gesetzes gründete.

3. DAS INTERREGNUM VON MARONI

Als das erste Verfahren im Juli 2017 mit einer Verurteilung endete, war Salvini bereits seit fast vier Jahren Parteichef, und die Kassen der Lega waren praktisch leer. Dabei hatten die Bücher der Lega wenige Jahre zuvor, nämlich 2011, noch ein Vermögen von 40 Millionen Euro ausgewiesen. Wie war es möglich, 40 Millionen Euro in sechs Jahren auszugeben? Und wie kann eine Partei ihre Aufgaben bewältigen, ohne dass ihr noch ein einziger Euro zur Verfügung steht? Diese Fragen waren der Ausgangspunkt unserer Recherche. Sie wurde zu einer Erkundungstour durch die Lega-Finanzen der Vergangenheit wie der Gegenwart, um zu begreifen, wo die 49 Millionen Euro geblieben sind – immerhin Geld der Bürger Italiens – und mit welchem Geld der derzeitige Vizeregierungschef eine Partei wieder zum Leben erweckt hat, die vor wenigen Jahren noch im Sterben zu liegen schien.

Kehren wir also zurück zu den ersten Tagen im April 2012. Denn dort muss man anfangen, wenn man verstehen will, ob und wie sich die Lega verändert hat, und um festzustellen, ob der Betrug – wie Salvini es behauptet – tatsächlich eine Sache der Vergangenheit ist, also „ein politischer Prozess, der Geschichten von vor zehn Jahren betrifft, und Geld, das ich nie gesehen habe". Es waren wirklich düstere Frühlingstage in der Via Bellerio. In der historischen Parteizentrale der Lega Nord für die Unabhängigkeit Padaniens war man dabei zu erkunden, wie man zurückschlagen könnte. Die Nachricht war kurz vor Beginn der Sitzung der Parteiführung eingetroffen, bei der ein neuer

Schatzmeister anstelle von Belsito gewählt werden sollte, gerade einmal 48 Stunden nach der Razzia der Finanzpolizei in der Parteizentrale und in den Büros im Parlament am Piazza Montecitorio in Rom. Bossi verkündet vor seinen Getreuen, die da am Tisch sitzen, seinen Rücktritt als Parteichef. Es ist das Ende einer Ära. Am 5. April zwanzig Jahre zuvor, man schrieb damals das Jahr 1992, hatte der Volkstribun aus Varese den *Carroccio*, wie die Lega Nord allgemein genannt wurde, zu einem ersten großen Wahlerfolg geführt: 55 Sitze im Abgeordnetenhaus und 25 im Senat. Das krachende Ende kam fast vier Jahrzehnte später, 2011, mit dem Rücktritt seines allerbesten Verbündeten, Silvio Berlusconi, vom Amt des Regierungschefs. Am Tag, als nun Bossi zurücktritt, sind Roberto Maroni, Matteo Salvini und Roberto Calderoli bei ihm. Die politischen Überlebenden dieser Phase, einige der ganz wenigen, die noch eine führende Rolle in der Lega behalten hatten. Heute sind seit jenem April 2012, als die *Guardia di Finanza* die Büros in der Via Bellerio auf den Kopf stellte, erst sieben Jahre vergangen. Und im Grunde genommen ist auch Bossi nie ganz abgetreten. Aber das ist eine andere Geschichte, die wir in Kürze erzählen werden. Kehren wir erst einmal zurück zu dem Tag mit dem historischen Abgang des *Senatur* als Parteichef.

„Ich trete zurück um der Bewegung und ihrer Kämpfer willen. Das Wichtigste ist das Wohl der Lega und die Fortsetzung der Schlacht. Ich stünde dabei im Weg, und Maroni ist kein Verräter". Die Rede des *Senatur* endet mit einem deutlichen Hinweis: „Die Tatsache, dass ich zurücktrete, bedeutet nicht, dass ich verschwinde. Das können die sich abschminken. Ich bleibe in der Lega, als ihr hinterletzter Unterstützer oder als Vorsitzender, ich bin immer für die Sache da". Jahre später wirken diese Worte fast wie eine Verdammnis. Bossis Fluch ist wie ein Schatten, der seine Nachfolger jagt und denen, die nach ihm kamen und sich einer Vergangenheit stellen müssen, die nie ganz gelöst wurde, kein Entrinnen erlaubt.

Der erste, der das Zepter vom Gründer der Lega Nord erbt, ist Maroni. „Es ist der Moment sauberzumachen", kündigte der zukünftige Parteichef, ehemals Innenminister in der letzten

Regierung Berlusconis, in den Tagen des juristischen Erdbebens an, das seinen politischen Ziehvater außer Gefecht gesetzt hatte. Für diese harte Linie wird Maroni an jenem 5. April 2012 scharf kritisiert werden: „Verräter", schrien ihn vor dem Hauptquartier der Lega Parteimitglieder an und verteilten Flugblätter mit der Überschrift: „Der Kuss des Judas". Bossi verteidigte ihn öffentlich.

Und er benutzte ein Bild aus der Bibel, um seinen Schritt zu erklären: „Ich habe es wie Salomo gemacht: Ich wollte das Kind nicht in zwei Stücke reißen." Die Metapher ist deutlich: Statt die Lega zu spalten in die, die für mich sind, und jene, die gegen mich sind, sagt er, zeige er sich bereit, seinem ewigen Rivalen friedlich die Macht zu überlassen. Von da an wird jeder seiner Nachfolger, zuerst Maroni und jetzt Salvini, den Versuch unternehmen, sich vom Vorgänger zu unterscheiden, und Pufferzonen zwischen der Partei, wie sie einmal war, und der Partei von heute zu schaffen. Nur dem Anschein nach Krieg, ohne jede Einschränkung. Tatsächlich aber eine Strategie zur Hegemonialisierung von Konsens, ohne übermäßige Traumata auszulösen. So wird der Führungszirkel der Partei am Tag des Rücktritts von Bossi – in Anwesenheit von Maroni und Salvini – beschließen, dem *Senatur* die Hand zu reichen, indem man ihm zum Parteipräsidenten ernennt. Schließlich ist er der Gründer der Partei und verdient Respekt. Und alle sind einverstanden. Eine Art *pax* zwischen Alt und Neu, der heute noch Bestand hat.

Warum haben Maroni und Salvini sich nicht entschieden, mit der Vergangenheit wirklich zu brechen? Wenn man die Ereignisse der Monate, die folgen werden, Revue passieren lässt, ergeben sich mehrere Indizien. Am 1. Juli 2012 wurde Maroni zum neuen Parteichef gewählt. Vier Monate später, am 31. Oktober, geht er zum ersten Mal zur Kasse. Ein Dokument der Buchhaltung des Senats für die Staatsanwaltschaft von Genua zeigt, dass „Bobo", wie er genannt wird, an diesem Tag 1,8 Millionen Euro bekommt. Das ist die Rückerstattung, die der Lega für die Parlamentswahlen von 2008 zusteht, die Berlusconi gegen Veltroni gewann – die erste einer langen Serie. Von nun an wird das Parlament etliche Überweisungen auf den Namen Maroni ausstellen. Bis Ende des Jahres 2013, also bis zum Ende seiner Amtszeit, wird er so

12,9 Millionen Euro erhalten. Allesamt Zahlungen im Zusammenhang mit den Wahlen zwischen 2008 und 2010, als Bossi noch Parteivorsitzender war und Belsito Kassenwart. Mit anderen Worten Geld aus dem Betrug zu Lasten des Staates. Schmutziges Geld, wie der Prozess rund um den Betrug zeigen wird. Als Maroni die Gelder in seiner Eigenschaft als Parteichef annimmt, weiß er bereits von der Untersuchung. Und auch sein Nachfolger weiß davon.

Vieles hat sich inzwischen in der Lega verändert. Es geht nicht mehr um die *meridionali*, also die Süditaliener, sondern um Immigranten. Und an die Stelle der Abspaltung des Nordens von Italien ist nun der Nationalismus getreten. Selbst eine neue Marke gibt es, „Lega per Salvini Premier", mit eigenen Niederlassungen vom Zentrum des Landes bis in den Süden und mit Aktivisten von der Rechten, wie in Kalabrien, oder früheren Christdemokraten, die auf Autonomie zielen, wie in Sizilien. Neue Gesichter (wenn man das so nennen will) und neue Ideale, die mit einer Kraft unterstützt werden, die proportional zum Fortgang der gerichtlichen Ermittlungen in Sachen Wahlgelder wächst.

Aber es gibt noch etwas anderes, das die eine Parteiführung mit der anderen verbindet. Und es ist nicht die Wiese von Pontida*. Maroni zieht es vor, sich nicht dazu zu äußern, Salvini leugnet es kategorisch ab. Die Erben des *Senatur* behaupten jedenfalls, von den 48,9 Millionen an gestohlenen Rückerstattungen nicht einen Euro gesehen zu haben. Dokumente, die wir mit diesem Buch präsentieren, beweisen aber das Gegenteil. Das Geld aus den Rückerstattungen, die durch den Betrug des Parteigründers zur Verfügung stand, kam auch seinen Nachfolgern zugute. Zwischen Ende 2011 und 2014 haben Bossis politische Erben das Wahlgeld, das auf den Betrug ihres Vorgängers zurückging, einkassiert und verwendet. Und sie taten es, als längst allen klar war, dass dieses Geld möglicherweise beschlagnahmt werden würde.

4. AIELLO UND DER STAATSANWALT

Der Betrug ist ein schweres politisches Vermächtnis. Aus vielen Gründen, aber vor allem, weil der Schuldige der Parteigründer ist, der Mann also hinter dem Aufstieg des *Carroccio,* wie Freund und Feind die Lega in Italien nennen, und ihrer Landung in Rom. Bossi ist eine Institution, der Vater aller „Legisten", ein Gott auf Erden für das Parteivolk. Im Jahr 2014 waren die Schockwellen der Ermittlungen gegen Belsito und den *Senatur* nicht abgeebbt. Im Gegenteil, sie erschütterten die Lega weiterhin in ihren Fundamenten, eine Partei, die seit wenigen Monaten einen neuen Vorsitzenden hat: Matteo Salvini. Er ist eine Art Anti-Renzi[*], den er sich weit von rechts kommend genau angeschaut hat. Statt des trendigen weißen Hemdes, das der ehemalige Bürgermeister von Florenz und Chef der Demokraten trug, bevorzugte Salvini kuschelige Sweatshirts, die je nach der Stadt, in der er gerade unterwegs ist, wechselnde Sprüche zieren. Ein kuscheliger Parteiführer, wenn auch ganz sicher nicht in seiner Sprache. Es sind die ersten Schritte des *enfant prodige*, der die Politik mit der Muttermilch aufgesogen hat.

Salvini wird nie einen echten Vatermord begehen, und es wird schließlich sein Verdienst sein, dass sich gegenüber dem Parteigründer eine harte Linie nicht durchsetzen kann. Das hat viele Gründe, aber vielleicht vor allem einen: Geld. Das ist eher als alle Ideologie das Bindemittel, das die Ära Bossis, das Interregnum von Maroni und die Gegenwart unter Salvini zusammenhält. Die drei Phasen diese Partei aus der Po-Ebene, die sich um ein Ereignis ranken, das jeder schnellstens vergessen möchte. So schnell, dass sogar eine Klage vor Gericht zurückgezogen wird. Ja, denn nur einen Monat nachdem er sich als Opfer des Betrugs von Bossi und Belsito präsentierte, legt Salvini den Rückwärtsgang ein. Sozusagen die Aufforderung: Lassen wir es gut sein, vergessen wir die Vergangenheit, schauen wir nach vorn.

Das war eine schwierige Entscheidung, die nicht von allen geteilt wird. Innerhalb der Lega gab es in den ersten Monaten des Jahres 2014 sogar Stimmen, die auf einen demonstrativen Bruch mit der Vergangenheit setzten. Andere hingegen hielten es eher mit einer Politik der Verdrängung. In diesem Kontext kommt es zu der Schlichtungsvereinbarung mit dem Anwalt von Bossi, Matteo Brigandì, mit der die Lega darauf verzichtet, als Nebenkläger aufzutreten, das heißt Schadenersatz zu verlangen. Allerdings unter einer Bedingung: Auch der Vertrauensanwalt Bossis sollte auf alle Ansprüche auf Zahlungen durch die Partei verzichten, dabei ging es um etwa 6 Millionen Euro. Außerdem wollte man Bossi eine üppige Rente zubilligen – auch hier lassen die Dokumente keinen Raum für Interpretationen. Und löst der Deal nun alle Probleme? Von wegen. Die Strategie wechselt erneut abrupt. Salvini und Maroni ändern ihre Position und erteilen dem Anwalt Domenico Aiello, der auch Anwalt des damaligen Gouverneurs der Lombardei Maroni ist, das Mandat, in Sachen Nebenklage fortzufahren. Für den alten Freund Bossi eine Brüskierung.

Bald darauf nimmt die Angelegenheit wieder eine andere Wendung. Im November und schon während eines ersten Termins im Verfahren gegen Bossi und Belsito zieht Aiello den Antrag auf Nebenklage zurück. Damit verzichtet die Lega praktisch darauf, Wiedergutmachung für den Betrug zu erlangen. Die Idee kam von Salvini. Er rechtfertigt den Rückzieher schließlich so: „Wir haben weder die Zeit noch das Geld um zu versuchen, Gelder zurückzubekommen, das gewisse Leute nicht haben.“[*]. Da war der Europa-Abgeordnete Salvini gerade zum Parteichef gewählt worden. Auch für Maroni, den Gouverneur der Lombardei, ist das ein überraschender Schachzug, der schließlich mit Aiello alles unternommen hatte, um von den Angeklagten der Lega

Schadenersatz zu erhalten. Bei langjährigen Beobachtern der Partei drängte sich der Eindruck auf, man habe es mit einem strategischen Rückzug zu tun, um die widerstreitenden Flügel der Partei zu beruhigen und potentiell schädliche Konsequenzen für den neuen Chef zu vermeiden. Politische Konsequenzen natürlich, denn Bossi war schließlich immer noch der Gründer und die Symbolfigur des bisherigen Separatismus der Partei. Ihn fallenzulassen mochte dazu führen, dass er möglicherweise eine neue Partei gründen würde, die die Lega Stimmen gekostet hätte. Vor allem aber hätte eine frontale Konfrontation schwerwiegende finanzielle Folgen gehabt. Denn das Geld, das Bossi in den Parteikassen hinterlassen hatte, es waren Ende 2012 immerhin 31 Millionen Euro, wäre überaus nützlich gewesen, um die Partei, die nach den Skandalen in Trümmern dalag, wieder aufzubauen. Dumm nur, dass dieses Geld im Zentrum der Ermittlungen von drei Staatsanwaltschaften stand.

Eine der Anomalien dieser Zeit großer Verwirrung in der Via Bellerio wird durch einen Blick in die Bilanzen der Partei deutlich: Die Zahl der Mitarbeiter sinkt, während die Kosten der Lega steigen, insbesondere einige Posten, wie etwa die sogenannten „Rechtskosten", für die die Partei zwischen 2012 und 2014 über 4,3 Millionen Euro zu zahlen hat. Ein hübsches Sümmchen, und das obwohl sie nicht einmal als Nebenklägerin im Prozess gegen Bossi und Belsito auftritt. Wie kommt es also, dass derart viel Geld für Anwälte ausgegeben wurde? Die Bilanzen erklären das nicht, aber ein Dokument, das wir hier veröffentlichen** und über das wir bereits in „L'Espresso" berichtet haben, hilft verständlich zu machen, wie die Sache gelaufen ist.

Es handelt sich um einen Vertrag vom 18. April 2012. Bossi ist vor zwei Wochen zurückgetreten, und der *Carroccio* wird vom Triumvirat Maroni-Calderoli-Dal Lago geführt (Manuela Dal Lago ist ein Parteimitglied der ersten Stunde, die 2016 aus Protest gegen die neue nationalistische Linie austrat). Die drei sind es, die die anwaltliche Vertretung der Kanzlei „AB" von Domenico Aiello anvertrauen; er war persönlicher Anwalt von Maroni und hat ausgezeichneten Beziehungen zu Alfredo Robledo, dem Mailänder Juristen, bei dem die Ermittlungen liegen. Der Vertrag sieht vor, dass die Anwaltstätigkeit eben jene Verfahren betreffen, bei denen es um Bossi und den Betrug in Sachen Wahlkampfgelder geht. Es handelt sich um laufende Untersuchungen in Mailand, Neapel, Genua und Reggio Calabria, jeweils benannt mit ihrem Aktenzeichen. Aiello berechnet persönlich 450 Euro pro Stunde, das Honorar erhöht auf über 650 Euro, wenn man – wie üblich – Spesen, Steuern und die Sozialversicherung hinzufügt. Einige Jahre später wird Maroni den Anwalt aus Kalabrien in den Vorstand der „Expo" berufen (die die Weltausstellung organisiert), während seine Frau Anna Tavano für eine gewisse Zeit bei „Infrastrutture Lombarde", einem direkt von der Region kontrollierten Unternehmen, landen wird.

Man muss sagen, dass Aiello wie auch seine Frau einen überaus respektablen Werdegang aufzuweisen haben. In ihrem Curriculum finden sich Aufsichtsratsposten wichtiger italienischer Unternehmen. Mit dabei ist auch die Sparkasse in Bozen. Vorstandsvorsitzender ist hier Gerhard Brandstätter, ein brillanter Südtiroler Anwalt, der zusammen mit Aiello 2011 die Anwaltskanzlei AB gründete, also genau die, die von der Lega beauftragt wurde. Mit Maroni als treibender Kraft eröffnet die Lega auch ein sogenanntes *„easy business*"-Konto und ein Sparkonto bei der Südtiroler Bank mit einer Gesamteinlage von ein paar Millionen. Das war die Zeit, als man versuchte, das Vermögen der Partei vor den Seilschaften Bossis in Sicherheit zu bringen – und vielleicht auch vor den Richtern. So kam vorübergehend die Idee auf, bei der Sparkasse einen Fonds einzurichten, um fast 20 Millionen Euro abzusichern.

Aiello arbeitet also nur deshalb für die Lega, weil Maroni es so will. Die Einzelheiten dieser engen Beziehungen zwischen dem kalabresischen Anwalt und dem damaligen Parteichef, der später zum Gouverneur der Region Lombardei gewählt wird, kann man schließlich einer Untersuchung der Anti-Mafia-Staatsanwaltschaft von Reggio Calabria entnehmen: Ermittlungen unter dem Titel „Breakfast", bei denen es zum Teil auch um Geldwäsche geht und um Manager, die mit den Clans der 'Ndrangheta verbandelt sind. Bei diesen Ermittlungen taucht auch der Name Francesco Belsito auf. Die Staatsanwälte machen einen Vertrauensmann von Besito aus, einen gewissen Bruno Mafrici, geboren in Reggio Calabria, der aber in Mailand lebt. Mafrici arbeitet in einer Unternehmensberatung mit Sitz in der Via Durini 14, in der Nähe des Doms. Es handelt sich um spezielle Beratungstätigkeiten: für die Staatsanwaltschaft ein Drehkreuz für Spezialisten in Sachen Geldwäsche. Allerdings ist es auf Grundlage der Akte über Belsito und Mafrici nie zu einem Prozess gekommen. Es geht also um Hypothesen, nur Hypothesen. Aber im Zuge der Ermittlungen gegen Belsito und Mafrici (der ein Jahr lang auch Berater des Ministeriums für Bürokratieabbau unter der Leitung von Calderoli war) lassen die Ermittler erst den Anwalt Domenico Aiello abhören und dann auch Isabella Votino, die langjährige Sprecherin von Maroni. Offiziell wurde gegen sie nie ermittelt, aber die Protokolle landeten in den Akten der kalabresischen Anti-Mafia-Staatsanwaltschaft über Ermittlungen, die vom stellvertretenden Leiter der Behörde Giuseppe Lombardo geführt wurden. [Eine Geschichte, die 2014 in „L'Espresso" erschien und zu einem Buch wurde: „*Il potere dei segreti*", verfasst vom Journalisten des „Fatto Quotidiano" Marco Lillo.]

Die Abhöraktion gegen Aiello brachte wichtige Kontakte zutage: Telefonate mit bekannten Juristen, die auch heute noch wichtige Positionen in Staatsanwaltschaften im ganzen Land einnehmen. Auffallend unter diesen Kontakten ist etwa der mit Alfredo Robledo, Aushängeschild für die Ermittlungen der Mailänder Staatsanwaltschaft in Sachen Korruption und Wirtschaftsverbrechen. Dieser Staatsanwalt hat mit etlichen großen Ermittlungen die italienische Rechtsgeschichte geprägt. Er ist auch derjenige, über den alle Zeitungen des Landes schrieben, weil er sich mit dem Chef seiner eigenen Behörde, mit Edmondo Bruti Liberati anlegte. Robledo ist schließlich auch der Staatsanwalt, der für die Ermittlungen gegen *Rimborsopoli** und die Lega verantwortlich war. Im ersten Ermittlungsverfahren waren auch Politiker der Lega betroffen; bei dem zweiten hingegen geht es um den Betrug und die Verwendung öffentlicher Gelder für private Zwecke von Bossi & Co. Zwischen Aiello und Robledo gab es nach den Aufzeichnungen der Anti-Mafia-Ermittler von Reggio Calabria diverse Kontakte. Der Anwalt der Lega telefoniert mit dem Ermittler in Sachen Lega. Und das ist alles normal? Und alles in Ordnung?

Die Abhörergebnisse wurden von den Anti-Mafia-Ermittlern von Reggio Calabria an die Staatsanwaltschaft Brescia geschickt, die für die Ermittlungen im Zusammenhang mit der Mailänder Justiz zuständig ist. Die Ermittler von Brescia brauchten kein Jahr für den Antrag, die Sache zu den Akten zu legen. Ihrer Einschätzung nach handelte es sich bei dem, was die Aufzeichnungen aus Reggio Calabria zutage förderten, um eine simple Beziehung professioneller Natur. Nichts weiter. Also kein Vergehen, Robledo war in Sicherheit. Am 30. Oktober 2014 berichtete Paolo Biondani von „L'Espresso" als erster über die Ermittlungen gegen Robledo:

„Der Tenor der Abhörergebnisse hat die Anti-Mafia-Staatsanwaltschaft davon überzeugt, dass Staatsanwalt Robledo und Anwalt Aiello eine Intrige planten, die den ehemaligen Bürgermeister von Mailand, Gabriele Albertini, treffen sollte. Er ist ein politischer Gegner: Just in diesen Monaten präsentierte er seine Kandidatur gegen Maroni in der Lombardei. Andere Telefonanrufe geben Anlass zu Befürchtungen, dass der Staatsanwalt dem Anwalt vertrauliche Informationen weitergegeben haben könnte, die Ermittlungen wegen angeblicher illegaler Rückerstattungen an andere Parteien betreffen. Deshalb wurden die Abhörergebnisse an die Kollegen im Norden weitergereicht. In Brescia hingegen, zum Glück für Robledo, ist man in der Lage, ein umfassenderes Bild zu rekonstruieren. Tatsächlich wird nämlich bereits gegen Albertini wegen Verleumdung des Mailänder Juristen ermittelt: Er war es, der versuchte, den anderen in Misskredit zu bringen. Nach der Anzeige von Robledo wollte der ehemalige Mailänder Bürgermeister sich auf seine Immunität als Abgeordneter des Europäischen Parlament zurückziehen, was ihm aber schließlich verwehrt wurde. In diesen Telefonaten verheimlicht Robledo seine Abneigung gegen Albertini nicht, aber er versucht lediglich herauszufinden, ob die Lega in Brüssel für ihn stimmen will. Während er mit Blick auf die Rückerstattungen dem Anwalt, als der ihn beschuldigt, nur die Lega zu verfolgen, antwortet, untersucht werde in alle Richtungen und gegen alle Parteien –

wie es später auch geschehen wird –, aber er liefert ihm keinerlei Details."

Doch genau ein Jahr nach diesem Artikel und einige Monate nach dem Beschluss der Staatsanwaltschaft Brescia, den Fall zu den Akten zu legen, tritt der Oberste Richterrat Italiens auf den Plan und eröffnet ein Disziplinarverfahren gegen den bekanntesten Anti-Korruptions-Ermittler der Mailänder Behörde, gegen Robledo. Das *Consiglio superiore della magistratura* (CSM) kann das tun, weil sich das Aufsichtsgremium auf einen Satz in dem Einstellungsbeschluss der Kollegen in Brescia bezieht, der nur das Strafverfahren betrifft, also Punkte, die das Gesetz unter Strafe stellt. Es gibt zwar keine Straftaten, aber das Selbstkontrollgremium der Richterschaft verweist auf auf Fragen der „Opportunität der zahlreichen Kontakte zwischen Anwalt und Ermittler aus Gründen, die nicht immer in engem Zusammenhang mit der jeweiligen Funktion stehen." Daraufhin landeten die Akten aus Brescia beim Generalstaatsanwalt des Obersten Gerichtshofs, der in Disziplinarverfahren die Anklage vertritt, und der kam zu dem Ergebnis, dass man es mit einem juristisch nicht relevanten „Austausch von Gefälligkeiten zu tun habe", der aber für einen Staatsanwalt inopportun sei. Nicht opportun war für die Disziplinarbehörde etwa der Umstand, dass Robledo seinem Gesprächspartner Aiello vorweg mitteilte, dass es einige Tage später Ermittlungen gegen neue Beschuldigte wegen der Wahlkampfgelder auf regionaler Ebene geben werde.

In dieser Zeit spricht Anwalt Aiello auch mit dem jetzigen Parteichef der Lega, Matteo Salvini. Er informiert ihn, dass Robledo ihm versprochen habe, noch vor den Wahlen von 2013 „Mahnschreiben an PD, Idv und Rentner-Partei"* zu schicken, und er habe ihm gesagt: „Domenico, das garantiere ich dir, dafür kannst du deine Hand ins Feuer legen". Tatsächlich wurden die Ermittlungen wegen Betrugs in Sachen Parteienfinanzierung auch auf andere Parteien ausgeweitet. Aiello schickt Robledo daraufhin eine Sms: „Ein Mann, der Wort hält. Und ein großer Jurist!" Der Angesprochene antwortet auf Latein: „Lieber Anwalt, *promissio boni viri est obligatio.*"

Das also sind einige der Elemente, die neben dem Fall Albertini die Grundlage für die Disziplinarmaßnahmen durch das CSM bildeten, die schließlich dazu führten, das der Staatsanwalt nach Turin versetzt wurde und dort tiefer in der Hierarchie weiterarbeiten musste.

Der Fall einer Symbolfigur wie die des Staatsanwalts Robledo war für viele in Italien ein Schock. Er hat sich stets gegen die Vorwürfe verteidigt, Eingaben geschrieben und manche Demütigung auch von Seiten anderer Kollegen weggesteckt. Aber genützt hat es nichts. Für ihn war es fatal, dass die Lega seinen Weg kreuzte.

5. AUFTRITT SALVINI

Fatal für die alte Lega Nord für die Unabhängigkeit Padaniens, so wie man sie unter Bossi kannte, war hingegen der 7. Dezember 2013. Es ist der Tag des Mitgliederentscheids, des ersten in der Geschichte der Lega Nord. Zu diesem Zeitpunkt hat sich der Staub, der durch die Skandale aufgewirbelt wurde, noch nicht gelegt. Im Gegenteil: Die Ermittlungen stehen kurz vor ihrem Abschluss, und wenig später sollte der Prozess eröffnet werden. Der Mitgliederentscheid fällt in ein Klima voller Misstrauen, mit einer revoltierenden Basis, die gleichzeitig desorientiert ist. Der Kampf um den Parteivorsitz wird jetzt ausgetragen zwischen Umberto Bossi, dem Gründer der Lega Nord, und Matteo Salvini, dem politischen Ziehkind des *Senatur*. Er ist der Mann, auf den setzt, wer die Lega zu alter Größe zurückführen, aber dabei vom einfachen Parteivolk ausgehen will, dem Volk von der Wiese in Pontida*, dem Volk der Po-Ebene, weit weg von den „Parasiten" in Rom und im Süden Italiens, dem *Meridione*. Der 7. Dezember 2013, das ist der Tag, an dem etwas quasi Mythologisches geschieht: Zeus erschlägt seinen Vater Kronos, um an die Macht zu gelangen. Salvini kommt auf eine Zustimmung von schwindelerregenden 82 Prozent. Von den 10.000 Parteimitgliedern haben ihn mehr als 8.000 zum neuen Chef der Post-Skandal-Lega gekrönt. Bossi kann nur noch die Brosamen auflesen. Es beginnt der langsame Prozess seiner Isolierung.

Salvini ist ein Parteimann der ersten Stunde. Mailänder, Jahrgang '73, zwei Kinder von zwei Frauen, der Vater Manager, die

Mutter Hausfrau. Mailänder Mittelschicht. Klassisches Gymnasium, schon dort fängt er mit der Politik an. Er schreibt sich an der Uni ein, zuerst Politikwissenschaft und dann Geschichte, aber er bringt weder das eine noch das andere zu Ende. Seine Leidenschaft gilt etwas anderem: unter Menschen sein, dem Volk. Dabei lernt er Politik als Handwerk. Und er lernt schnell: 1993 wird er zum ersten Mal Stadtrat. Einige Leute erinnern sich an ihn bei zwei Fernsehauftritten in den Quizshows von Fininvest-Sendern, da ist er gerade 20 Jahre alt. Übrigens war auch der andere Matteo, Renzi, ein großer Fan der Quizshows. Und wie Renzi wird er der jüngste Vorsitzende seiner Partei, und er wird sie, wie der ehemalige Bürgermeister von Florenz mit der PD, auf historische Höchststände führen. Wie viele Ähnlichkeiten es doch gibt zwischen dem Matteo aus Florenz und Matteo aus Mailand: Beide sind übermäßig von sich überzeugt und geradezu gierig, wenn es darum geht, die Partei an sich zu reißen. Renzi hat das über kurz oder lang nicht sehr gut getan und damit auch seiner Partei nicht. Salvini dagegen fühlt sich im Moment unbesiegbar, die Umfragewerte sind auf seiner Seite, und das Grummeln, das da aus den Eingeweiden der Lega zu vernehmen ist, die sich verraten fühlt in ihrer Seele als Kraft des Nordens und der Po-Ebene kann er vernachlässigen.

Aber zurück zu den Anfängen seiner Karriere. Während der Sturm von Tangentopoli noch tobt, wird der blutjunge Matteo in Mailand in den Stadtrat gewählt. Bürgermeister war damals Pillitteri. Seither hält Salvinis kontinuierlicher Aufstieg an die Macht an. Vorsitzender der Jugendorganisation der Partei, Ortsvorsitzender, Provinzvorsitzender, zwei Mal Europaabgeordneter, Abgeordneter und Senator in Rom, Vorsitzender der alten Lega Nord und Chef der neuen Lega. Bevor er Vorsitzender auf Provinzebene wird, gewinnt er auch noch einen Sitz im damals selbst ausgerufenen Parlament Padaniens. Und der Name der Liste, auf der er kandidierte? Kommunisten aus Padanien. Anders als immer noch oft erzählt, war aber nicht er der Gründer dieser Liste, es waren einige langgediente Parteimitglieder aus der Emilia Romagna. Unter ihnen war auch Angelo Alessandrini, von 2005 bis 2012 Ehrenpräsident der Lega Nord, bis ihm dann

Umberto Bossi nachfolgte, den man als Parteichef „gefeuert“ hatte.

Alles in allem ist der lange Marsch Salvinis zunächst ohne irgendeinen Stolperschritt verlaufen. Bis an die Spitze der Macht, nicht nur in der Partei, auch im Land.

Es brauchte nicht lange, bis sich die neue Linie des frischgebackenen Parteichefs abzeichnete. Ein politisches Bündnis mit der extremen Rechten in Europa im Namen des Euroskeptizismus, mit der „Front National“ von Marine Le Pen und dem niederländischen Islamfeind Geert Wilders: Das sind die politischen Kräfte, die Salvini von Anfang an als Verbündete im Ausland ausgemacht hatte. Und er zeigte gleich auch ausgeprägte Sympathie für Putins Russland. Wenige Monate später wird auch Viktor Orbán dazukommen, offiziell Mitglied der gemäßigten Europäischen Volkspartei, tatsächlich aber einer der ersten Theoretiker der vollständigen Schließung der Grenzen für Einwanderer aus dem Süden dieser Welt.

Das Ziel, die Kräfte der extremen Rechten Europas in einer Anti-Brüssel-Allianz zu bündeln, wird ergänzt durch Salvinis innenpolitische, italienische Strategie. Er erteilt Raffaele Volpi, einem langgedienten Funktionär der Lega, den Auftrag, das Terrain zu erkunden, um die Partei auf das Gebiet jenseits von Rom auszudehnen, in jenen Süden, der bis vor wenigen Monaten noch mit Missachtung gestraft wurde. Unter großer Geheimhaltung beginnt Volpi seine Erkundungungen. Und Ende 2014 beginnt die Operation Lega *Meridione*. Auch in diesem Fall erweist sich Salvinis Idee als Erfolg. Er setzt auf die Isolation des Südens und auf die Wut gegenüber den Migranten. Er schafft ein Netzwerk, und er macht aus dem Thema Einwanderung das Bindemittel für das ganze Land: Norden, Mitte und Süden vereint in der Ablehnung des Ausländers. Das ist der neue *Terrone*, der arme Hund aus dem Süden. Die Zeiten haben sich geändert, der Norden hat die Einwanderung aus Süditalien weitgehend verdaut, nicht aber die aus Afrika und dem Nahen Osten.

Die Lega macht auf national, und ganz allmählich wird das Wort „Nord“ übertüncht. Aber nicht nur aus politischen, sondern auch aus juristischen Gründen: Als der derzeitige Innenminister das Kommando bei der Lega übernimmt, muss er mit den Folgen der Ermittlungen zum Wahlgeldbetrug klar kommen. Im Dezember 2013 ist das alles noch voll im Schwange. Der Antrag auf Prozesseröffnung kommt sechs Monate später, im Juni 2014. Die Lega-Anwälte haben bereits vermutet, dass ein Betrugsdelikt zu Lasten des Staates, wie er der Partei vorgeworfen wird, von Rechts wegen zur Beschlagnahme der Beträge führen könnte, die die Partei in Form von Rückerstattungen dank gefälschter Bilanzen erhalten hatte. Und die Summe hat es in sich, das sind nicht wirklich *peanuts*, jene 48,9 Millionen Euro. Für Salvini, der in diesem Moment eigentlich Rückenwind hat, eine harte Nuss, weil es eben auch Geld der ganzen italienischen Gesellschaft ist. So reifte im innersten Zirkel des neuen Parteichefs eine Idee, wie man retten kann, was noch zu retten ist. Denn es war kaum zu übersehen, dass über kurz oder lang die Richter und die Nebenkläger die Rechnung für die von Bossi und Belsito verursachten Schäden präsentieren würden.

6. ALLES ÄNDERT SICH, BIS AUF GIORGETTI

Als die Zeitung „Il Fatto Quotidiano" das Interview mit Francesco Belsito veröffentlicht, schreibt man den 9. September 2018. Wenige Tage nach dem x-ten Gerichtsurteil, das der Staatsanwaltschaft Recht gibt in der Frage der Beschlagnahme jener 49 Millionen, erzählt der wegen eben jenes Betrugs verurteilte frühere Schatzmeister der Lega zwar nichts Neues, aber er sendet eine klare Botschaft an diejenigen, die jetzt in seiner alte Partei das Sagen haben. Es ist eine Botschaft, die eine bisher noch nicht bekannte Figur ins Spiel bringt, die aber immer schon von Gewicht war, wenn es um die Lega ging. Belsito sagt drei Dinge. Er und Bossi hätten die Kassen der Lega mit der hübschen Summe von rund 40 Millionen Euro angefüllt hinterlassen: Wo die gelandet sind, sagt er, das muss man Matteo Salvini und Roberto Maroni fragen. Zweitens: Es gibt keinen Bruch zwischen der alten und der neuen Partei, schließlich ist Umberto Bossi immer noch Parteipräsident und hat einen sicheren Listenplatz bekommen. Und schließlich erwähnt er wiederholt einen gewissen Giancarlo Giorgetti.

Bisher ist er noch nicht aufgetaucht, aber der Steuerberater aus der Lombardei, heute Staatssekretär beim Ministerpräsidenten, ist das wichtigste Element von Kontinuität zwischen der Bossi-Lega, die auf Abspaltung aus war, und der Salvini-Lega, die so sehr auf die Souveränität der Nation pocht. Besonders missgünstige Parteimitglieder haben ihm ein Etikett angehängt: der „*demoleghista*". Eine Art Christdemokrat und Lega-Mann in einem, wegen seiner Fähigkeit, moderat aufzutreten und sein großes Kapital an Beziehungen mit den Mächtigen für eine Partei zu nützen, die sich als Anti-Establishment bezeichnet. Ein konzilianter Lega-Mann also und gut für jede Jahreszeit. Giorgetti ist seit vielen Jahren die graue Eminenz der Poebene, das Scharnier zwischen den Großen der Wirtschaft und der Partei, außerdem ein gefragter Gesprächspartner der Vereinigten Staaten wie des Vatikans. Es ist kein Zufall, dass er in den Zeitungen als Gianni Letta* der Poebene bezeichnet wird. Und das seit den Zeiten des *Senatur*. Man erzählt sich, dass der Steuerberater aus Cazzago Brabbia, einem winzigen Fischerdorf am See von Varese, während der Sitzungen des Parteivorstands einer der ganz wenigen war, denen der Chef erlaubte, das Wort zu ergreifen. Aber dieser Giorgetti war auch in der Zeit nach dem großen Skandal um den Erstattungsbetrug da und galt etwas, als Maroni Parteichef war und auf der Bühne von Pontida die Kehrbesen in den Himmel wuchsen. Und auch heute, wo Salvini an der Macht ist und die Partei es mit der souveränistischen Internationale hält, ist er immer noch da. Vielleicht ein wenig zurückhaltend, wenn Salvini den Neofaschisten schöne Augen macht, und irgendwie verlegen angesichts der No-Euro-Positionen von Leuten wie Borghi und Bagnai, aber immer da. Und nicht einfach nur da: Er wurde vom neuen Chef ausgewählt, um im Palazzo Chigi, dem Amt des Ministerpräsidenten den derzeitigen Mieter dort zu überwachen, Premier Conte, der von der 5-Sterne-Bewegung dort platziert wurde.

Giorgetti ist also einer der ganz wenigen aus der alten Garde, der überlebt hat. Und wie immer schon knüpft er seine Netze hinter den Kulissen, mit seinem nüchternen Stil und seiner gefälligen Art. Er war es, der Luca Parnasi mit Salvini zusammenbrachte, jenen Bauunternehmer aus Rom, der 2018 wegen Korruption im Gefängnis landete, und der in den aufgezeichneten Telefonaten den Innenminister einen „brüderlichen Freund" nannte. Aber Parnasi ist vor allem ganz eng mit Giorgetti. Sie kennen sich seit vielen, vielen Jahren, in Rom waren sie Nachbarn. Das ergibt sich aus Akten der Staatsanwaltschaft in der Hauptstadt, die gegen den Immobilien-Unternehmer Parnasi, der das neue Stadion für den AC Roma bauen sollte, ermittelt.

Zudem hat er, wir werden später darauf zurückkommen, den Verein *Più Voci* finanziert, gegründet vom Schatzmeister der Lega, Giulio Centemero. Der wurde von Salvini persönlich ausgewählt, und gilt – nach den Worten von Parnasi – als rechte Hand von Salvini.

Giorgetti und Parnasi stehen also auf vertrautem Fuß miteinander, zumindest zeigen das die Akten der Carabinieri. Nur ein Beispiel: Keine acht Tage nach dem Triumph der Lega bei den Wahlen vom 4. März nimmt Giorgetti, der stellvertretende Parteichef, an einem privaten Abendessen im Haus des Bauunternehmers teil, in einem der exklusivsten Viertel der Hauptstadt. Die Bedeutung dieses Treffens ist kaum zu überschätzen, wir werden das im Kapitel über Parnasi noch ausführlich erläutern. Es war der Beginn der Allianz zwischen Lega und 5 Stelle, denn am Tisch saß auch Luca Lanzalone, ein Anwalt aus Genua, der von den Leuten Grillis beauftragt worden war, die Sache mit dem Stadion des AC Roma abzuschließen, und der zum hochgeschätzten Berater der neuen 5-Sterne-Führung um Luigi Di Maio wurde. Das Dreiertreffen hat jedenfalls wegen der Zurückhaltung, mit der Parnasi darüber spricht, das Misstrauen der Ermittler geweckt.

Man weiß noch nicht, was da geredet wurde, denn in der Aktennotiz der Carabinieri sind fünf Seiten geschwärzt, weil die Informationen noch unter das Ermittlungsgeheimnis fallen. Sicherlich werden Giorgetti und Parnasi so unmittelbar nach den Wahlen vom 4. März über Bündnisse und über die Einschätzung der politischen Lage geredet haben. In einem der Telefonate fragt der Bauunternehmer bei Lanzalone an, ob „Di Maio über die Arbeit, die wir mit Giorgetti erledigt haben, auf dem Laufenden ist". Und dann noch: „Wenn er es für nötig hält, spreche ich direkt mit Matteo, aber im Moment ist Giancarlo da …" Es wird deutlich, dass der künftige Staatssekretär beim Ministerpräsidenten derjenige war, mit dem man in dieser heiklen Phase der Regierungsbildung sprechen sollte.

Parnasi scheint also mit der neuen nationalistischen Lega von Salvini ganz zufrieden zu sein. So zufrieden, dass er sie mit 250.000 Euro für den Verein *Più Voci* finanziert und weitere

200.000 Euro für „Radio Padania" verspricht. Und Giorgetti, der Stellvertreter von Parteichef Salvini, hat nichts gewusst von der nahezu eine halbe Million Euro schweren Finanzhilfe für seine Partei? Kenntnisse Giorgettis über die finanziellen Manöver der Lega wären nichts Überraschendes, zumindest wenn man einem Verhörprotokoll folgt, bei dem es um angebliche schwarze Kassen der Partei ging**. Zum ersten Mal erzählt Francesco Belsito, Schatzmeister der Partei zur Zeit Bossis, den Ermittlern vor sechs Jahren von der Rolle des späteren Staatssekretärs beim Ministerpräsidenten. Belsito konnte zwar seine Anklagen gegen Giorgetti nie beweisen, weshalb der Fall eingestellt wurde. Andererseits – nach seiner Lesart – drehte es sich um schwarze Zahlungen, die also schwer nachzuvollziehen waren. Es lohnt sich jedenfalls, den Inhalt des Verhörs zu schildern, denn abgesehen von den einzelnen Anschuldigungen ermöglicht es einen Blick auf eine der weniger bekannten Seiten der damaligen Lega.

Es ist der 29. Mai 2013. Im Mailänder Gefängnis San Vittore, wo er damals einsitzt, trifft Belsito auf die Mailänder Staatsanwälte Alfredo Robledo, Roberto Pellicano und Paolo Filippini. Er erzählt von seiner Ernennung zum Schatzmeister der Partei, dem Amt, das er von dem historischen Kassenwart Maurizio Balocchi übernommen hat. „Balocchi sagte mir", so liest man im Protokoll des Verhörs, „dass Unternehmer schon immer Schwarzgeld direkt zur Partei brachten. Diese Beziehungen wurden hauptsächlich von Giorgetti gepflegt. Ich erinnere mich an eine Episode, die mir Balocchi erzählte und bei der es um eine Zahlung in bar von Lombardi Cerri ging, der über die Lega Verwaltungsrat der Finmeccanica war. Ich erinnere mich auch an eine andere Episode, von der Balocchi sprach, bei der es um eine weitere Zahlung wegen des Baus der *Marina* am Flughafen Genua ging, und zwar durch den Unternehmer, der die Arbeiten ausführte, an dessen Namen ich mich aber nicht erinnere." Belsito berichtet im Weiteren von Treffen zwischen Unternehmern und Parteiführern der Lega, bei denen er selbst dabei war. Unter anderem ging es um ein Treffen zwischen Giorgetti und dem Bauunternehmer Salini. Und ein Abendessen mit dem Industriellen Cremonini (Boss des gleichnamigen Lebensmittelkonzerns), der sich seinerzeit willens zeigte, die Partei finanziell zu unterstützen. Belsito schildert den Ermittlern außerdem, wie auch Unternehmen mit öffentlicher Beteiligung an diesen Geschäften beteiligt waren. „Die Finanzierung aus diesen Quellen konnte ganz offen oder schwarz erfolgen, und sie lief direkt über die jeweiligen Politiker. Balocchi", fügt Belsito hinzu, „sagte mir zum Beispiel, dass Senator Fruscio (von der Lega) Giorgetti persönlich Geld zu kommen ließ."

Belege für die Berichte Belsitos zu finden ist unmöglich; und mit der Archivierung des Falls ist das Material nun vollständig begraben. Dazu kommt, dass die meisten Anschuldigungen zumindest eine Bestätigung durch Balocchi erforderten, der inzwischen aber gestorben ist. Es geht um das Alte und das Neue bei der Lega, um Bossi und Salvini, die Schatten der Vergangenheit in Sachen illegale Parteifinanzierung und die aktuellen Verdachtsmomente: alles Hypothesen, die zu beweisen wären. Was aber sicher ist … ist Giorgetti. Alles ändert sich, aber er ist immer da. Immer einen Schritt hinter der ersten Riege: nah genug dran, um jedes Geheimnis zu kennen, aber weit genug entfernt, um nicht belangt werden zu können.

7. AUCH SALVINI HAT GELD AUS DEM BETRUG GENUTZT

Von dem schmutzigen Geld aus dem Betrug, das Bossi und Belsito in der Parteikasse hinterlassen hatten und das Maroni genutzt hat, war bereits die Rede. Bis zum Ende des Jahres 2013, also am Ende seiner Amtszeit als Vorsitzender, hat „Bobo" Maroni insgesamt 12,9 Millionen Euro abgerufen. Und Salvini? Hält er es anders als Maroni? Nein, nur die Zahlen sind andere. Mitte Dezember 2013 wird Salvini zum Parteichef gewählt. Die Ermittlungen in Sachen Rückerstattungen gehen derweil weiter, und im Juni 2014 folgt der Antrag auf Prozesseröffnung: Die Staatsanwälte beantragen, Bossi vor Gericht zu stellen. Eineinhalb Monate später, am 31. Juli, nimmt Salvini 849.500 Euro entgegen: Das sind Erstattungen nach den Regionalwahlen 2010 und den Wahlen von 2008 in der Provinz Trient**. Warum also behauptet der Parteichef der Lega und Innenminister Italiens, dieses Geld nie zu Gesicht bekommen zu haben? Und wenn er es gesehen und eingesetzt hat, wie sollte er dann nicht wissen, dass sie das Ergebnis eines Betrugs waren?

Zwei Monate, nachdem sie dieses Geld abgerufen haben, melden sich Salvini und die Lega tatsächlich als Nebenkläger gegen ihre Parteifreunde. Sie fühlen sich hintergangen und als Opfer eines Betrugs, der das Wappen Padaniens befleckt hat. Und sie wollen richtigerweise entschädigt werden. Die neue Führung ist sich also des Betrugs sehr wohl bewusst, der zuvor unter Bossi eingefädelt wurde. Am 27. Oktober aber, nur zwanzig Tage nachdem er sich als Nebenkläger präsentiert hatte, tut Salvini etwas, was im klaren Widerspruch zu dieser Entscheidung zu stehen scheint: Er zieht erneut Geld aus der Staatskasse ein. Diesmal handelt es sich um eine niedrige Summe, wenig mehr als 500 Euro: Es ist die letzte Rate für die Zahlungen nach den Regionalwahlen von 2010. Im Kern ändert das jedoch nichts: Es handelt sich um Geld, das auf die aufgeblähte Rechnungsführung zurückgeht, für die Belsito verantwortlich war. Davon zeigt sich zu diesem Zeitpunkt selbst Salvini öffentlich überzeugt. Im Übrigen erhält er zwei Tage nach dieser Auszahlung sogar einen Brief von Bossis altem Anwalt Matteo Brigandì. „Ich warne Dich davor, das Geld auszugeben, das du als Beweisstück eines Verbrechens bezeichnet hast", lesen wir in dem Schreiben, mit dem die alte Garde eine eindeutige Botschaft an das neue Führungsteam sendet[**]: Ihr beschuldigt uns, Geld gestohlen zu haben, also solltet ihr wissen, dass das Geld, das ihr in der Kasse habt, die Folge dieses Betrugs ist und ihr damit zu Komplizen der Tat werdet, wenn ihr es ausgebt. Man nennt das Hehlerei.

Es gibt da noch eine andere Frage, die schwer zu verstehen ist, eine Entscheidung, die zunächst widersprüchlich erscheint. Es geht um die Nebenklage. Wie bereits erwähnt, machte Salvini hier bald einen Rückzieher, und erklärte das wie gesagt in den Medien: „Wir haben weder die Zeit noch das Geld, um den Versuch zu unternehmen, Geld zurückzubekommen, das bestimmte Leute nicht haben." Die Kontoauszüge aus dieser Zeit zeigen jedoch, dass die Partei bereits mehrere Millionen Euro für die Anwälte aus der Kanzlei Aiello ausgegeben hatte, die die Nebenklage gegen Bossi und Belsito vorbereiteten. Warum die Sache also nicht durchziehen, wenn erste Investitionen bereits getätigt sind? Die Haltung des Parteichefs, der sich erst einen Monat zuvor als Opfer des Betrugs durch Bossi-Belsito wähnte und jetzt den Rückwärtsgang einlegt, ist wirklich merkwürdig.

Dieser strategische Rückzug in der Frage der Nebenklage ist keine Kleinigkeit. In gewisser Weise ist es ausschlaggebend. Wie kommt es, dass die „Margherita"[*] nicht genauso behandelt wird? Warum beschlagnahmen die Richter nicht auch die Gelder der Partei von Renzi und Gentiloni? Die Frage wurde in jenen Monaten mehrfach in den Zeitungen und sozialen Netzwerken gestellt.

Denn Luigi Lusi, der ehemalige Schatzmeister der damals von Francesco Rutelli geführten Partei, war Protagonist in Geschichten, die denen von Bossi und Belsito durchaus ähnelten, die in der gleichen Zeit spielten und „L'Espresso“ mehrere Titelgeschichten wert waren. Im Wesentlichen hatte auch Lusi mehrere Millionen Euro, die er bei Wahlkampfkostenrückzahlungen erschlichen hatte, eingestrichen, aber die Richter zogen die entsprechenden Gelder nicht von der Partei ein. Der Grund dafür liegt allein in einem juristischen Detail: der Konstituierung als Nebenkläger. Während die „Margherita“ von Lusi tatsächlich Schadenersatz verlangte und in der Folge die Rückgabe der Beute erreichte, entschieden sich Salvini und seine Lega, genau das bei Bossi und Belsito nicht zu tun.

Wir erinnern uns an Salvinis Worte: „Es wäre Zeit- und Geldverschwendung.“ Vielleicht hat er nicht richtig gerechnet: Der Fluch der bösen Tat fällt nun auf die jetzige Partei zurück, die nicht nur keine Entschädigung erhält, sondern – wenn denn das Urteil um den Betrug vor dem Obersten Gerichtshof Bestand hat – die Beute zurückzahlen muss.

8. DURCHLAUFPOSTEN

Und damit gelangen wir zum Kern der Frage. Wo ist der Schatz der Lega abgeblieben? Was ist aus den 49 Millionen Euro geworden, für die das Gericht in Genua nach dem Urteil gegen Bossi und Belsito wegen Betrugs zu Lasten des Staates in erster Instanz und auch nach dem Berufungsverfahren die Beschlagnahmung verfügt hat? Seit Juli 2017 sind die Ermittler aus Ligurien auf der Jagd nach diesem Geld. Geld der öffentlichen Hand, das in die Kassen des Staates zurückfließen müsste, eben jenes Staates, dessen Repräsentanten Salvini und weitere Minister der Lega wurden. Bislang wurden auf den Konten der Lega aber nur wenig mehr als drei Millionen ausfindig gemacht. Und der Rest? Ausgegeben, und zwar für politische Zwecke – so haben die Führungsleute der Lega es immer wieder betont.

Der erste, der sich so äußerte, war Salvini selbst. Am 3. Januar 2018, zwei Monate nach den Parlamentswahlen, die die Lega in Italien an die Regierung brachten, sagte der Parteivorsitzende während der ersten Pressekonferenz des Jahres: „Mit heutigem Datum haben wir jetzt auf dem Girokonto der Lega auf nationaler Ebene 15.000 Euro.“ Die These von der Lega, der keine eigenen Mittel geblieben sind und die nur durch kleine Spenden von Sympathisanten und Abgeordneten über Wasser gehalten wird, wurde einige Zeit später auch von Giulio Centemero wiederholt. Der neue, von Salvini bestimmte Schatzmeister der Partei bezeichnet die Sache mit den 49 Millionen gestohlenen Euro „als gewaltigen Quatsch“ und beteuerte denn auch, auf den Konten der Partei hätten Ende 2017 nur 41.000 Euro gelegen.

Dann war es an Roberto Calderoli, die italienischen Steuerzahler daran zu erinnern, dass sie ihr Geld kaum zurückbekommen würden. Der zweimalige Minister der Republik und heutige Vizepräsident des Senats, einer der sehr wenigen Politiker der Lega, der sich den Säuberungen Salvinis widersetzen konnte, ging dabei nicht gerade feinsinnig vor. Auf die Frage des „Corriere della Sera", „was denn aus den 49 Millionen Wahlkampfkostenerstattungen geworden ist", antwortete Calderoli mit einigem Nachdruck: „Wenn ich das noch einmal im Fernsehen höre, nehme ich das Maschinengewehr." Dann arbeitete er seinen Gedanken etwas aus: „Wie kann man behaupten, dass dieses Geld weg sei? Es ist alles dokumentiert und wurde auf unserer Webseite veröffentlicht. Es gibt keinen einzigen Euro, der nicht für die Politik ausgegeben wurde. Das alles ist eine Geschichte für den A… Und wir sind die Leidtragenden." Salvini war es dann wieder einmal, der den Kreis schloss. „Dieses Geld gibt es nicht, ich habe es noch nie gesehen", sagte der Vizepremier, um dann noch eine Provokation in Richtung der Richter abzulassen: „Ich kann ja eine Kollekte machen. Ich kann das Geld beibringen, das uns die Rentner in Pontida geben, wenn sie T-Shirts, Mützen und Chips kaufen."

Die Bilanzen der Partei zeigen jedoch ein anderes Bild als jenes, das ihre Führungsleute malen. Will man das verstehen, muss man genau auf die Zahlen und die Daten achten. Wie Centemero gesagt hatte, verfügte die Lega zu Ende des Jahres 2017 in der Tat über Bargeld in Höhe von 41.000 Euro. Aber Salvinis Lieblingsbuchhalter vergisst dabei ein Detail. Die Summe, die der Partei zur Verfügung steht, ist effektiv viel höher. Im Blick auf die Finanzen ist die Lega nämlich heute kein einheitliches Gebilde mehr. Der Lega auf nationaler Ebene gesellen sich nämlich dreizehn regionale Lega-Verbände hinzu, die seit einigen Jahren eine eigene Steuernummer haben und in Eigentumsfragen autonom sind. Seltsam, dass Centemero das in seinen diversen Interviews nicht erwähnt. Seltsam deshalb, weil diese Reform während seiner Amtszeit eingeleitet wurde.

Wir sind im Dezember 2015, als ein Notar aus Bergamo, Alberto Maria Ciambella – der Name wird auch später noch auftauchen – innerhalb weniger Tage eine Reihe von Transaktionen gegenzeichnet, die für die finanzielle Zukunft der Organisation wesentlich sein sollten. Die Lega Nord verstreut ihr Vermögen über die verschiedenen Regionalsektionen. Das Geld wird also auf dreizehn regionale Einheiten, vom Aostatal bis zur Romagna, von Südtirol bis zur Toskana, verteilt. In den Bilanzen heißt es dazu: „Die territorialen Strukturen wurden mit den notwendigen Mitteln ausgestattet, um tätig werden zu können." So etwas hatte es in den fast dreißig Jahren der Lega noch nicht gegeben. Entsprechend kommen dann auch Zweifel auf: Passierte das alles womöglich, um eine vielleicht anstehende Beschlagnahme durch die Justiz zu erschweren? Tatsache ist, dass Ende 2015, als es zu der Aufteilung kommt, der Betrugsprozess bereits begonnen hat und eine Beschlagnahmung der Früchte dieses Betrugs mehr als nur eine Option ist. Wie sich das Ganze in der Bilanz darstellte, ist schnell gesagt: Das Nettovermögen der Lega betrug Ende 2014 13,1 Millionen Euro. Ein Jahr später waren davon noch 6,7 Millionen übrig, also die Hälfte. Der Rückgang ist im Wesentlichen zwei Positionen in der Bilanz geschuldet: liquide Mittel und Investitionen in Finanztitel. In zwölf Monaten sanken die liquiden Mittel der Lega von 5 Millionen auf 1,4 Millionen, der Wert von Aktien und Anleihen gleichzeitig von 3,2 Millionen auf rund einen 1 Euro. Ist so etwas möglich? Wie hat die Lega Salvinis in nur einem Jahr fast 6,5 Millionen Euro durchgebracht, also mehr als eine halbe Million Euro pro Monat? Ist wirklich derart viel ausgegeben worden, allein um die politischen Aktivitäten der Lega zu finanzieren, wie ihre Führungsleute behaupten?

Die Antworten, die Centemero und Calderoli geben, lassen sich durch die Bilanz der Lega nicht belegen. Die Halbierung des Vermögens der Lega ist weder durch einen proportionalen Rückgang der Einnahmen noch durch einen Anstieg der Ausgaben zu erklären. Tatsächlich ist das glatte Gegenteil richtig. Zwischen 2014 und 2015 stiegen die Einnahmen der Lega um fast eine Million Euro, während die Kosten um 5,8 Millionen sanken. Mit anderen Worten, die Bilanzen zumindest für dieses Jahr widersprechen der

These, dass das Geld der Lega schlicht ausgegeben wurde. Der Hauptgrund für die Halbierung des Vermögens hängt hingegen mit dem Stichwort Durchlaufposition zusammen. Zwischen 2014 und 2015 wurde das Geld der Landespartei dabei wie gesagt auf ihre regionalen Gliederungen transferiert, genau wie es die von Centemero eingeleitete Reform vorsah. So kam zwei Tage vor Weihnachten 2015 zum Beispiel die Sektion der Lombardei, die ohne eigene finanzielle Mittel dastand, in den Genuss von 2,9 Millionen Euro. Ähnlich lief es für die anderen Regionalbüros.

Wieviel Geld hat die Lega also heute in der Kasse? Die letzten verfügbaren Daten sind von Ende 2017 und zeigen, dass die Partei nicht so arm war, wie sie es darstellte. Centemero behauptet ja, dass zum Ende jenes Jahres die verfügbare Liquidität bei 41.000 Euro lag. Wenn man allerdings auch das Geld dazurechnet, auf das die regionalen Gliederungen die Hand legen – immerhin ja auch liquide Mittel im Besitz der Partei –, kommt man auf insgesamt 1,9 Millionen Euro. Nicht gerade ein Trinkgeld, wie Salvini uns glauben machen will. Aber nicht allein dadurch gerät die These von der bitterarmen Lega ins Wanken. Es gibt da auch noch die Gelder, die vom Verein *Più Voci* gesammelt wurden, wie wir später sehen werden. Dann sind da auch die 3,5 Millionen, die die Partei vor den Wahlen vom 4. März 2018 durch Spenden ihrer Parlamentarier erhalten hat, wie aus den Unterlagen der Abgeordnetenkammer hervorgeht. Und es gibt ein Vermögen an Immobilien, das die Lega selbst mit 7,1 Millionen Euro veranschlagt.

Mithin hätte Salvini die Möglichkeit gehabt, das Geld aus dem Betrug oder zumindest einen Teil davon an seine geliebten Italiener zurückzuzahlen, wenn er es gewollt hätte. Und wenn er, wie er sagt, es für ungerecht hält, zu zahlen, bevor das Urteil durch die letzte Instanz gegangen ist, hätte sich auch da eine Lösung finden lassen. Als die Ermittlungen im Jahr 2012 begannen, hatte die Lega den hübschen Betrag von 31 Millionen Euro an Liquidität und Wertpapieren zur Verfügung sowie noch 1,2 Millionen Euro an Darlehen. Jedes Aktienunternehmen sähe sich in einer vergleichbaren Lage gezwungen, einen ordentlichen Teil seines Vermögens bis zum endgültigen Urteil vorsorglich beiseite zu legen. Und die Lega?

9. DIE FINANZEN DER LEGA

Die Übertragung von liquiden Mitteln von der Zentrale der Lega auf die dreizehn Regionalsektionen erklärt trotzdem nicht vollständig, wo der Schatz der Poebene geblieben ist.

Wir haben bereits darauf hingewiesen, dass die Lega Nord zumindest bis 2014 nicht nur eine Menge Bargeld zur Hand hatte, sondern auch über ein üppiges Paket an Finanztiteln verfügte. Es handelte sich um Investitionen in Millionenhöhe, und innerhalb eines Jahres, von 2014 bis 2015, wurden sie praktisch auf Null gestellt, auf einen Wert von einem Euro und 44 Cent nämlich. Aus den offiziellen Bilanzen, die die Lega auf ihrer Webseite veröffentlicht, geht nicht hervor, was da geschah. Die Angaben beschränken sich darauf, dass der Wert dieser Investitionen im Jahr 2013 noch 10,5 Millionen Euro betrug, 3,2 Millionen im Jahr 2014 und im Jahr 2015 besagte 1,44 Euro. Dank gewisser Bankunterlagen versteht man aber besser, wie die Sache gelaufen ist. Und sie bringen einen weiteren fragwürden Aspekt dieser Geschichte zu Tage: Über mehrere Jahre, in denen die Partei zuerst von Roberto Maroni und dann von Matteo Salvini geführt wurde, hatte die Lega Aktivposten aus gesetzlich verbotenen Investitionen in ihren Büchern. Aber der Reihe nach:

Die Bankunterlagen besagen, dass die Lega am 16. Mai 2012 – das war kurz nachdem die Nachricht von den Ermittlungen wegen Betrug Bossi zum Rücktritt veranlasst hatte – ein Girokonto bei der Filiale der Unicredit in Vicenza eröffnet. Innerhalb von sechs Monaten transferiert sie dann einen Gutteil des Vermögens, das bei anderen Banken geparkt ist, auf dieses Konto: insgesamt 24,4 Millionen Euro. Es ist der Beginn eines hektischen Reigens von Überweisungen und Girokonten, der innerhalb von vier Jahren dazu führen wird, dass die finanziellen Ressourcen der Partei versiegen. Oder zumindest die, die auf dem Konto der Landespartei erfasst sind.

Von den mehr als 24 Millionen Euro, die bei der Unicredit in Vicenza ankamen, verschwinden rund 10 Millionen sofort wieder: Abhebung von Bargeld, Investitionen in Finanzanlagen, Überweisungen auf die Konten der regionalen Parteisektionen, Überweisungen zugunsten von Firmen, die von der Lega selbst kontrolliert werden wie „Pontida Fin", „Media Padania" und „Editoriale Nord". Im Januar 2013 eine weitere Wendung: Die Partei, damals unter der Führung von Maroni, eröffnet zwei weitere Konten. Auf die gehen größere Stücke des Kuchens bei der Unicredit von Vicenza. Diesmal fällt die Wahl auf die Sparkasse Bozen. Das ist keine zufällige Entscheidung, es war bereits die Rede davon: Direktor der Südtiroler Bank ist besagter Gerhard Brandstätter, der zuvor Sozius der Anwaltskanzlei AB und damit Partner des damaligen Rechtsvertreters der Lega, des Kalabresen Domenico Aiello, war, seinerzeit auch Vorsitzender des Aufsichtsrats der Bozener Sparkasse.

Auf dem Konto der Sparkasse gehen neben rund 4 Millionen Euro an Finanztiteln rund 6 Millionen Euro an Bargeld ein. Es dauert keine sechs Monate, und auch dieses Konto ist leer. Der größte Teil des Geldes wird für den Wahlkampf Maronis ausgegeben, der Präsident der Region Lombardei werden will: Dutzende von Überweisungen an Kommunikationsfirmen und für Veranstaltungen, wobei fast 400.000 Euro ins Auge fallen, die an die irische Zentrale von Google gehen – das ist der obligatorische Weg für jeden, der in der am häufigsten genutzten Suchmaschine der Welt werben will. Auch in diesem Fall fehlen die Überweisungen an die lokalen Büros der Partei nicht, aber der Löwenanteil – wie schon zuvor bei dem Unicredit-Konto – geht an Unternehmen, die direkt mit der Lega verbandelt sind; alles in allem sind das fast 1,5 Millionen Euro: für „Radio Padania" 250.000 Euro, für „Editoriale Nord" 600.000 Euro, „Pontida Fin"

206.000 Euro, „Fin Group" 360.000 Euro. Bevor sie all dieses Geld ausgab, hatte die Lega jedoch dafür gesorgt, mittels einer weiteren Transaktion das eigene Vermögen durch die Gründung einer Stiftung und eines Trusts abzusichern. Warum aber dieser Versuch, diesen kleinen Schatz der Poebene zu verstecken? Ging es nur darum, den Begehrlichkeiten der alten Bossi-Leute zu entkommen, oder war das Ziel nicht auch, einem möglichen Zugriff durch die Justiz zu entgehen?

Von der Strategie des Trusts zur Sicherung des Lega-Vermögens berichtete im November 2015 „L'Espresso" anhand der Aussagen der direkt Betroffenen, insbesondere von Aiello und dem langjährigen Anwalt von Bossi, Matteo Brigandì. Die Idee mit dem Trust tauchte dann auch in den Abhörprotokollen auf, die sehr viel später veröffentlicht wurden und Teil der Ermittlungen unter dem Namen „Breakfast" durch die Antimafia-Staatsanwälte von Reggio Calabria sind. Wir befinden uns hier am Anfang des Jahres 2013. Maroni ist seit einigen Monaten Vorsitzender der Lega. Zum neuen Schatzmeister hat er Stefano Stefani gemacht, Jahrgang 1938 und altgedientes Lega-Mitglied aus Vicenza. Inzwischen ist allgemein bekannt, dass die Ermittler mehrerer Staatsanwaltschaften in Italien hinter dem Schatz aus der Poebene her sind und dabei von Betrug und Veruntreuung ausgehen. Und damals eröffnete die Lega Nord bei der Mailänder Filiale der Sparkasse Bozen diese beiden Konten: eines, um dort die Barmittel zu parken, das andere für die Finanzanlagen. „L'Espresso" berichtet damals von insgesamt 19,8 Millionen Euro auf den beiden Konten: Geld von der Unicredit-Niederlassung in Vicenza und vom Mailänder Büro der Banca Aletti. Die Operation wurde von Maroni in Auftrag gegeben und wird von Aiello und Brandstätter ausgeführt.

Aber die Lega beschränkt sich nicht auf den Transfer der Gelder. Zur selben Zeit zieht Maroni auch zwei weitere Hypothesen in Betracht, wie der Schatz der Poebene gesichert werden könnte. Der erste ist die Errichtung einer Stiftung nach dem Modell der Alleanza Nazionale*. Die zweite sieht die Gründung einer Zweckgesellschaft vor. Aiello und Brandstätter haben das selbst vor mehr als drei Jahren gegenüber „L'Espresso" bestätigt: „Die

Hypothesen einer Stiftung und eines Trusts nach italienischem Recht waren von einigen Beratern ins Gespräch gebracht worden, wurden aber aufgrund technischer und regulatorischer Schwierigkeiten verworfen", sagte Aiello. Brandstätter lieferte dazu einige Details: „Die Lega eröffnete im Januar 2013 ein normales ‚*easy business*'-Konto bei unserer Mailänder Filiale und dann im März 2013 ein Depot für Finanzanlagen. Beide Positionen wurden am 9. Juli 2013 geschlossen, weil die Lega mit den Zinsen, die die Sparkasse bieten konnte, nicht zufrieden war; es waren in diesem Zeitraum maximal 2,5 Prozent, die dann auf 1,9 Prozent fielen. Die formelle Schließung erfolgte ein Jahr später, als nur noch wenige tausend Euro übrig waren. Aber soweit ich weiß, lag der ursprünglich eingezahlte Betrag bei ein paar Millionen und nicht bei 20 Millionen Euro. Wie viele Millionen, kann ich nicht sagen."

Nach der Analyse der Kontoauszüge[**] dürfte die fragliche Summe wie gesagt etwa 10 Millionen Euro betragen haben, davon 6 Millionen Euro in bar. Aber der genaue Betrag, der auf das Konto der Sparkasse überwiesen wurde, ist nur bedingt wichtig. Es ist auch nicht entscheidend, dass der Versuch, den Schatz durch eine Stiftung oder einen Trust abzusichern, nicht erfolgreich war. Wichtig für die Bewertung der Glaubwürdigkeit der Erklärungen von führenden Lega-Politikern ist die Tatsache, dass die Partei zumindest in dieser Situation versucht hat, ihr Vermögen vor möglichen Gläubigern in Sicherheit zu bringen. Und da die Ermittler zu dieser Zeit auf der Suche nach dem Geld waren, das mutmaßlich auf einen Betrug zurückging – der dann durch ein erstinstanzliches Urteil und auch in der Berufung bestätigt wurde –, widerspricht das alles der Behauptung finanzieller Transparenz, die die derzeitige Führung der Lega für sich in Anspruch nimmt.

Nur eine sehr kleine Gruppe von Menschen weiß genau, wie es gelaufen ist. Es wirkt wie ein magischer Zirkel rund um den damalige Parteichef „Bobo" Maroni. Die Ermittler vermuten, dass in diesem Zeitraum zwischen 2012 und 2013, als „Bobo" Vorsitzender war, die Strategie entworfen wurde, mittels derer der Schatz der Poebene in tausend Rinnsalen versickern sollte. Mit den Details der Geschichte sollten nur sehr wenige vertraut sein: Neben Maroni sind es sein damaliger Anwalt Aiello, Roberto Calderoli und zwei weitere, wenig bekannte Experten, der Steuerberater Carmine Pallino und den Notar Angelo Busani. Laut den Ermittlern ist es letzterer, der Leuten von der Lega mögliche Optionen vorlegt, um den von Bossi und Belsito hinterlassenen Schatz von rund 40 Millionen Euro zu retten. Es sind verschiedene Wege, und dazu gehören neben der Gründung einer Treuhandgesellschaft auch der Transfer von Kapital ins Ausland und die Schaffung eines Netzwerks italienischer Vereine, die formal von der Partei unabhängig, aber in Wirklichkeit mit ihr verbunden sind, anonyme Adressen, auf die das Geld aus der Poebene mittels viele kleiner Überweisungen transferiert werden soll. Noch sind das nur Hypothesen der Ermittler der Staatsanwaltschaft Genua, die wegen möglicher Geldwäsche bei einem Teil der 48,9 Millionen Euro aktiv ist und bereits, wie wir sehen werden, Beschlagnahmungen und Razzien angeordnet hat.

Eine sichere Quelle sind bisher die Bankunterlagen in unserem Besitz. Aus ihnen geht hervor, dass die Lega, sobald sie die Konten bei der Sparkasse geleert hatte, wieder ganz auf die Unicredit setzt. Und hier kommen nun die Details der Finanzanlagen ans Licht, eine Geschichte, die sich mithilfe von zwei Kontoauszügen erzählen lässt, die die Mailänder Bank innerhalb von fünf Monate an die Lega schickt. Der erste ist vom 2. Dezember 2013, nur fünf Tage vor Salvinis offizieller Wahl zum Vorsitzenden[**]. An diesem Tag deponierte die Lega auf dem Konto der Unicredit-Filiale Vermögenswerte in Höhe von 14,2 Millionen Euro: 3 Millionen Euro in bar und 11,2 Millionen Euro in Wertpapieren. Diese Anlagen entsprechen einigermaßen dem, was in der Bilanz der Lega für das Jahr ausgewiesen wird: Sie deklariert wie bereits erwähnt zum 31. Dezember Investitionen in Höhe von 10,5 Millionen Euro.

Abgesehen von den fehlenden 700.000 Euro, die die Partei offensichtlich in diesem Monat kassiert hat, fällt die Zusammensetzung dieses Finanzschatzes aus der Poebene auf. Das Gesetz 96 von 2012 verbietet es politischen Parteien nämlich, ihr Geld in andere Finanzinstrumente als Staatsanleihen von Ländern der Europäischen Union zu stecken. Der Kontoauszug der Unicredit zeigt aber, dass die Lega gegen diese Vorschrift verstoßen hat. Von den 11,2 Millionen Euro, die die Partei am 2. Dezember 2013 an Finanztiteln hielt, lauten nur zwei Drittel auf italienische Staatsanleihen, sind also legale Investitionen für eine politische Partei, während der Rest in Unternehmensaktien investiert worden war. Hier die entsprechende Liste: 320.000 in Enel, 200.000 in General Electric, 300.000 in Gas Natural, 400.000 in Intesa Sanpaolo, 650.000 in Mediobanca, 300.000 in Telecom Italia und 300.000 in Arcelor Mittal.

Der Lega-Kontoauszug zeigt auch eine weitere nach dem Gesetz von 2012 offensichtlich illegale Anlage: Für den Kauf eines Derivats, also eines Finanztitels, der auf der Performance in diesem Fall des Ftse Mib, dem wichtigsten Aktienindex der Mailänder Börse, basiert, wurden 380.000 Euro ausgegeben.

Die Lega hat sich folglich entschieden, mit dem Geld aus den Wahlkampfkostenrückzahlungen zu spekulieren und das ungeachtet der Gesetzeslage und der eigenen offiziellen Erklärungen gegen Finanzspekulationen. Und sie tat das, obwohl sie *wusste*, dass das ein Verstoß gegen geltendes Recht war, wie eine E-Mail der Sparkasse an den damaligen Anwalt der Partei Aiello zeigt. Darin informiert ein Manager der Bank die Lega darüber, dass das Gesetz „den politischen Parteien verbietet, eigene Geldmittel in andere Finanzinstrumente als Anleihen der EU-Mitgliedstaaten anzulegen". Wir wissen nicht, was Aiello geantwortet hat, aber wir wissen, dass Maroni und sein Schatzmeister Stefano Stefani den Schatz der Lega kurz darauf aus Bozen wegschaffen. Er kehrt zurück zur Unicredit, Filiale Vicenza.

Als Salvini auf Maroni folgt, ändert sich nichts. Das zeigt der zweite Kontoauszug, der das Datum 19. Mai 2014 trägt. Salvini ist inzwischen seit fünf Monaten auf der Kommandobrücke. Der Auszug besagt, dass zu diesem Zeitpunkt das Vermögen der Lega bei der Unicredit 6,5 Millionen Euro betrug, aufgeteilt in 951.000 Euro Barmittel und 5,6 Millionen Euro Wertpapiere. Diese Zahlen zeigen zweierlei. Erstens: dass auch Salvini trotz der Breitseiten gegen ein „Europa, das den Banken und multinationalen Konzernen dient" versucht hat, Geld zu verdienen, indem er die Anleihen einiger der bekanntesten dieser Konzerne gekauft hat, oder zumindest die Investitionen nicht rückgängig gemacht hat, die von seinen Vorgängern beschlossen wurden. Im Einzelnen war die Lega unter der Führung des späteren Innenministers noch Besitzer eines hübschen Vermögens im Wert von 1,2 Millionen Euro, das verteilt war auf Anteile an der italienischen Mediobanca, der spanischen Gas Natural und Arcelor Mittal, dem indischen Stahlkonzern, der das Ilva-Stahlwerk in Tarent gekauft hatte. Als lautete das Motto: Zuerst die Italiener, ja, schön und gut, aber bitte vorher ein paar finanzielle Einnahmen, bei denen es wenig auf die Nationalität derjenigen ankommt, die sie einem garantieren.

Ein zweiter Aspekt springt ins Auge, wenn man die Aktienbestände im Abstand von nur fünf Monaten vergleicht. Von Dezember 2013 bis Mai 2014 sank das in Wertpapiere investierte Vermögen von 11,2 Millionen Euro auf 5,6 Millionen, und auch das Barvermögen brach von 3 Millionen Euro auf 951.000 Euro ein. Es ist der Beweis für die Tatsache, dass ein großer Teil des früheren Schatzes der Poebene, der auch dank des Betrugs von Bossi und Belsito zusammengekommen war, unter der Führung von Maroni und Salvini verschwand, und es ist völlig unklar, wie. Das ist zumindest das Ergebnis, wenn man die Bilanzen der Lega mit den Kontoauszügen der Partei vergleicht. Wir haben bei den Banken, die sich in den Jahren der Kontowechsel um den Schatz der Poebene gekümmert haben, um Aufklärung gebeten, aber keine von ihnen wollte uns antworten. *No comment* auch vom ehemaligen Schatzmeister der Lega, Stefani, der von 2012 bis 2014 die wichtigsten Finanztransaktionen zu verantworten hatte.

10. DIE STEUERBERATER AUS DER VIA ANGELO MAJ

Bis jetzt haben wir uns auf die Ausgaben der Lega Nord konzentriert. Wir haben versucht zu rekonstruieren, wie die Partei es geschafft haben könnte | hat, zunächst unter der Führung von Maroni und dann der Salvinis, in wenigen Jahren fast ihr gesamtes bewegliches Vermögen auszugeben oder zumindest die Konten der nationalen Lega zu leer zu räumen, als die Justiz gerade ihre Ermittlungen vorantrieb. Das Endergebnis war: Als die Richter von Genua nach den 49 Millionen Euro suchten, die durch den Betrug zusammengekommen waren, fanden sie nur noch wenig mehr als 3 Millionen.

Aber es gibt in dieser Geschichte noch ein weiteres Kapitel, ein nicht minder wichtiges, wenn man die Finanzstrategie der neuen Lega-Führung begreifen will, denn es geht um die Einnahmen, um das Geld, das in den letzten Jahren in den Kassen der Lega landete. Wie kann eine Partei auch ohne Einnahmen auskommen? Oder eher, wie kann sie Geld eintreiben, ohne dass es ihr von der Justiz weggenommen wird? Genau zu diesem Bedarf scheint der Verein *Più Voci* zu passen, der im Oktober 2015 ohne große Publizität gegründet wurde, als der Betrugsprozess gerade voll im Gange war, der die Partei an den Bettelstab brachte, und mit dem Antrag zur Beschlagnahme der Konten endete. Formal gehört der Verein nicht zur Lega. Tatsächlich aber ist der Gründer, der den Verein auch führt, eine große Nummer in der Lega, genauso wie zwei weiteren Experten, die eine Schlüsselrolle in der Partei spielen. Und die gesamte Tätigkeit des Vereins scheint ausschließlich mit eben dieser politischen Partei zusammenzuhängen.

Più Voci wurde im Oktober 2015 von dem Steuerberater Giulio Centemero, dem von Salvini bestellten Schatzmeister der Partei, zusammen mit seinen Kollegen Alberto Di Rubba und Andrea Manzoni gegründet. Di Rubba ist seit 2018 Fraktionsgeschäftsführer der Lega im Senat, während Manzoni Rechnungsprüfer für die Lega-Fraktion im Abgeordnetenhaus ist. Das sind delikate Positionen, denn es geht dabei um öffentliche Gelder. Die Fraktionen werden nämlich vom Staat subventioniert, und mit dem Ende der öffentlichen Parteienfinanzierung sind sie der einzige verbliebene Weg, auf dem Parteien das Geld der Steuerzahler in ihre Kassen fließen lassen können.

Offiziell ist *Più Voci* ein gemeinnütziger Verein mit dem Ziel, die Informationsvielfalt zu fördern. Seltsamerweise aber hatte diese gemeinnützige Organisation keine Webseite und informierte auch sonst nicht über ihre Aktivitäten, zumindest nicht, bis wir zum ersten Mal in „L'Espresso" über die Existenz des Vereins berichteten. Dank einiger Dokumente wird allerdings verständlich, wofür der von den Steuerberatern der Lega gegründete Verein wirklich gedacht ist. *Più Voci* war dazu da, finanzielle Mittel von Unternehmen anzunehmen und dieses Geld umgehend an Firmen, die von Partei kontrolliert wurden weiterzuleiten. Kurz gesagt eine Art Drehtür, die hilfreich war, um jede Spur dieser Gelder zu verwischen, und das, während die Ermittlungen der Justiz in vollen Gang waren.

Aber das Risiko, dass Gelder beschlagnahmt werden könnten, war vielleicht nicht der einzige Grund, warum *Più Voci* gegründet wurde. Der andere Grund hängt mit den gesetzlichen Regeln für die Parteienfinanzierung in Italien zusammen. Spenden an eine Partei oder einen Abgeordneten sind legitim, aber es muss dabei transparent zugehen, damit alle Bürger davon erfahren können. Aus diesem Grund verlangt das Gesetz, dass bei Beträgen über 5.000 Euro jede Spende dem Präsidium des Parlaments gemeldet werden muss. Folglich hätte der Verein auch eingesetzt werden können, um die Finanzierung der Lega geheim zu halten. So lautete denn auch die Hypothese der Staatsanwälte in Rom und in

Bergamo, nachdem „L'Espresso" über die Geschichte berichtet hatte. Aber nicht nur das: Das Gesetz verlangt auch, dass ein einzelnes Unternehmen nicht mehr als 100.000 Euro pro Jahr an dieselbe Partei spenden darf. Und wie wir sehen werden, gibt es im Falle von *Più Voci* mindestens ein Unternehmen, das diese Grenze weit überschritten hat.

In weniger als einem Jahr, von Oktober 2015 bis August 2016, sind auf dem Konto von *Più Voci* Überweisungen über insgesamt 313.900 Euro eingegangen. Das Geld stammte hauptsächlich von der Supermarktkette „Esselunga" und dem römischen Immobilienunternehmer Luca Parnasi. Wir wissen nicht, ob das die einzigen Überweisungen waren, denn das uns vorliegende Dokument verzeichnet nur Geldbewegungen bis zum August 2016. Sicher ist aber, dass der „Kultur-Verein" das Geld unmittelbar nach Erhalt an zwei Unternehmen weitergeleitet hat, die mit der Lega eng verbunden sind: „Radio Padania", den Sender der Partei, und „Mc Srl", Herausgeber der Online-Zeitung „Il Populista", die sich in den letzten Jahren zu einem der wichtigsten Instrumente für die Propaganda Salvinis im Netz entwickelt hat.

Im nächsten Kapitel werden wir Gelegenheit haben, auf die Hintergründe dieser Überweisungen genauer einzugehen. Beschränken wir uns vorerst darauf, die Rolle der Steuerfachleute Salvinis – Centemero, Di Rubba und Manzoni – bei diesen seltsamen Geldbewegungen genauer zu betrachten: Den Verein gründeten sie im Herbst 2015. Firmensitz ist Bergamo, Via Angelo Maj 24, in einem anonymen, sechsgeschossigen Gebäude mit blassgrünem Anstrich. Unter der gleichen Adresse findet man den Sitz von Di Rubba und Manzoni. Ihre Firma heißt Dea Consulting und bietet Dienstleistungen in Sachen Buchhaltung. Als wir im Juni 2018 verifizieren wollten, wo genau *Più Voci* seinen Sitz hat, erzählte uns die Pförtnerin des Gebäudes in der Via Angelo Maj 24, der Verein sei nur eine der Firmen, die bei der Dea Consulting ihren Briefkasten hätten. Unter anderem ist das Büro von Di Rubba und Manzoni auch die Adresse der „Pontida Fin", der alten Finanzholding der Lega Nord und heute alleinige Eigentümerin der Anteile von „Mc Srl", also dem Unternehmen, das „Il Populista“ herausgibt und das via *Più Voci* einen dicken Brocken der Spenden von „Esselunga“ und Parnasi erhalten hat.

Mit anderen Worten, das kleine Büro, das sich da zwischen den Häusern in der Unterstadt von Bergamo versteckt, hat die historische Parteizentrale in der Via Bellerio in Mailand ersetzt und ist zur neuen Schaltzentrale für die Finanzen der Lega geworden. Der Umzug fiel zeitlich zusammen mit der Wahl Salvinis zum Vorsitzenden und der Ernennung Centemeros zum Schatzmeister. Um zu verstehen, warum die Lega ihre delikatesten Geschäfte nach Bergamo und dort in das Büro von Di Rubba und Manzoni verlegt hat, mag es helfen, kurz deren Profil zu analysieren – und es mit dem Centemeros zu vergleichen. Dadurch fallen einige Ähnlichkeiten ins Auge. Alle drei wurden 1979 geboren. Alle drei sind Absolventen der Universität Bergamo, wo sie Wirtschaftswissenschaften studierten und sich Anfang der 2000er Jahre kennengelernt hatten.

Zur Nummer eins des Trios machte Salvini Centemero, seit langem Mitglied der Lega und offizieller Schatzmeister der Partei seit 2014. Angesichts der finanziellen Probleme, mit denen die Lega bereits da wegen der Betrugsermittlungen zu kämpfen hatte, war das eine besonders heikle Aufgabe. Früher Assistent Salvinis in Brüssel, den er nach eigenen Angaben seit seinem 17. Lebensjahr kennt, ist Centemero der einzige der drei, der es bei den letzten Wahlen zu einem Sitz im Parlament bringt. Der Mann, dem die Aufgabe übertragen wurde, die Kassen der Lega in Ordnung zu bringen, hat in der Tat einen respektablen Lebenslauf zu bieten, ganz anders als Belsito, der Fahrer war, bevor er den Posten als Schatzmeister einnahm. Giulio Centemero, der in der Brianza geboren wurde und in Mailand lebt, hat einen Master-Abschluss der dortigen Bocconi-Universität und einen weiteren der Boston University in Brüssel, hat Berufserfahrung in multinationalen Unternehmen wie IBM und PricewaterhouseCoopers und eine nicht ganz alltägliche Leidenschaft für Sprachen (auf seiner Internetseite heißt es, er könne sich auch auf Armenisch, Arabisch und Chinesisch ausdrücken). Außerdem ist er nicht der einzige in seiner Familie, der sich politisch engagiert. Seinem Aufstieg auf diesem Terrain mag die einflussreiche Verwandtschaft zugutegekommen sein: Seine Schwester war für zwei Legislaturperioden Abgeordnete von Forza Italia.

Seit Centemero innerhalb der Lega an Macht gewonnen hat, sind auch seiner beiden alten Kommilitonen Di Rubba und Manzoni plötzlich im Kurs gestiegen. Di Rubba, geboren in Gazzaniga (bei Bergamo), wurde zum Geschäftsführer der Lega-Fraktion im Senat ernannt, nachdem er als Manager für die „Ubi Banca" gearbeitet hatte, er ist im übrigen Bergsteiger und begeistert sich für Motocross. Dank seines Freundes Centemero sammelt er prestigeträchtige Positionen: Präsident der „Lombardia Film Commission", einer Stiftung der Region, deren Ziel es ist, Filmproduktionen in der Lombardei zu fördern; Direktor von „Radio Padania", dem Sender der Lega, wo auch der Vorsitzende seine ersten Schritte machte; alleiniger Verantwortlicher von „Pontida Fin", der Immobilienholding der Lega, die inzwischen das einzige Unternehmen der Partei von einem gewissen Wert ist. Fast alle diese Ämter hat er übrigens nach der Veröffentlichung unseres ersten Artikels in „L'Espresso" aufgegeben.

Manzoni ist der Akademiker der drei. Er hat zum Thema „Unternehmensstrategien" promoviert und kann Dutzende von nationalen und internationalen Publikationen vorweisen. Aber auch er hat sich entschieden, dem Ruf der Politik zu folgen. Er leitet die Kanzlei in der Via Angelo Maj, seit der neue Parteichef Salvini Centemero zum Kassenwart gemacht hat, und sein Portfolio hat sich seither um eine Reihe von Positionen in öffentlichen und privaten Unternehmen erweitert, die alle direkt oder indirekt mit der Politik verbunden sind. Er ist beispielsweise im Aufsichtsrat von „Cogeme" und „Anita", beide Versorger in der Lombardei unter öffentlicher Kontrolle; er war im Vorstand der „Metropolitana Milanese" und von „Arexpo", vor allem aber ist er alleiniger Direktor von „Fin Group", der historischen Holdinggesellschaft der Partei, die zusammen mit „Pontida Fin" gegründet wurde, um das einst beträchtliche Parteivermögen zu verwalten.

Aber die beiden Wirtschaftsfachleute haben nicht nur einflussreiche Positionen in Unternehmen, die direkt oder indirekt von der Lega kontrolliert werden, angesammelt; seit ihnen die

Huld des Vorsitzenden zuteil wird, laufen auch ihre persönlichen Geschäfte, die sie als Unternehmer in Angriff nehmen, prächtig. Beginnen wir mit Di Rubba und seinem Aufstieg, nicht dem politischen, sondern dem finanziellen – ein verrückter Aufstieg mit einem Wirbel von Aktienkäufen und -verkäufen, bei denen der gewiefteste *venture capitalist* erblassen könnte.

Wieder einmal muss man genau auf die Namen und Daten achten. Im Mittelpunkt der ganzen Geschichte steht die „Arti Group Holding", eine Gesellschaft, die im Dezember 2017 in Bergamo gegründet wurde und derzeit nicht aktiv ist. Bei ihrer Gründung mit einem Kapital von 20.000 Euro hat sie drei Gesellschafter: die „Cafin" von Marzio Carrara mit 45 Prozent, „Advancy Holding Srl" mit 49 Prozent und „Dirfin" von Alberto Di Rubba mit 6 Prozent. Wer genau hinter der „Advancy Holding" steckt, lässt sich nicht in Erfahrung bringen, das Unternehmen versteckt sich hinter einer Treuhandgesellschaft, die von Mediobanca verwaltet wird, der „Esperia Servizi Fiduciari". Tatsache ist, dass nur fünf Monate nach der Gründung der „Arti Group Holding" sowohl Di Rubba als auch der mysteriöse Eigentümer der „Advancy Holding" am 10. Mai 2018 ihre Anteile an Carrara verkaufen. Und sie kassieren einen fetten Gewinn: Di Rubba verkauft seine „Dirfin", die ihn 10.000 Euro gekostet hatte, zu einem Preis von 1,1 Millionen Euro[**], Mister X, abgeschirmt durch den Treuhänder, ergeht es noch besser: Er verkauft die „Advancy Holding" mit einem Aktienkapital von 15.000 Euro für 8,2 Millionen Euro.

Was ist in der Zwischenzeit passiert, das eine derartige Wertsteigerung der Aktien der „Arti Group Holding" rechtfertigen könnte? Berichte lokaler Medien und Einblicke in die Handelsregister ergeben zweierlei: Kurz nach ihrer Gründung erwarb die „Arti Group Holding" im Januar 2017 vom deutschen Bavaria Fonds zwei Unternehmen aus der Gegend von Bergamo für 5,5 Millionen Euro, „Eurogravure" und das „Nuovo Istituto Italiano d'Arte Grafiche". Der zweite Fakt: Am 2. Mai 2018, also eine Woche, bevor Di Rubbas und die anonymen Treuhänder ihren bemerkenswerten und außergewöhnlichen Mehrwert kassieren, wird eine der gerade erst von der „Arti Group Holding" erworbenen Firmen – das „Nuovo Istituto Italiano d'Arte Grafiche" nämlich – für einen nie bekannt gewordenen Betrag von „Elcograf" übernommen, einem Unternehmen, das zum Besitz der Drucker-Familie Pozzoni aus der Gegend um Bergamo gehört. Fassen wir zusammen: Im Verlauf von sechs Monaten geben Carrara, Di Rubba und Herr X 5,5 Millionen Euro aus, um zwei Unternehmen zu kaufen, davon verkaufen sie eines für einen unbekannten Betrag, und am Ende kauft Carrara die Anteile seiner Partner für fast 10 Millionen Euro.

Es ist nicht ganz leicht zu verstehen, welche Logik hinter dieser komplizierte Finanzoperation stehen soll. Wir haben bei den direkt Betroffenen nachgefragt und um Aufklärung gebeten, vor allem für den Grund des unglaublichen Gewinns, den Di Rubba in nur sechs Monaten einstreichen konnte. Aber er wie auch Carrara beschränkten sich darauf zu erklären, das alles sei „Teil eines umfassenderen Plans zum Erwerb von Wertpapieren durch die Carrara-Gruppe". Offensichtlich ist, dass Carrara sein Verhältnis zur Lega inzwischen deutlich verbessert hat. Zwei Quellen aus der Partei zufolge hat die von Salvini geführte Lega in den letzten Monaten einen Großteil ihrer Druckaufträge (etwa für Flyer und Poster) einem Unternehmen in Costa di Mezzate in der Provinz Bergamo übertragen. Die Firma heißt „Cpz". Besitzer ist Marzio Carrara selbst.

Wieviel hat der Unternehmer aus Bergamo 2017 von der Lega eingenommen? Sowohl Carrara als auch Schatzmeister Centemero haben es vorgezogen, auf diese Frage nicht zu antworten. Begründet wurde das mit dem Gesetz zum Schutz der Privatsphäre und der Verpflichtung, sensible Wirtschaftsdaten vertraulich zu behandeln. Carrara teilte aber noch mit, dass seine Gruppe „seit mehr als zwanzig Jahren" Druckaufträge für „zahlreiche politische Kräfte" übernehme, aber stets „eine Position absoluter Neutralität gegenüber der Politik" eingehalten habe. Auf die Frage, wie er sich den Zuwachs bei Lieferungen an die Lega in der letzten Zeit erkläre, antwortete der Unternehmer: „Falls es einen Anstieg der Lieferungen an die Lega geben sollte, gehe ich davon aus, dass das auf den Wahlkampf zurückzuführen ist", gemeint ist der vor dem März 2018.

Keine Frage, dass ein möglicher Anstieg der Lieferungen durch „Cpz“ die Position der alten bisherigen Druckerei, die die Lega in den Jahren von Bossi genutzt hatte, geschwächt haben muss. Sie heißt „Boniardi Grafiche“, mit Sitz in Mailand, und erzielte bis 2016 für ein Unternehmen mit nur neun Mitarbeitern beneidenswerte Umsätze von über 2 Millionen Euro pro Jahr. Es gab nur ein Problem: Kredite an Kunden, die stetig größer wurden, bis sie schließlich ein Volumen von 1,5 Millionen Euro erreichten. Wie viel davon war Apanage für die Lega? Auch zu diesem Punkt erklärte Schatzmeister Centemero, dass er wegen „präziser gesetzlicher Verpflichtungen, die mich zur Wahrung der Vertraulichkeit zwingen“, nicht antworten könne. Gleichzeitig beteuerte er, dass alle diese Informationen „im Falle der Lega zahlreichen Kontrollen durch verschiedene Organe für die Prüfung der Bilanz und durch die dafür zuständigen Ausschüsse unterliegen“. Mehrere Quellen innerhalb der Partei berichten allerdings, dass eine Art Null-Kosten-Lösung zur Begleichung der Schulden entwickelt wurde, zumindest für die Kassen der Partei. Bei den letzten Wahlen hat die Lega Fabio Massimo Boniardi, den 47 Jahre alten Sohn des Gründers der „Boniardi Grafiche“, der auch Aktionär des Unternehmens ist, als Kandidat nominiert. Boniardi ist außerdem Stadtrat in Bollate, Stadtrat in Garbagnate Milanese sowie stellvertretender Provinzvorsitzender der Partei, und er wurde ins Abgeordnetenhaus gewählt. Wenn also die Regierung bis zum Ende der Legislaturperiode durchhält, darf der Unternehmer fünf Jahre lang mit einem Einkommen rechnen – bezahlt natürlich von der öffentlichen Hand.

Er wäre nicht der einzige glückliche Geschäftspartner der Lega. Unter den neuen Unternehmen, für die sich die Lega in den letzten Jahren entschieden hat, so berichten drei interne Quellen der Partei, ist auch eine Firma aus Bergamo namens „Non Solo Auto“. Sie bietet Autovermietungen an, und auch sie hat ihren Sitz in dem blassgrünen Gebäude in der Via Angelo Maj 24. Das Unternehmen wurde Ende 2015 gegründet und hat innerhalb von zwei Jahren seinen Umsatz ordentlich gesteigert; 2017 lag er immerhin bei 268.000 Euro. Nicht schlecht für ein Unternehmen, das angibt, nicht einmal einen Mitarbeiter zu haben. Und wer sind die glücklichen Besitzer von „Non Solo Auto“? Di Rubba und Manzoni. Jedenfalls war das so, bis wir in „L’Espresso“ darüber berichteten (danach verkaufte Manzoni im Oktober 2018 seine gesamten Anteile an Di Rubba, einschließlich derjenigen von „Dea Consulting“). Als wir die beiden Steuerberater der Lega zu „Non Solo Auto“ befragen wollten, wiesen sie jede Annahme eines Interessenkonflikts zurück. Unsere Frage nach dem Umsatz des Unternehmens, das dem Umfeld der Lega zugerechnet werden kann, wiesen sie mit Hinweis „auf offensichtliche Fragen von Privatsphäre und Geschäftsgepflogenheiten“ zurück und argumentierten, dass „weder Dr. Di Rubba noch Dr. Manzoni eine verantwortliche Rolle in der Führung noch strategische und leitende Funktionen“ innerhalb der Lega hätten. Für die Partei übernähmen sie lediglich „technische Aufgaben administrativer Natur“. Mit anderen Worten: Wir sind keine Politiker, und wir sind euch Journalisten keine Rechenschaft schuldig.

Offiziell ist das in der Tat so: Die Einträge der Handelskammern zeigen, dass die beiden in verschiedenen Unternehmen, die mit der Lega verbunden sind, aktiv sind oder waren, aber immer als Geschäftsführer, Mitglieder des Vorstands oder des Aufsichtsrats. Und auch wenn sie die Schwelle römischer Paläste überschritten haben mit Aufgaben im Abgeordnetenhaus oder im Senat: Sie haben immer nur die Rolle von Fachleuten gespielt, so ihre Position. Aber es scheint, als sähe die Sache doch etwas anders aus. Für einen gewissen Zeitraum und auf jeden Fall im Jahr 2015 spielte Manzoni eine Rolle in der nationalen Leitung von „Noi con Salvini“, der politischen Bewegung, die der Lega-Boss gegründet hatte, um Anhänger in Mittel- und Süditalien zu gewinnen. Genau er, der Buchhalter, der uns versichert hat, er habe noch nie ein „verantwortliche Rolle in der Führung noch strategische und leitende Funktionen“ innegehabt. Derselbe, der gleich nach Veröffentlichung unserer Berichte alle Funktionen bei der „Dea Consulting“ aufgab, diesem neuen Nabel der Welt. Der Welt der Lega, versteht sich.

11. DIE METHODE PARNASI

Die Geschichte von der Existenz des Vereins *Più Voci* und die Namen seiner Geldgeber wurden erstmals in „L'Espresso" veröffentlicht, am ersten Tag des April 2018. Das war kein Aprilscherz: Die Bedeutung der Geschichte sollte sich bald erweisen. Parnasi war zu diesem Zeitpunkt war noch nicht der im ganzen Land bekannte Bauunternehmer; das kam erst drei Monate später. Da wird er von den Carabinieri gemeinsam mit dem Manager Lanzalone aus dem Umfeld der 5 Sterne während der Ermittlungen wegen Korruption im Zusammenhang mit dem Stadion von Rom verhaftet.

Vor der Veröffentlichung der Informationen hatten wir alle Beteiligten um eine Stellungnahme gebeten: Lega, „Esselunga" und Parnasi. Wir wollten verstehen, warum diese Akteure sich entschieden hatten, einen unbekannten Verein der Lega zu sponsern, und warum dieser Verein das erhaltene Geld an einige von der Partei kontrollierte Unternehmen weitergeben sollte. Der Verdacht: versteckte Parteienfinanzierung. Der Trick war theoretisch für beide Seiten von Nutzen: für die Unternehmer, weil sie ihre Unterstützung für die Lega nicht offen erklären müssen; für die Lega, weil ihr diese Gelder im Hinblick auf die laufenden Ermittlungen wegen Betrugs nicht umgehend wieder beschlagnahmt werden.

Lediglich „Esselunga" antwortete irgendwie auf unsere Fragen. Nach Dokumenten der Banca d'Italia hatte die Supermarktkette der Familie Caprotti im Juni 2016 40.000 Euro an *Più Voci* gezahlt. „Freiwilliger Beitrag 2016", lautet der Verwendungszweck der Überweisung. Auf unsere Bitte um Stellungnahme erklärte „Esselunga" nicht, warum sie sich dafür entschieden hatten, Geld an den Verein zu spenden und nicht direkt an die Partei. In einer Mitteilung hieß es lediglich, dass diese Summe „im Rahmen der Investitionspläne für Werbung in mehr als 70 Radiosendern für ‚Radio Padania' bestimmt war". Die Erklärung würde die Hypothese einer versteckten Finanzierung ausschließen. Aber warum zahlen sie ihren Beitrag nicht direkt an „Radio Padania"? Erschöpfend war die Antwort von „Esselunga" folglich nicht, aber immerhin hat der Supermarkt-Konzern überhaupt geantwortet.

Der andere Spender für den Lega-Verein, der römische Immobilienentwickler Luca Parnasi, der *Più Voci* einen deutlich höheren Betrag gezahlt hatte – mindestens 250.000 Euro – zog es dagegen vor, überhaupt nicht zu antworten. Den Grund dafür entdeckten wir einige Monate später, als Parnasi nämlich wegen Korruption im Gefängnis landete; da waren die Ermittlungen der Justiz zum neuen Stadion von Rom, das seine Firmen hätten bauen sollen, gerade beendet worden. Im Zuge dieser Untersuchung wurde auch der Berater der von den 5 Sternen geführten Stadtverwaltung von Rom, Luca Lanzalone, verhaftet, und andere Vertreter der 5-Sterne-Bewegung, der Demokratischen Partei und von Forza Italia gerieten in Verdacht. Aus den Ermittlungsunterlagen der Staatsanwaltschaft Rom geht deutlich hervor, warum Parnasi auf unsere Fragen lieber schwieg. Diese Geldspende musste in der Tat geheim bleiben. Pech nur, dass die *Guardia di Finanza* ihn abhörte.

Wir hatten Parnasi am Morgen des 26. März 2018 erstmals kontaktiert[*]. Mit einem Anruf auf seinem Handy, um ihn nach den 250.000 Euro zu fragen, die *Più Voci* von seiner Immobilienfirma „Pentapigna" erhalten hatte. Der Unternehmer bat um Zeit und versicherte, wir würden eine E-Mail-Adresse bekommen, an die wir unsere Fragen senden könnten. Die Adresse kam nie an. Gerichtsakten zeigen, dass das nicht auf Desinteresse zurückzuführen war. Die Aufzeichnung der Telefonate mit seinen Mitarbeitern lassen eine gewisse Aufregung erkennen. Über seinen

Steuerberater kontaktiert er Andrea Manzoni aus Bergamo, der den Verein *Più Voci* zusammen mit Centemero und Di Rubba leitet: Offensichtlich will er den Mann Salvinis auffordern, „rückwirkend etwa zu unternehmen". Und im Gespräch mit einem seiner Leute fügt er hinzu: „Ich habe dir gesagt, dass das Theater gibt." Aber der folgende Abschnitt macht wirklich deutlich, welch Ungemach unsere Fragen auslösten: „Bei der Analyse möglicher Konsequenzen des Artikels", schreiben die Richter in ihrer Anordnung, „erwägen Parnasi und sein Steuerberater, rückwirkend falsche Dokumente für die Buchhaltung zu erstellen, um die Auszahlung zu rechtfertigen."

Nach Beratungen mit seinem Freund Luigi Bisignani beschließt Parnasi schließlich, „L'Espresso" nicht zu antworten. Drei Monate später wird er auf Anordnung der Staatsanwaltschaft von Rom verhaftet. Und die Justiz von Rom und die von Genua, die schon seit geraumer Zeit wegen möglicher Geldwäsche im Zusammenhang mit dem Schatz der Lega ermittelt, nehmen einen gemeinsamen Untersuchungsstrang in Angriff, der die vermissten 49 Millionen Euro mit den mehr als 300.000 Euro zusammenführt, die der Verein *Più Voci* einkasssiert hat, altes Geld also und neues Geld.

Aber bleiben wir zunächst bei *Più Voci*. Wie Parnasi und „Esselunga" bekam auch die Lega die Chance, die Rolle des Vereins zu klären. Fast eine Woche vor der Veröffentlichung der Enthüllungen über die „Drehtür" der Lega, schickten wir am 26. März 2018, wie in solchen Fällen üblich, eine E-Mail an Salvinis Sprecherin und Leiterin der Lega-Pressestelle, Iva Garibaldi. Mit Blick auf die mehr als 300.000 Euro, die *Più Voci* in weniger als einem Jahr gesammelt hatte, wollten wir zwei Dingen wissen: Worauf diese Beiträge von privaten Unternehmen zurückzuführen sind, und warum diese Spenden nicht direkt in die Kassen der Partei gingen? Die Lega entschied sich damals, nicht zu antworten – abgesehen davon, dass sie eine Anzeige ankündigte, kaum dass der Artikel veröffentlicht war. Nachdem der Innenminister der Italienischen Republik uns auf Facebook zunächst als „böswillige Idioten" bezeichnet hatte, versuchte er sich dann in Ironie: „Salvini hat Millionen von Euro versteckt? In meiner rechten Tasche kann ich sie nicht finden, in meiner linken Tasche auch nicht, ich suche mal unter dem Kissen", schrieb er von sich in der dritten Person, und beendete die Mail mit „millionenfachem Lächeln und einer Anzeige".

Der Schatzmeister der Lega, Centemero, der sich vielleicht bewusst war, dass er in den sozialen Medien weniger gut rüberkommt als sein Vorsitzender, versuchte es auf dem traditionellen Weg: per Interview, das zwei Tage nach der Veröffentlichung unseres Artikels im „Giornale di Monza" veröffentlicht wurde, der Lokalzeitung der Brianza, der Gegend also, in der Centemero geboren wurde und aufwuchs. Der Parteimanager und heutige Abgeordnete zeigt sich enttäuscht: „Die Journalisten des ‚L'Espresso' haben sich weder an Matteo Salvini noch an mich selbst gewandt." Wie eben beschrieben, ist das falsch: Über die Pressestelle der Lega haben wir Salvini und Centemero eine Woche vor der Veröffentlichung der Recherche kontaktiert, um ihnen die Gelegenheit zu geben, die Ziele von *Più Voci* und den Grund für diese Millioneninvestitionen in verbotene Finanzprodukte zu erläutern. Es kam keine Antwort von ihnen. Der interessanteste Aspekt der Geschichte kommt jedoch zum Vorschein, wenn man die Äußerungen Centemeros mit den Worten Parnasis, die abgehört wurden, vergleicht. Im Interview mit dem „Giornale di Monza" hatte der Schatzmeister von Brianza versichert: „*Più Voci* wurde gegründet, um die Informationsvielfalt in Zeiten einer Krise der Medien und eines Paradigmenwechsels in der Kommunikation zu fördern. Kein einziger Cent der erhaltenen Spenden ging in die Finanzierung irgendeiner politischen Partei. Weder direkt noch indirekt."

Centemero beteuert also, dass *Più Voci* nicht zur Finanzierung der Lega diente, sondern um „die Informationsvielfalt zu fördern". Den Unterschied zu erkennen, dürfte nicht ganz leicht sein, schließlich geht es bei der Information, die da durch das Geld von Parnasi und „Esselunga" gefördert werden sollte, um Beiträge von „Radio Padania" und „Il Populista", also den offiziellen Organen der Salvini-Propaganda. Mit anderen Worten: Wo ist der Unterschied, ob das Geld an meine Partei oder mein Megaphon geht? Hilfst du nicht in jedem Fall der Lega? Und wenn du es heimlich tust, ist das dann nicht illegale Parteienfinanzierung?

Es lohnt sich, in diesem Zusammenhang daran zu erinnern, dass es in Italien erlaubt ist, eine Partei wirtschaftlich zu unterstützen, das muss aber in aller Öffentlichkeit passieren, es muss in der Parteibilanz auftauchen und dem Parlament mitgeteilt werden. Jeder andere Weg kann als eine Form der illegalen Finanzierung angesehen werden. Und genau das lassen die von Parnasi abgehörten Sätze vermuten. Am Telefon mit einem seiner Mitarbeiter unmittelbar nach unserem Anruf widerspricht der Unternehmer offen der Parteiversion zu diesen 250.000 Euro. Das Geld für *Più Voci*, so Parnasi, war für den Wahlkampf der Lega 2015 in Mailand bestimmt: Damit sollte der Mitte-Rechts-Kandidat für den Posten des Bürgermeisters, Stefano Parisi, unterstützt werden. Und nicht nur das. Der wegen Korruption verhaftete Bauunternehmer fügt ein interessantes Detail bei: Er sagt, mindestens zehn Unternehmer hätten an *Più Voci* gezahlt. Wenn das wahr wäre, dann hätten nicht nur er und „Esselunga" diesen seltsamen Kanal genutzt, um Salvini zu unterstützen. Centemero sagte uns dazu, er könne sie aus Gründen der *privacy* nicht nennen. Aber er bestätigte damit, dass es andere Wohltäter gibt.

Alles in allem hat *Più Voci*, inklusive der Zahlungen von Parnasi und „Esselunga", 328.400 Euro eingenommen. Zumindest behauptet Centemero das. Nach unseren Informationen handelt es sich um kleine Spenden zwischen 2016 und 2018. Demnach gibt es mindestens weitere 40.000 Euro an Spenden für *Più Voci* von Unternehmern, die auf den Schutz der Privatsphäre pochen und geheim gehalten werden – nicht gerade ein Ausweis von Transparenz für eine „Regierung des Wandels". Parnasi sagte, dass seine 250.000 Euro für den Wahlkampf von Parisi verwendet wurden, also nicht für die Informationsfreiheit, wie Centemero uns auf unsere Fragen versicherte. Wenn Parnasi die Wahrheit sagt, hätte dieses Geld deklariert werden müssen. Wer lügt, er oder der Schatzmeister der Lega?

Früher oder später werden wir es erfahren. Die Recherche zu *Più Voci* hat die Staatsanwaltschaft Rom nämlich veranlasst, parallel zur Affäre um das Stadion des AS Roma eine neue Ermittlungsakte anzulegen. Es geht darin um den Verdacht auf illegale Finanzierung der Lega durch den Verein aus Bergamo. Ähnlich geht der Generalstaatsanwalt von Mailand Walter Mapelli vor. In Rom war der Schatzmeister der Lega, Centemero, das erste Ziel. Und er befindet sich in guter Gesellschaft: Gegen seinen Kollegen bei der PD, Francesco Bonifazi, wird wegen desselben Vergehens ermittelt, und wieder geht es um Spenden von Parnasi (wenn auch um geringere Summen als bei *Più Voci*). Da finden sich Lega und PD ausnahmsweise mal vereint.

12. LUKAS REDET, MATTHÄUS ZITTERT

Parnasi, der Bauunternehmer aus Rom, hat Matteo Salvini als „Bruder" bezeichnet, er dürfte ihn also gut kennen. Tatsächlich aber war er zunächst auf Giancarlo Giorgetti getroffen, den „*demoleghista*". Mit ihm zusammen hat er, wie wir gesehen haben, das Abendessen organisiert, an dem auch Luca Lanzalone teilnehmen wird, von den 5 Sternen für die Lösung der Probleme der Hauptstadt auserkorener Manager. Die Wahlen vom 4. März 2018 waren gerade gelaufen, aus denen die 5 Sterne mit 32 Prozent als Sieger hervorgegangen waren. Das war viel, aber nicht genug, um allein zu regieren. Die Vereinbarung zwischen Lega und der Bewegung von Grillo stand noch nicht. Bei diesem römischen Abendessen aber schien die Zukunft des Landes bereits völlig klar. Der Test für die Allianz zwischen der Lega und den 5 Sternen: finanzielle Unterstützung für alle, ohne natürlich die PD, Forza Italia oder selbst die „Fratelli d'Italia" zu vergessen. Geld mit der Gießkanne, ein bisschen für alle, und es schadet niemandem. „Greif auf die Methoden der achtziger Jahre zurück", hatte Parnasi zu einem engen Mitarbeiter gesagt. Und diese Methoden finden offensichtlich auch Gefallen bei den neuen populistischen Machthabern, der neuen Regierung der Dritten Republik. Ermittlungsakten der Staatsanwaltschaft Rom bestätigen, was „L'Espresso" einige Monate zuvor über das Verhältnis zwischen Parnasi und der Lega Salvinis berichtet hatte. Und sie bieten noch andere Erkenntnisse.

Gegenüber den Ermittlern beschrieb Parnasi den Grund für seine Spende über 250.000 Euro für *Più Voci* so: „Der wahre Grund ist, dass ich als Unternehmer in Norditalien wachsen wollte. Zu diesem famosen Abendessen, das sie in Mailand organisiert hatten [2015], kam auch der Lega-Kandidat Stefano Parisi, den ich dort kennengelernt habe. Natürlich war es folglich mein Interesse, einen Verein, der der Lega nahestand, zu unterstützen, um mich in diesem Umfeld bekannt zu machen. Das steht ganz außer Zweifel. Das war meine Art, bei bestimmten Leute Vertrauen aufzubauen, die mir so oder so vielleicht Geschäftsmöglichkeiten hätten bieten können." Parnasi gab also Geld, um im Austausch dafür im Norden Aufträge für seine Unternehmen zu ergattern, angefangen beim neuen Stadion von Mailand. Und er spendete dieses Geld für *Più Voci* mit einen präzisen Ziel: die Finanzierung des Wahlkampfes des von der Lega unterstützten Kandidaten der Rechten. So jedenfalls seine Aussagen gegenüber Staatsanwalt Ielo. Es fällt daher schwer, die Version von Centemero zu glauben, nach der die Spender für *Più Voci* die Meinungsvielfalt fördern wollten und nicht seine Partei. Auch den Ermittlern fällt es offenbar schwer, das zu glauben – so schwer, dass sie gegen ihn offizielle Ermittlungen wegen illegaler Parteienfinanzierung aufnahmen.

Aber Parnasi fügt noch einen weiteren Mosaikstein hinzu. Er erzählt den Ermittlern, dass er nach den 250.000 Euro, die er zwischen 2015 und 2016 an *Più Voci* zahlte, die Absicht hatte, die Lega mit weiterem Geld zu unterstützen. Dieses Mal hätte „Radio Padania" davon profitieren sollen, der Sender, den Salvini viele Jahre geleitet hatte. Nach Angaben des Unternehmers wurde das Geld aber schließlich nicht gezahlt. „Aus Mangel an Liquidität oder weil dieser Artikel im ‚L'Espresso' erschienen ist?", wird Parnasi von der der Staatsanwältin Barbara Zuin gefragt, da die Entscheidung gegen eine Spende für „Radio Padania" genau in die Zeit unserer Fragen an den Unternehmer fällt. „Mangelnde Liquidität", antwortet Parnasi.

Was aber zählt, ist der Zweck der Spenden. Und auch hier wird der Bauunternehmer in Haft ganz deutlich. Hatte die kommerzielle Vereinbarung mit „Radio Padania" das Ziel, Werbefläche bei dem Radiosender zu bekommen, fragten die Ermittler. Nein, antwortete er: „Nachdem ich den Verein *Più Voci* unterstützt hatte, hatte ich mit Giulio Centemero und Andrea Manzoni eine weitere Spende über 100.000 Euro an „Radio Padania" vereinbart und noch einmal 100.000 Euro für eine andere Gesellschaft, aber dieses Geld war ganz klar für die Lega gedacht. Meine Absicht war es allein, die Lega zu unterstützen." Die Ermittler wissen von der neuen Spende dank der damals laufenden Abhörmaßnahmen. Wenn man die Protokolle liest, fällt wieder die Rolle von Manzoni auf, dem Steuerberater aus Bergamo, dem Fachmann, der uns gesagt hatte, er habe nur Buchhaltungsaufgaben für die Lega erledigt. Die Staatsanwaltschaft sah das offenbar nicht so, und in den Akten taucht eine weitere Figur in dieser Geschichte auf.

Wir schreiben den 27. Februar 2018. Gianluca Talone, einer der engsten Mitarbeiter von Parnasi, ruft Manzoni an. Er ruft ihn an, so Parnasi im Verhör[**], weil Manzoni zusammen mit Centemero für die Beziehungen zu Unternehmern zuständig ist. Talone bittet ihn, eine E-Mail über die „Operationen im Zusammenhang mit ‚Radio Padania'" zu senden, „die von Luca (Parnasi)". Kurz darauf erhält Talone einen Anruf von Centemero. Nicht von Giulio, dem Schatzmeister und Partner von Manzoni. Diesmal ist es die Stimme von Paolo Centemero, Jahrgang '64, aus der Brianza, Aktionär der „Semfly" aus Bergamo, der Firma, über die seit einigen Jahren die Werbung bei „Radio Padania" läuft. Wieder ein Geschäft in der Familie? Wieder eine Vermischung von politischen und unternehmerischen Aktivitäten, wie bereits bei „Non Solo Auto"? Im Interview mit der Zeitung „Il Fatto Quotidiano" nach der Veröffentlichung der Abhörprotokolle sagte Paolo Centemero, er sei „nur ein entfernter Verwandter des Schatzmeisters der Lega, nach diesem Telefonat habe ich nichts mehr von der Sache gehört." Tatsächlich ging es mit Parnasi nicht weiter, aber Paolo Centemero bleibt – laut den Akten der Staatsanwaltschaft Rom – weiterhin Chef der Werbeagentur des Radios, der „Semfly", der Firma also, die Spenden von Sponsoren einkassiert. Das Unternehmen, das kurz nach dem Aufstieg von Salvini und seinem Vertrauten Giulio Centemero gegründet wurde, war offensichtlich ein erfolgreiches Start-up, es hatte einen Jahresumsatz von rund 150.000 Euro.

„Semfly" wurde 2014 gegründet und residiert ebenfalls in der Via Angelo Maj 24, in der Kanzlei von Di Rubba und Manzoni. Auf der Webseite heißt es, man kümmere sich ausschließlich um Webstrategien für Unternehmen. Keine Wort über „Radio Padania". Paolo Centemero hält 20 Prozent der Anteile des Unternehmens, während die restlichen Anteile bei Paola Vergani liegen, einer 41-Jährigen aus der Brianza, die in der Öffentlichkeit unbekannt ist. Web-Strategien, aber wie gesagt auch die Akquise von Werbung. Wie jener, die von Parnasi kommen sollte. Bestätigt hat das Talone, der Buchhalter des vor Gericht stehenden römischen Unternehmers. Vor den Ermittlern erklärte er, dass der Vertrag mit „Radio Padania" „nur ein Weg war, um der Auszahlung, die an die Lega gehen sollte, ein formales Gewand zu verpassen. Seitdem hatte ich mit der Sache nichts mehr zu tun. Ich gehe davon aus, dass die Operation dann wegen der Veröffentlichung des Artikels in ‚L'Espresso' scheiterte. Von Parnasi wurde mir mitgeteilt, dass man da nichts mehr unternehmen würde, aber ohne weitere Erklärung."

13. ALLE ZU TISCH!

Die Lega hat nicht nur den Verein *Più Voci* genutzt, um an private Finanzhilfen zu kommen. Während Centemero, Di Rubba und Manzoni den Verein in Schwung brachten, organisierten die Leute Salvinis in ganz Italien Abendessen, um Spenden zu einzusammeln. Es ging da nicht um Spenden von normalen Bürgern, von Parteigängern der Lega, die der Partei einfach aus politischer Überzeugung helfen wollten. Hier ging es um Gelder von Unternehmern, den großen Namen der italienischen und internationalen Wirtschaft. Von den Eliten, wie Salvini sie mit Verachtung tituliert, um sie vom Volk abzusetzen. Und Eliten spenden, wie man weiß, in der Regel Geld, wenn sie denken, dass sie sich dadurch Vorteile sichern können. Alles legal, in der Theorie, denn wie bereits erwähnt räumt das italienische Recht den Parteien die Möglichkeit ein, Spenden von weniger als 5.000 Euro nicht zu deklarieren. Lassen wir einmal außer Acht, ob das eine gute Regel ist. Die Fakten, von denen wir hier erzählen wollen, sind aus einem anderen Grund interessant: Zeigen sie doch, dass die populistische Lega von vielen Unternehmen ganz konkret unterstützt wird, aber dabei handelt es sich oft um finanzielle Unterstützung, zu der die Unternehmen nicht offen stehen – trotz der vom Innenminister vielfach gepriesenen Transparenz. Warum ist das so?

Wir wissen mit Sicherheit, dass eines dieser Abendessen am 19. Oktober 2015 in Mailand stattfand. Der Termin war auf 20 Uhr in der „Fonderia Napoleonica“ festgesetzt, einem Restaurant, das mitten in Isola liegt und damit in einem der reichsten Viertel der Stadt. Die Dokumente in unserem Besitz enden einige Tage vor diesem Termin, es sind also nur Bruchstücke zu einem Ereignis, an dem offenbar Dutzende von Unternehmen beteiligt waren, allerdings wissen wir das bei vielen von ihnen nicht mit ausreichender Sicherheit (auf die Gründe kommen wir noch zu sprechen). Organisiert wurde das alles von Armando Siri, dem Erfinder der *flat tax* und Wirtschaftsberater von Salvini, der heute Staatssekretär im Infrastruktur-Ministerium ist. Wir werden auf diese Figur auf den nächsten Seiten näher eingehen. Konzentrieren wir uns aber zunächst auf die Unternehmer, die die Lega möglicherweise stillschweigend finanzieren wollten: Unter den Gästen des Galadiners in Mailand war mit Sicherheit Luigi Patimo, Italien-Chef des spanischen Multis „Acciona", einer Gruppe von hundert Unternehmen, die in 65 Ländern der Welt und in verschiedensten Sektoren aktiv sind, vom Bau bis zum Verkehr, von der Logistik bis zur Wasserversorgung, dem so genannten privaten Wassermanagement, gegen das die Verbündeten Salvinis von den 5 Sternen seit Jahren Sturm laufen, sodass die erneute Verstaatlichung entsprechender Dienstleister sogar in den von der Lega unterzeichneten Koalitionsvertrag Eingang fand.

Aber nicht allein das fällt auf, wenn man sich Patimo genauer anschaut. Gegen den Manager des spanischen Konzern wird nämlich auch von der Anti-Mafia-Staatsanwaltschaft von Reggio Calabria wegen Korruption ermittelt, und zwar zusammen mit Marcello Cammera, einem Manager des Büros für öffentliche Aufträge in der Stadtverwaltung, der wiederum im sogenannten Gotha-Prozess wegen Unterstützung der 'Ndrangheta angeklagt wurde. Der Prozess ist eine verwickelte Geschichte aus Kalabrien, der Region also, wo die Partei Salvinis bei den letzten Wahlen ein Ergebnis erzielte, das sich zuvor niemand aus Padanien hätte träumen lassen. Die Nachricht von den Ermittlungen gegen Patimo tauchte in den Zeitungen allerdings erst im Jahr 2016 auf, also nach dem Diner im Zentrum von Mailand. Im Übrigen bedeuten Ermittlungen nicht gleich, dass jemand ein Verbrechen begangen hat. Hier geht es um eine politische Frage. Auch weil Patimo trotz des Verdachts der Antimafia-Ermittler mit einem wichtigen Mitglied der Regierung bis Anfang 2018 zusammen Partner in einem Unternehmen namens „Profilo Srl" war. Dieser Partner war Armando Siri, genau der also, der ihn zu dem Spendendinner für die Lega eingeladen hatte. Wie viel hat der Manager des multinationalen Unternehmens in die Kassen der Lega gesteckt? Und warum? Wer waren die anderen Manager und Unternehmer bei diesem Abendessen? Wie viel hat die Partei insgesamt eingesammelt? Wie wurde das Geld verwendet? Als wir im September 2018 von der Sache erfuhren, haben wir diese Fragen an Patimo, Siri und die Leiterin der Pressestelle der Lega, Iva Garibaldi, gerichtet. Geantwortet hat keiner.

Zu dem Abendessen in Mailand waren mit Sicherheit außer Patimo drei uns namentlich bekannte Firmenvertreter eingeladen. Da ist etwa Dante Bussatori von der „Elios"-Gruppe, einem Unternehmen aus Piacenza, das sich mit der Beseitigung von Umweltschäden befasst und in Novara wegen einer Geschichte um gefälschte Abfallbeseitigung vor Gericht steht, wie lokale Medien berichteten. „Ich werde zu Dutzenden solcher Veranstaltungen eingeladen, aber an diesen nutzlosen Essen nehme ich prinzipiell nicht teil", versicherte uns der Besitzer von „Elios". Auf der Gästeliste stand auch Daniele D'Alfonso von „Ecol Service" aus Mailand, der im gleichen Bereich tätig ist. D'Alfonso beantwortete unsere Fragen nicht. Wohl aber Gabriele Gazzano von „Editel", einem Bauunternehmen aus der Provinz Cuneo, der bestätigte, er habe zwar die Einladung bekommen, aber nicht teilgenommen und auch nie die Partei finanziert.

Aus den Papieren geht hervor, dass die Spenden auf einem Konto der Lega bei der Banca Prossima landen sollten, einem Kreditinstitut der Gruppe Intesa Sanpaolo; das Konto wurde kürzlich von der Justiz mit einem Guthaben von nur 6.000 Euro beschlagnahmt. Wo ist das andere gesammelte Geld gelandet? Denn nicht nur die Unternehmensspenden von dem besagten Abendessen flossen auf dieses Konto, sondern auch andere Mittel der Lega: Das ergibt sich aus einem Dokument der italienischen Behörde zur Bekämpfung von Geldwäsche, UIF. Am 16. Januar 2017 verschiebt die Partei, die bereits von Salvini geführt und von Centemero verwaltet wird, 145.000 Euro vom Unicredit-

Konto auf das Konto bei der Banca Prossima. An sich nichts Ungewöhnliches, nur dass es zu diesem Zeitpunkt bereits Artikel in der Presse gab, die von Ermittlungen der Staatsanwaltschaft Genua wegen des Verdachts auf Geldwäsche berichteten. Mittels dieser Geldwäsche – das ist immer noch die Hypothese der Ermittler – hätte die Lega versucht, die Spur illegaler Gelder zu verwischen (illegal, weil sie auf den Betrug zu Lasten des Staates zurückgehen, weswegen die Partei die fast 50 Millionen zurückzahlen muss). Die seien zunächst ins Ausland transferiert und dann zum Teil wieder nach Italien gebracht worden. Und das alles, um der Beschlagnahme zu entgehen, so der Verdacht der Ermittler.

Es gab noch ein anders Galadiner wie das in der „Fonderia Napoleonica", ebenfalls in Mailand, aber etwas früher, am 3. Mai 2015. Auch das wurde von Siri organisiert, gemeinsam mit der persönlichen Sekretärin Salvinis und Parteischatzmeister Giulio Centemero. Dabei handelte es sich um ein exklusives Essen in den Räumen eines wichtigen Mailänder Unternehmens an der Piazza Duomo, mit zwanzig weiteren Unternehmern der Stadt, die Siri nach eigenem Bekunden zusammengebracht hat, um Unterstützung für die Partei zu finden. Bis zu den Bürgermeisterwahlen in Mailand ist es noch ein Jahr. Die Lega will zusammen mit Mitte-Rechts antreten. Ein offizieller Kandidat ist noch nicht benannt. Wenige Monate später wird öffentlich, dass es auf Stefano Parisi hinausläuft. Das ist der, für den Parnasi angeblich 250.000 Euro an den Lega-Verein *Più Voci* gezahlt hat. War dies das Abendessen, von dem der römische Bauunternehmer gegenüber den Ermittlern gesprochen hat? Und welche anderen Unternehmer waren anwesend? Auf welche Weise haben sie geholfen? Und wer hat das Geld einkassiert? Parisi hat unsere Fragen nicht beantwortet.

Die Lega wird auch nach 2015 weiterhin private Spenden einsammeln. Nehmen wir den 24. Januar 2017, sechs Monate später wird das Gericht von Genua die Lega verurteilen, die 49 Millionen Euro an den Staat zurückzuzahlen. Salvinis Anhänger planen ein weiteres Spendenessen. Diesmal aber überträgt Siri die Planung einer Person, die offiziell gar nichts mit der Lega zu tun hat. Es handelt sich um Edoardo Marconi, er ist Beamter bei „Leonardo“, früher „Finmeccanica“, dem italienischen Staatsunternehmen, das militärische und zivile Systeme für die halbe Welt produziert. Bei dem Rüstungsgiganten ist Marconi für institutionelle und internationale Beziehungen zuständig, und er hilft Siri, Geld bei den Unternehmern der Region Venetien zu sammeln. Dazu wendet er sich an zwei Jungstars unter den lokalen Industriellen: Italo und Vittorio Marzotto, die einmal die venezianischen Holdinggesellschaft „Zignago Santa Margherita“ erben werden und damit ein Konglomerat von 26 Unternehmen, mit 2500 Mitarbeiter und einer halben Milliarde Jahresumsatz. Die beiden zeigen sich bereit, Spenden zu sammeln. Das Ziel, das Marconi ausgibt: Spenden in Höhe von 250.000 Euro.

Wir wissen nicht, ob es schließlich zu dem Essen kam und unter welchem Motto Geld gesammelt wurde. Auf unsere Fragen hin beteuerten die Industriellen der Region, sie hätten an keinem Abendessen teilgenommen. „Wir wurden von Leuten kontaktiert, von denen wir wussten, dass sie der Lega nahe standen“, – so diverse Antworten –, „aber wir nahmen die Einladung nicht an, weil wir keinerlei Verbindung zu ihnen oder anderen Parteien haben.“ Wurde über Spenden gesprochen? Nein, versicherten uns die beiden venezianischen Brüder, auch wenn tatsächlich die Dokumente, über die wir verfügen, ihnen zu widersprechen scheinen.

Jedenfalls lassen all diese Events, all diese Spendendinner eine Schlussfolgerung zu: Die Lega hat sich nicht darauf beschränkt, fünf Euro von den einfachen Anhängern zu nehmen, wie Salvini immer wieder betont, um damit die Saga von der Partei zu wiederholen, die sich nur auf die kleinen Beiträge armer Mitglieder stützt. Sie hat versucht, mit beiden Händen Geld auch von Unternehmen einzusammeln, großen wie kleinen, multinationalen wie italienischen. Immer diskret, immer zurückhaltend. Ohne je zu verraten, wohin all dieses Geld gegangen ist, das doch hätte deklariert werden müssen. So schreibt es das Gesetz des italienischen Staates vor, dem die Lega 49 Millionen Euro schuldet. Salvini selbst sagt es ja, wenn er von Transparenz redet. Aber vielleicht meinte der Innenminister Transparenz bei den anderen.

14. LEGACADABRA

Ein Netzwerk von Vereinen, die eingesetzt werden, um die Konten der Lega zu leeren. Ein Netzwerk von Vereinen, die eingesetzt werden, um die Lega zu finanzieren, aber ohne über die offiziellen Konten der Partei zu gehen. Sieht aus wie ein Zaubertrick, aber genau das ist die Hypothese, mit der die Ermittler der Staatsanwaltschaft Genua seit Monaten arbeiten, um den 49 Millionen Euro aus dem Betrug von Bossi und Belsito auf die Spur zu kommen. Geld geht raus, Geld kommt wieder rein. Und alles zielt darauf ab, den Schatz aus der Poebene verschwinden zu lassen und in anderer Form wieder auftauchen zu lassen, sauber und einsetzbar. Kurz gesagt: Geldwäsche. Das ist die Tat, um die es bei der Ermittlung der Genueser Justiz geht. Und dann ist da noch die illegale Parteienfinanzierung – als Hypothese –, und wegen dieses Verdachts sind gleichzeitig die Staatsanwaltschaften von Bergamo und Rom aktiv geworden. Letztere hat deshalb, wie bereits erwähnt, ein offizielles Ermittlungsverfahren gegen Giulio Centemero eröffnet. Gegen den Schatzmeister Salvinis wird wegen der Spenden von Parnasi und „Esselunga" an *Più Voci* ermittelt, von wo das Geld unmittelbar an faktisch von der Lega kontrollierte Unternehmen weitergegeben wurde.

Aber *Più Voci* ist offenbar nicht der einzige Verein, der Geld einkassiert, das nicht über die Konten der Partei geht. In der Tat untersuchen die Ermittler mehrere andere Adressen, von denen vermutet wird, sie würden für den gleichen Zweck eingesetzt. Eine davon gehört definitiv zu einem neu gegründeten Verein mit Namen „Now“ und Sitz in Genua. Ein Verein ohne auch nur eine einzige Webseite, genau wie *Più Voci*. Der einzige öffentliche Hinweis auf „Now“ findet sich auf der Facebook-Seite von Giovanni Toti, Gouverneur von Ligurien, der von einer Allianz Forza Italia-Lega unterstützt wird. Im Oktober 2017 notiert Toti zu einem Foto, das auf seinem Profil veröffentlicht wurde: „Bei der Präsentation des Vereins ‚Now‘ zusammen mit Matteo Salvini, Edoardo Rixi und Marco Bucci.“ Bei diesen Namen könnte man also annehmen, es handele sich um eine Organisation zur Unterstützung der in der Region regierenden Allianz. Jedenfalls hat „Now“ im Mai 2018 67.000 Euro an die Lega von Nord-Ligurien überwiesen. Das geht aus den Rechenschaftsberichten hervor, die jede Partei beim Parlament hinterlegen muss. Nicht bekannt sind die Namen der Gönner des Vereins; er ist nicht verpflichtet, sie öffentlich zu nennen. Solcherart Geheimhaltung hat wie im Falle von *Più Voci* erneut die Justiz misstrauisch werden lassen.

Die Vereine dienten jedoch nicht nur dazu, still und heimlich die Lega zu finanzieren, sondern auch den Schatz der Poebene zu „recyceln“. Die Staatsanwaltschaft Genua ist wie zuvor gesehen überzeugt, dass genau das einer der Wege ist, auf denen die 49 Millionen Euro verschwunden sind. Ein Netzwerk von Adressen mit verschiedenen Abkürzungen, um das Geld aus den Kassen der Lega zu schaffen und es vor dem Zugriff der Justiz zu sichern. Der Verdacht ergibt sich aus den Zahlen in der Bilanz der Lega. Zwischen 2011 und 2017 hat die Partei, wie beschrieben, Vermögenswerte von fast 40 Millionen Euro durchgebracht und damit mehr als 30 Millionen an Barmitteln und Finanzanlagen versenkt. Das entspricht einem Verlust von jährlich rund 7 Millionen Euro. Und es liegt nicht an den Arbeitskosten: Dieser Ausgabenposten ist sogar geschrumpft, die Zahl der Mitarbeiter nahm in dem Zeitraum von 80 auf nur sieben ab. Wie wurde also all das Geld ausgegeben, während gleichzeitig die Ermittlungen wegen Betrug voranschritten? In den Rechenschaftsberichten der Partei heißt es dazu lediglich, dass ein großer Teil dieser Gelder als „Beitrag an Vereine“ und für „unterschiedliche Verwaltungskosten“ verwendet wurde. Allein zwischen 2012 und

2015 verschwanden so mehr als 31 Millionen Euro, ein Viertel davon landete bei nicht näher genannten Vereinen.

Maroni und Salvini haben die Details dieser Finanztransaktionen nie erklärt. Auch haben sie nie die Namen der Organisationen veröffentlicht, die von dem Geld aus der Poebene profitiert haben. Aus diesem Grund versuchen die Ermittler in Genua unter Führung von Staatsanwalt Francesco Pinto, das Rätsel selbst zu lösen. Sie gehen davon aus, dass um die Lega herum eine Galaxie von Vereinen und Unternehmen kreist, die offiziell nichts mit der Partei zu tun haben, tatsächlich aber mit ihr zusammenhängen. Eine Hypothese, die nicht leicht zu beweisen sein wird. Es geht ja um Hunderttausende von Banktransaktionen unterhalb des Radars der Finanzaufsicht, meistens mit kleinen Volumen, also weniger als 100.000 Euro. Ein Dickicht aus Überweisungen und Girokonten, in dem man sich leicht verfangen kann. Jede Transaktion kann ein nützliches Detail verbergen, zum Beispiel Zahlungen an befreundete Lieferanten: auch das, genau wie die Vereine, eine Möglichkeit, Geld mit einer formal korrekten Rechnung fortzuschaffen.

15. DREHKREUZ LUXEMBURG

Das Europa der Finanzwelt, der Banken, der angeblich wahren Macht. Seit seiner Wahl zum Lega-Chef hat Salvini vor allem auf diese Themen gesetzt (und auf die Einwanderung), um seine Zustimmungsraten zu erhöhen. Und er hat es geschafft. So ist es schon bemerkenswert, wenn man entdeckt, dass einige seiner engsten Mitstreiter genau bei all dem mitmachen, was ihr Chef als das Übel des alten Kontinents brandmarkt, als Teil all der Ungerechtigkeiten, die beseitigt werden müssen, wenn man endlich das Europa schaffen will, das er im Sinn hat, diese sogenannte „Revolution des gesunden Menschenverstands“. So leiten die von Salvini selbst eingesetzten Schatzmeister der Lega eine Reihe von Unternehmen, die von einer anonymen Holding mit Sitz in Luxemburg kontrolliert werden, also jenem wichtigsten Steuerparadies in der Europäischen Union, einem Symbol schlechthin für Finanzwelt und Banken. Das Großherzogtum war schließlich jahrelang von Jean-Claude Juncker regiert worden, der dann zum Präsidenten der Europäischen Kommission avancierte und damit zum Gesicht des sogenannten Establishments, ein Verfechter jener Haushaltszwänge, die Salvini im Namen nationalen Souveränität aushebeln will. Und Luxemburg entzieht dank seiner de facto überaus niedrigen Unternehmenssteuern den Kassen anderer Länder jedes Jahr Milliarden von Euro. Dieses Problem der Steuerkonkurrenz innerhalb der EU trifft Italien in besonderem Maße, denn es kostet das Land Geld, das nötig wäre, wenn man versuchen will, die Wirtschaft wieder in Schwung zu bringen.

Um die Verbindungen zwischen der Lega und Luxemburg zu analysieren, muss man nach Bergamo zurückzukehren, in jenes blassgrüne Gebäude, in dem sich das Büro der Steuerfachleute Di Rubba und Manzoni befindet. Wir erinnern uns: Die beiden wurden dazu auserkoren, in Rom die Mittel der Lega im Abgeordnetenhaus und im Senat zu verwalten. Das Büro, auch das haben wir in den vorangegangenen Kapiteln gesehen, ist Sitz Dutzender von Unternehmen. Wenn man diese lange Liste durchblättert, kommt man irgendwann im Großherzogtum an. Sieben dieser Gesellschaften haben nämlich Verbindung zur „Ivad sarl", einer von einem Treuhänder kontrollierten luxemburgischen Firma[**]. Die Lieblingsbuchhalter von Salvini beherbergen mithin eine Gruppe Unternehmen mit mysteriösen Besitzverhältnissen, deren Kapital aber aus Luxemburg stammt. Und nicht nur das: Einige der hohen Tiere der Partei spielen eine wichtige Rolle in diesen Unternehmen, die von der luxemburgischen Holding kontrolliert werden. In einer ist Geschäftsführer der Schatzmeister und Parlamentsabgeordnete der Lega, Centemero. In einer anderen spielt Manzoni diese Rolle, der Mann, der für die Rechnungsprüfung der Lega-Fraktion im Parlament zuständig ist, gleichzeitig Geschäftsführer des wirtschaftlichen Flaggschiffs der Lega, der „Fin-Group", und ehemals Mitglied der nationalen Leitung von „Noi con Salvini".

Vorausgeschickt sei, dass nichts hier – zumindest bis zum Beweis des Gegenteils – illegal ist. Sofern alle anfallenden Steuern in Italien bezahlt werden, hindert niemand eine italienische Firma daran, von einer ausländischen Gesellschaft kontrolliert zu werden. Und es gibt kein Gesetz, das jemandem in Italien verbieten würde, sich hinter einer Treuhandfirma zu verbergen, d. h. sich mit Hilfe dieser speziellen Instrumente vor den Blicken der Öffentlichkeit zu verstecken. Es ist ausschließlich eine Frage der Moral. Ist es richtig, dass Menschen mit politischen Funktionen solch eine Unternehmensarchitektur nutzen? Ist es konsequent, dass Vertreter einer Bewegung, die auf nationale Souveränität pocht, aktiv am Management italienischer Unternehmen, deren Gewinne im Ausland landen, beteiligt sind, und dann noch in einem Land, das als Symbol jener Finanzzirkel angesehen wird, die vom Chef dieser Partei so vehement kritisiert werden? Diese Fragen bekommen noch mehr Gewicht dadurch, dass die Staatsanwälte von Genua und Bergamo sechs Monate nach der Veröffentlichung dieser Information in „L'Espresso" die *Guardia di Finanza* losschickten, um das Büro von Di Rubba und Manzoni sowie ihre Privatwohnungen zu durchsuchen, die Sitz jener Firmen sind, die der Geldwäsche verdächtigt werden.

Wir haben die komplexen Besitzverhältnisse bereits erwähnt, die hinter den sieben italienischen Unternehmen stehen. Beginnen wir mit den Namen der Firmen: „Growth and Challenge Srl", „B Design Srl", „Biotetto Srl", „Areapergolesi Srl", „Alchimia Srl", „Sasso Srl", „Ma.Se Srl". Was haben sie gemeinsam? Die Tatsache, dass sie fast alle zwischen 2014 und 2016 gegründet wurden, nachdem Salvini zum Vorsitzenden der Lega gewählt und Centemero zum Schatzmeister der Partei ernannt wurde. Im Juni 2018, als wir von der Existenz dieser sieben Unternehmen erfahren haben, wurden ihre Aktien von der „Seven Fiduciaria" aus Bergamo gehalten, die wiederum von einem anderen Unternehmen aus Bergamo mit Namen „Sevenbit" kontrolliert wurde. Der Präsident des Verwaltungsrates dieses letztgenannten Unternehmens heißt Angelo Lazzari. Er wird im Internet als Ingenieur und ehemaliger Finanzmakler vorgestellt, der erst für die Bank Mediolanum und dann für Unicredit arbeitete und heute als Manager mit Sitz in Luxemburg. „Sevenbit" wurde 2015 gegründet und hat rund 30 Aktionäre, darunter übrigens auch die Enkelin von Silvio Berlusconi, Alessia, über ihre Firma „Blue Srl". Die relevante Zahl ist jedoch folgende: Die Mehrheit der Anteile an „Sevenbit", nämlich 90 Prozent, wird von einer Gesellschaft namens „Ivad Sarl" mit Sitz in der Rue Antoine Jans 10 in Luxemburg gehalten. Sie wurde 2008 von Lazzari selbst gegründet[**]. Woher das Kapital stammt, durch das die Gesellschaft derart rasant gewachsen ist, dass sie die Gründung der sieben Unternehmen finanzieren konnte, lässt sich nicht herausfinden. Sind wir damit am Ende der Eigentümerkette? Nein, das Spiel der Matrjoschkas, der Puppen in der Puppe, geht noch weiter.

Die luxemburgische Holdinggesellschaft hat in der Tat einen Eigentümer, aber auch der bleibt anonym. Die Firma heißt „Prima

Fiduciaria Spa"[**], wird von dem Betriebswirt Diego Occari aus Verona geleitet und ist ein Unternehmen mit genau einer Aufgabe: Treuhänder zu sein, also andere abzuschirmen. Zu den Aktionären von „Prima Fiduciaria“ gehört eine weitere in Luxemburg ansässige Gesellschaft, die „Arc Advisory Company“. Und die führt uns direkt zurück zum Ausgangspunkt, denn sie wurde 2006 von Lazzari selbst gegründet. Auch in diesem Fall kann man die Herkunft des Kapitals nicht nachvollziehen: Mehrheitseigentümer von „Arc Advisory“ ist nämlich die Schweizer Immobiliengesellschaft „Ligustrum“ mit Sitz in Lugano, deren Aktien auf den Namen des Inhabers lauten. Warum all dieses Versteckspiel hinter den sieben kleinen Firmen aus Bergamo? Gibt es Verbindungen zwischen ihnen und der Lega? Können wir die Möglichkeit ausschließen, dass Geld der Partei geflossen ist, um diese Firmen mit Kapital auszustatten? Auf unsere Fragen haben Centemero wie auch seine Kollegen Di Rubba und Manzoni in gleicher Weise geantwortet: Sie hätten keine Informationen über die letztlich Begünstigten der „Seven Fiduciaria“, aber könnten versichern, dass die sieben fraglichen Unternehmen keine direkten oder indirekten Verbindungen zur Lega hätten.

Dem Präsidenten von Prima Fiduciaria, Occari, war daran gelegen, mehr oder weniger das Gleiche mitzuteilen: „Für die italienischen Behörden“, sagte er, „sind die letztlich Begünstigten der Ivad Sarl in Luxemburg überhaupt kein Geheimnis. Unser Kunde, der im Besitz der Anteile von Ivad ist, ist eine erstrangige Institution, die mit der Politik ganz und gar nichts zu tun hat.“

Es könnte natürlich so sein, wie es die direkt Betroffenen sagen, dass nämlich die Lega mit dieser Geschichte in Luxemburg nichts zu tun hat, in der zwar einige führende Mitglieder der Partei eine Rolle spielen, aber eben in ihrer Rolle als private Geschäftsleute. Die Zufälligkeiten enden aber damit noch nicht. In diesem Reigen von Geschäften zwischen Bergamo und Luxemburg tauchen in der Tat noch andere Namen auf, durch die die Lega mit dieser komplizierten Angelegenheit in Verbindung gerät. Da ist zum Beispiel Alberto Maria Ciambella, Notar aus Bergamo, von dem bereits die Rede war, und der alle Akte gegengezeichnet hat, mit denen die Lega Nord Ende 2015 ihr üppiges Vermögen auf die diversen regionalen Gliederungen der Partei verteilt hat. Zwischen 2014 und 2016 hat Ciambella auch die Gründungsdokumente der sieben Gesellschaften beglaubigt, die ihren Sitz in den Büros von Di Rubba und Manzoni hatten und mit der anonymen luxemburgischen Holding Ivad zusammenhängen. Dann ist da noch Giorgio Balduzzi, der als Bevollmächtigter von „Seven Fiduciaria" an der Gründung einiger der im Studio von Manzoni und Di Rubba registrierten Unternehmen beteiligt war. Balduzzi ist heute die Nummer eins von „Wic Private Equity", einer Investment-Holdinggesellschaft. In der gleichen Holding arbeitet auch Laura Balduzzi, bis September 2013 Eigentümerin des Büros, das dann an das Duo Manzoni-Di Rubba verkauft wurde.

Die These, dass Luxemburg ein Schlüsselelement ist, um zu begreifen, was aus den 49 Millionen Euro der Lega wurde, vertritt auch die Staatsanwaltschaft Genua. Den Genueser Ermittlern zufolge haben Maroni und Salvini einen Teil dieses Geldes über das Großherzogtum gewaschen. Die Nachricht kam Mitte Juni 2018, wenige Wochen, nachdem wir in „L'Espresso" von den luxemburgischer Geschäften der Buchhalter Salvinis berichtet hatten. Nach Angaben der Ermittler aus Ligurien haben die luxemburgischen Behörden der Banca d'Italia kurz nach den Wahlen vom 4. März 2018 eine verdächtige Finanztransaktion gemeldet: drei Millionen Euro, überwiesen von einer luxemburgischen Treuhandgesellschaft auf ein Konto in Italien. Bei diesem Konto gehen die Ermittler davon aus, dass es in Verbindung mit der Lega steht. Daher die Hypothese Geldwäsche. Mit anderen Worten, die Richter vermuten, dass der Schatz der Poebene, der auf den Betrug zurückgeht, den Bossi und Belsito organisiert hatten, nicht vollständig für politische Aktivitäten ausgegeben wurde, wie die führenden Köpfe von Salvinis Lega seit langem behaupten, sondern über die Grenze geschafft wurde, um dann via Luxemburg und die dortige Holding wieder nach Italien zurückgeführt zu werden.

16. DIE NEUE LEGA

Auch wenn die Sache mit der Geldwäsche bislang nur eine Hypothese der Ermittler ist, lässt sich doch eines mit Bestimmtheit sagen: Neben dem Verein *Più Voci* haben Salvini und seine Getreuen einen weiteren Trick entwickelt, um Geld einzusammeln in der Hoffnung, sie könnten es auf diesem Wege dem Zugriff jenes italienischen Staates entziehen, den sie heute repräsentieren. Im Oktober 2017 gründeten sie die „Lega für Salvini als Premier" („Lega per Salvini Premier") – eine neue Partei. Allerdings hat sie denselben Vorsitzenden wie die alte Lega, Salvini, und denselben Schatzmeister, Giulio Centemero. Auch das Symbol der Neuschöpfung ähnelt doch sehr dem der Lega Nord für die Unabhängigkeit Padaniens: Der historische Alberto da Giussano reckt sich auf weißem Grund in die Höhe, während unten der Name Salvini in schönstem Trump-Blau leuchtet.

Der einzige Unterschied zwischen Lega eins und Lega zwei ist die Steuernummer. Und das ist keine Kleinigkeit: Durch diesen einfachen Trick hat Salvini versucht, die einzige öffentliche Finanzierung, die den Parteien noch zur Verfügung steht, mitzunehmen: die zwei Promille, jener winzige Prozentsatz, den jeder Bürger an eine politische Partei abführen kann. Ab 2013 kann nämlich jeder Steuerpflichtige in seiner Steuererklärung eine Nummer für eine bestimmte Partei angeben, sodass ein Teil seiner Steuern an sie geht. Auf diese Weise hat die Lega Nord von 2014 bis 2018 fast 4,5 Millionen Euro eingenommen. Ein zunächst verschwindender Betrag, der aber von Jahr zu Jahr gewachsen ist, von mageren 28.000 Euro im Jahr 2014 auf fast zwei Millionen im Jahr 2017.

Auch bei der jüngsten Runde der Steuererklärungen konnten die Lega-Anhänger, Mitglieder wie einfache Sympathisanten, diesen Prozentsatz für die Partei spenden. Allerdings mit einem Unterschied zu den Jahren zuvor: Obwohl es immer noch die Möglichkeit gibt, seine Steuern an die alte Lega Nord abzuführen, lautet die Nummer, für die der Kreis der Getreuen um Salvini nun die Werbetrommel rührt, samt einer Ad-hoc-Webseite, D43, und die führt zu der neuen Kreation, wie sich aus den Listen der *„Agenzia delle Entrate"* ergibt, der „Lega für Salvini als Premier". Die Partei ähnelt der alten sehr: Sie ist in regionale Sektionen gegliedert und hat darüber ein *„consiglio federale"*, den Bundesrat. Auch die Ziele der Partei, die man in ihrem Statut nachlesen kann, scheinen ganz dem Vorbild der Bossi-Lega zu folgen: „die friedliche Umwandlung des italienischen Staates in einen modernen Bundesstaat". Die Präsenz Salvinis zeigt sich nur im Logo, das im Juni 2017 offiziell beim Patentamt eingereicht wurde. Allein Salvini ist Eigentümer des neuen Logos. Das Symbol wurde in drei verschiedenen Klassen registriert (sie tragen die Nummern 36, 41 und 45), was dazu führt, dass es für Wahlzwecke, aber auch für finanzielle und soziale Zwecke genutzt werden kann, für Immobilien oder auch für sportliche Aktivitäten. Und die alte Lega Nord für die Unabhängigkeit Padaniens? Auch die existiert noch, und Vorsitzender ist ebenfalls Salvini. Sie hat ihre eigenen Nummer für die Zwei-Promille-Abgabe, aber in den sozialen Medien der Lega und ihrer Anführer, bei offiziellen Parteiveranstaltungen, sogar bei der traditionellen Versammlung von Pontida wird immer für die Nummer D43 geworben, die zur persönlichen Partei des Innenministers führt.

Im Juli 2018 haben sich zwei Kollegen der Tageszeitung „Il Fatto Quotidiano", Luigi Franco und Thomas Mackinson, einmal die Eigentümlichkeiten rund um den neuen Sitz der „Lega per Salvini Premier" angeschaut. Es ist ein Phantombüro: Die Adresse gehört zum Sitz einer Wirtschaftsprüfungsgesellschaft in der Via delle Stelline in Mailand. Unter derselben Adresse findet man auch eine Firma, die mit der Treuhandgesellschaft von Giorgio

Balduzzi verbunden ist, und dieser Experte ist uns bereits im Zusammenhang mit der Geschichte der sieben Gesellschaften begegnet. Wir erinnern uns: Das sind die in Bergamo in der Kanzlei von treuen Finanzfachleuten Salvinis registrierten Unternehmungen, Andrea Manzoni und Alberto Di Rubba, die wichtige Positionen auch in der Geschäftsführung der Partei innehaben. Der alten Partei, wie beschrieben. Aber auch der neuen: Aus dem ersten Rechenschaftsbericht der „Lega per Salvini Premier" geht hervor, dass Andrea Manzoni den Jahresabschluss 2017 der neuen Partei in seiner Eigenschaft als „*segretario*" genehmigt hat. Auch so ein Zufall.

Sicher ist, dass Manzoni in seiner Kanzlei in Bergamo, die er mit seinem Kollegen Di Rubba teilt, dem Verein *Più Voci* Platz eingeräumt hat. Der Verdacht der Ermittler ist ja, dass *Più Voci* eingesetzt wurde, um Spenden an die Lega vor möglicher Beschlagnahmung in Sicherheit zu bringen. Der gleiche Verdacht lastet nun auf der neuen Partei. Offiziell hat die „Lega per Salvini Premier" keine Verbindungen zur Lega Nord. Aber es genügt, einmal die Webseite der „Lega Lombarda", der regionalen Gliederung der alten Partei, zu besuchen, um zu merken, dass das vielleicht doch nicht ganz so stimmt: Die Rechte an der Webseite, so lesen wir, liegen bei der „Lega per Salvini Premier". Übrigens bekam die neue Partei gleich nach ihrer Gründung die ersten Spenden von den historischen Führern der alten Lega wie Roberto Calderoli, dem Getreuen Bossis, der es geschafft hat, den Wechsel an der Parteispitze zu überleben, ohne an Macht zu verlieren. Alt und Neu vereint durch ein Ziel: die Partei (und ihr Geld) zu retten, um sich selbst zu retten.

Und der nächste Schritt? Ist im Statut der neuen Lega bereits nachzulesen. „Alle Symbole, die im Laufe der Zeit von der ‚Lega per Salvini Premier' oder von Bewegungen (einschließlich regionaler Gliederungen) verwendet werden, die mit ihr verschmolzen sind oder verschmelzen werden, auch wenn sie nicht mehr verwendet, modifiziert oder ersetzt werden, sind ausschließliches Eigentum der ‚Lega per Salvini Premier'." Ein kaum zu übersehender Hinweis auf die Absichten der neuen Partei: sich die Symbole der alten Lega, der von Bossi, einzuverleiben. Natürlich ohne auch die Schulden zu übernehmen, das heißt jene 48,9 Millionen Euro, die an den Staat zurückzuzahlen sind. Genauso hatte es Maroni vor einigen Jahren gesagt: Wir müssen einen Weg finden, das Management der Partei vom Vermögen der Partei zu trennen. „Wir brauchen eine *bad company*, die den Dreck zum Inhalt hat“*, so die Formulierung des damaligen Parteivorsitzenden. Das ist mehr oder weniger das, was sein Nachfolger nun umzusetzen versucht. Ob das rechtlich möglich ist, wird sich aber erst noch erweisen müssen, denn um die beiden Institutionen getrennt halten zu können, muss man die juristische Diskontinuität klar nachweisen. Bemerkenswert bleibt auf alle Fälle, dass die neue Partei, die der alten doch sehr ähnlich sieht, in dem Moment entsteht, als das Damoklesschwert einer Beschlagnahme des Schatzes der Poebene erkennbar wird.

Übrigens gibt es noch ein seltsames Paradox in dieser Geschichte. Die Gründung der „Lega per Salvini Premier“ müsste theoretisch zum Ausschluss Salvinis aus der Lega Nord führen. So steht es jedenfalls in den Statuten der alten Partei. Artikel 33 besagt: „Ordentliches Parteimitglied kann nur sein, wer nicht Mitglied oder Anhänger einer anderen Partei oder politischen Bewegung, einer geheimen oder freimaurerischen Vereinigung oder von Bürgerinitiativen ist, die nicht von den zuständigen Stellen genehmigt wurden. Kommt es zu solcherart Unvereinbarkeit, führt das zum Ausschluss aus der Lega Nord.“ Mit anderen Worten, wer Mitglieder der Lega Nord für die Unabhängigkeit Padaniens ist, kann nicht Mitglied einer anderen politischen Bewegung sein, oder er fliegt raus. Die Regel verabschiedete der Bundesrat der Partei im Oktober 2015, als Matteo Salvini bereits Vorsitzender war. Seltsam also, dass Salvini selbst genau zwei Jahre später seine neue Schöpfung präsentiert, jene „Lega per Salvini Premier“, deren Vorsitzender Salvini und deren Schatzmeister Giulio Centemero ist, Abgeordneter und gleichzeitig Verwalter des Vermögens der alten Partei.

Ist es also möglich, dass die Gründung dieser neuen Partei nicht von der alten Lega Nord genehmigt wurde? „Nicht, dass ich mich erinnern könnte“, versicherte uns ein Mitglied des Bundesrates im Juli 2017, das anonym bleiben möchte. Diese Quelle hatte erklärt, dass die Führung der Partei „nur den Übergang und die Fraktionszugehörigkeit von Roberto Calderoli im Senat genehmigt hat. Sonst nichts. Auch nicht die Gründung einer neuen Bewegung. Ich hätte solch einen Schritt auch zumindest eigenartig gefunden." Denn wenn das, was die interne Quelle der alten Lega sagt, wahr ist, dann hätte Salvini selbst gegen die von ihm eingeführte Regel verstoßen. Genau diese Regel kostete im März 2015 den ehemaligen Bürgermeister von Verona, Flavio Tosi, die Parteimitgliedschaft. Er hatte sich der Gründung der Stiftung *Ricostruiamo il Paese* schuldig gemacht und war dafür von Salvini persönlich mit dem Satz davongejagt worden: „Ein Parteigänger der Lega darf nur Mitglied der Lega sein und in keiner anderen Bewegung."* Wer weiß, warum das nicht auch für ihn gilt.

ZWEITER TEIL

„Keine Wendehälse."

Das kaum vorzeigbare Lega-Personal im Süden

17. WILLKOMMEN IM SÜDEN

Es sind nur noch wenige Tage bis zum Weihnachtsfest des Jahres 2014, als Matteo Salvini die Wende für die Lega verkündet: „Im Norden bleibt die Lega. Heute aber brechen wir in den Süden auf, und ich sage nein zu all jenen, die sich vorstellen, sie könnten nun auf den Zug aufspringen, um ihren Stuhl zu retten. Ehrlichkeit und das Strafregister sind Voraussetzungen, wenn wir das Risiko vermeiden wollen, unterlaufen zu werden.“ Und weiter: „Wir werden keinerlei ‚Recycling' betreiben. Jedes frühere politische Engagement werden wir uns genau ansehen.“[*] Zu dem Zeitpunkt ist Salvini seit genau einem Jahr Vorsitzender der Lega. Das Projekt, das er seit langem ausbrütet, kommt nun endlich zum Vorschein. Die Bewegung „Noi con Salvini“ nimmt jetzt Gestalt an, und wird damit zum Brutkasten einer neuen Lega, die dann 2018 mit dem Symbol „Lega per Salvini Premier“ offiziell registriert wird. Eine Lega fürs ganze Land, nicht nur für die Poebene. Eine Lega, die nun über die engen Grenzen des Nordens hinaus will, die sich wandelt zur Partei der extremen Rechten in ganz Italien, eine souveränistische Rechte nach dem Vorbild der französischen „Front National“ von Marine Le Pen.

„Das neue Projekt ‚Noi con Salvini‘ gefällt den Leuten so gut, dass wir in nur 24 Stunden via Internet bereits über zehntausend Mitglieder gewonnen haben“, jubelte damals der Vorsitzende, der nun Chef des gesamten Mitte-Rechts-Feldes werden will. Aber das wirklich Interessante an Salvinis Begeisterung ist etwas anderes. Er sagte: „Mit unserem Vorschlag stoßen wir auf viel Zustimmung. Das sind neue Leute, die zum ersten Mal in die Politik wollen. Wir sind kein Auffangbecken für Wendehälse, wir wollen die Tür für die Neuen aufmachen. Im Süden gibt es den Wunsch nach Veränderung."

Jenseits der triumphalen Ankündigungen aber blieb das Versprechen, eine neue Führungsschicht zu schaffen, unerfüllt. Von Anfang an. Seit der ersten Ortsbesichtigung durch den Vorposten Raffaele Volpi, der von Salvini dahin geschickt wurde, wo diejenigen leben, die vor nicht allzu langer Zeit noch mit dem Ausdruck *„terun"* [dialekt. von *terroni,* etwa: Erdfresser] belegt worden waren. Es ist ja kein Geheimnis, dass genau das seit vielen Jahren die Erzfeinde Padaniens waren: die *meridionali,* der Süden, die Bewohner des Südens, die *terroni* eben. Auch Salvini selbst zeigte nicht allzu viele Sympathien für die Menschen im Süden. Ein auf YouTube gepostetes Video zeigt ihn 2009 mit anderen Lega-Aktivisten, während er mit einem Bier in der Hand tönt: „Riechst du, wie es stinkt, selbst die Hunde hauen ab, wenn die Neapolitaner kommen." *(Senti che puzza, scapanno anche i cani, stanno arrivando i napolitani.)* Damals rechtfertigte er sich mit seiner Leidenschaft für die *tifosi* im Stadion, Fußball-Rivalität eben. Es ist das gleiche Muster, mit dem der Minister jüngst auf die Kontroverse um rassistische Sprechchöre gegen schwarze Fußballer reagierte. Niemand will hier diskriminieren, alles nur der Überschwang der Ultras. In jenen Tagen damals – Anfang Juli 2009 – tritt Salvini gerade als Abgeordneter in Rom zurück, um nach Brüssel zu gehen und dort einen Sitz im Europaparlament einzunehmen. So begann sein Aufstieg an die Spitze der Partei, der ihn neun Jahre später ins Innenminsterium und als Vizepremier in den Palazzo Chigi, den Sitz des Premiers führen sollte.

Aber zurück zum Anfang der Kampagne, die der Lega-Chef startete, um den Süden zu erobern. Kommen wir zurück auf das lauthals verkündete Versprechen: niemals mehr Wendehälse unter den Politikern oder zwielichtige Figuren. Salvini und seine Statthalter träumten also davon, eine neue Führungsschicht für die Wiedergeburt des *Mezzogiorno* zu formen, für jenes Stück des Stiefels also, das bis vor kurzem noch verachtet, heruntergemacht oder für ideologische Zwecke manchmal schlicht ausgenutzt worden war. Um dieses ehrgeizige Projekt zu verwirklichen, hatte sich Salvini Raffaele Volpi ausgesucht, einen Lega-Mann der ersten Stunde aus der Lombardei, den er für unbedingt zuverlässig hielt. Volpi wird dabei hart auf die Probe gestellt werden.

18. EIN TRAUM AUS DER VERGANGENHEIT

Salvinis Projekt, mit dem er Richtung Süden expandieren will, hat tatsächlich einen Hauch von dejá vu. Die Zutaten dafür waren schon in den neunziger Jahren in Gebrauch, wenn auch mit etwas anderer Zielssetzung: Föderalismus und nicht Souveränismus. Die Details dieses „Projekt Süden" aus der Ära von Umberto Bossi und Gianfranco Miglio, dem einst geliebten und dann kalt gestellten Ideologen der Lega-Bewegung, findet man in den Akten einer Untersuchung der Justiz mit dem beunruhigenden Titel „kriminelle Systeme". Die Ermittlungen endeten mit der Entscheidung, keine Anklage zu erheben, und die Entscheidung kam vom ermittelnden Staatsanwalt selbst, dem erfahrenen und durchsetzungsfähigen Juristen Roberto Scarpinato, der heute die Generalstaatsanwaltschaft von Caltanisetta leitet[**]. Aber auch wenn es keinerlei juristisches Gewicht hat, was in diesen Akten beschrieben wird, so hat es doch seine spezielle historische Bedeutung. Diese Seiten voller Beziehungsgeflecht und Geschichten legen politische Verbindungen offen, die es eigentlich nicht geben dürfte: die Lega Nord von Bossi und Miglio zusammen mit den Freimaurern und der extremen Rechten und den Clans, alle vereint in dem Ziel, eine Art Lega der Legen aufzubauen. Das Projekt sah die Schaffung einer „Lega Sud" vor, die aus den Gruppen hervorgehen sollte, die südlich von Rom entstanden. Ein ambitioniertes Vorhaben, bei dem fragwürdige Figuren der italienischen Geschichte mitmischen sollten: von Licio Gelli über Stefano Delle Chiaie bis hin zu Leoluca Bagarella, der rechten Hand von Totò Riina[*].

Man sollte vielleicht erwähnen, dass die Ermittlungen unter dem Titel „kriminelle Systeme" auf einen Vermerk der Mafia-Ermittler von der DIA, der „*Direzione Investigativa Antimafia*" aus dem Jahr 1994 zurückgehen. Darin wird die Hypothese formuliert, die Massaker der Mafia aus den Jahren 1992 bis 1994 seien in Wirklichkeit Teil einer breit angelegten, neuen „Strategie der Spannung" gewesen, die von anderen Mafia-Organisationen gemeinsam mit geheimen, subversiven Gruppierungen umgesetzt werden sollte, ein weiterer Plan zur Destabilisierung des Landes, bei dem wieder die Figur Licio Gellis auftaucht, diesem Verbindungsmanns zwischen der Welt der Politik, der Unternehmer und der Mafia. Es mag helfen, sich den genauen Wortlaut anzuschauen, mit dem die Einstellung der Ermittlungen begründet wird:

> [In dem Vermerk der DIA] „wurden auch die Begleitumstände außergewöhnlicher politischer Aktivitäten hervorgehoben, die in jüngster Zeit auf Seiten Licio Gellis – in ständigem Kontakt mit Verbindungselementen zwischen Geschäftswelt und Mafia-Gruppierungen, die auf Cosa Nostra zurückzuführen sind – und bekannter Protagonisten der subversiven Rechten (insbesondere Stefano Delle Chiaie) zu bemerken waren und das insbesondere im Zentrum und Süden Italiens im Umfeld von Projekten im Zusammenhang mit der Lega: Diese Projekte scheinen ‚die vielfältigen Bestrebungen aus diesem Milieu, in dem kriminelle Gruppen mit ihren umstürzlerischen Ambitionen von Wirtschafts- und Mafialobbys flankiert werden, perfekt zusammenzufügen'. Dazu werden in der Vergangenheit aufgelaufene Prozessergebnisse analysiert, bei denen es um die Präsenz von Licio Gelli im Umfeld subversiver Kräfte der extremen Rechten und ebenso von Gruppen mit Mafia-Hintergrund geht."

Wir wollen hier nun nicht behaupten, es gebe einen Zusammenhang zwischen der souveränistischen Lega Salvinis und diesem Projekt. Es soll nur in Erinnerung gerufen werden, dass die Expansion nach Süden eine alte Idee der Lega ist und dass in der Vergangenheit wenig vertrauenswürdige Figuren herangezogen wurden, um sie zu verwirklichen; mit denen die jetzige Lega-

Führung allerdings nie etwas zu tun hatte. Unter diesen Figuren findet man auch Paolo Romeo, Anwalt aus Reggio Calabria, der in den ersten Jahren des Millenniums wegen Beihilfe verurteilt wurde: Er war früher Abgeordneter des PSDI, aber immer Anhänger des MSI, eine obskure Figur, die ihre ersten Erfahrungen in der extremen Rechten von Reggio im Dienste der mächtigen Bosse der Familie De Stefano aus Reggio Calabria machte.

Es wirkt wie ein schlechter Scherz der Geschichte, aber Romeo steht jetzt wieder wegen der 'Ndrangheta vor Gericht, und es geht dabei um die geheime *cupola* der kalabrischen Mafia*. Die entsprechende Operation geht auf das Jahr 2016 zurück, und in den Akten taucht mehrfach auch der Name Giuseppe Scopelliti auf, Ex-Bürgermeister von Reggio und früher Gouverneur von Kalabrien. Den Aussagen „reumütiger" Aussteiger zufolge wurde Scopelliti im Wahlkampf stets vom Clan De Stefano unterstützt und das auch mit der Zustimmung Romeos. Der Ex-Bürgermeister und Gouverneur wurde vom Kassationsgericht in letzter Instanz wegen eines riesigen Bilanzlochs (170 Millionen Euro) aus den Jahren 2002 bis 2010, als er Bürgermeister von Reggio war, verurteilt. Und dabei ging es sich nicht um eine schlichte Abfolge von Fälschungen, um Schulden zu verschleiern, sondern um eine Intrige im engeren Sinne, die im Selbstmord von Orsola Fallara gipfelte, einer Getreuen Scopellitis, die jedes Detail der Konten kannte, auf die es die Ermittler abgesehen hatten.

Aber zurück zu Miglio. Der Professor und Ideologe des Sezessionimus gab in einem Interview aus dem März 1999 folgendes zum Besten: „Ich bin dafür, die Mafia und die 'Ndrangheta zu erhalten. Der Süden muss sich ein Statut geben, das auf personalisiertem Befehl basiert. Was ist denn die Mafia? Persönliche Macht, bis hin zum Verbrechen. Ich will den Süden nicht auf das europäische Modell reduzieren. Das wäre absurd. Es gibt auch einen guten Klientelismus, der zu wirtschaftlichem Wachstum führt. Man muss also von der Idee ausgehen, dass einige für den Süden typische Umstände in Verfassungsform gegossen werden müssen."* Aber vielleicht noch interessanter ist ein weiterer Passus in der Begründung, mit der Scarpinato die Ermittlungen zu den Akten legen will:

„Im Übrigen hatte Bossi schon seit 1990 die Absicht geäußert, das Föderalismus-Projekt der Lega vom Norden auch auf die Regionen im Zentrum und im Süden auszuweiten. Im September 1990 wird dann eine Arbeit von Gianfranco Miglio mit dem Titel veröffentlicht: *Una Costituzione per i prossimi trent'anni. Intervista sulla Terza Repubblica* (Eine Verfassung für die kommenden 30 Jahre. Interview zur Dritten Republik). Darin wird die Bildung von drei Makroregionen beschrieben, Padanien, Zentrum und Süden, die zu einem föderalen Staat gehören sollen […] Derweil hatten bereits im April 1990 auf Initiative von Cesare Crosta eine *Lega Centro* und eine *Lega Sud* ihre Tätigkeit aufgenommen, die beide zur ‚*Federazione nazionale delle Leghe*' gehörten, die wiederum auf die Lega Lombarda zurückging und besagte drei Legen zusammenfasste. Sowohl die „Lega Centro" als auch die „Lega Sud" bildeten nun den Dachverband für zahlreiche weitere Ligen: „Lega Centro Lazio", „Lega Sud Sicilia", „Lega Sud Calabria" … Fast gleichzeitig entstanden die bereits erwähnten Lega-Bewegungen des Südens, die auf die Gruppe von Stefano Meniacci und Stefano Delle Chiaie zurückgehen und die ihre Zugehörigkeit zur Lega Nord auch öffentlich bekundeten. Es kommt also ein Prozess der Vereinheitlichung der verschiedenen Bewegungen, die auf dem nationalen Territorium verteilt sind, (besonders der von Crosta und Menicacci) in Gang, und im Laufe des gleichen Jahres (1990) tritt deutlich zu Tage, wie sehr der Rechtsextremismus sich für die Lega-Bewegung im Zentrum und Süden stark macht, die von Cesare Crosta repräsentiert wird, der seinerseits sich früher in einem monarchischen Umfeld engagiert hatte …

Man muss jedoch feststellen, dass die Gruppe um Delle Chiaie und Menicacci Ende 1991 von dem politischen Projekt Crostas (das offiziell mit der Lega Nord abgestimmt war) Abstand nahm und einen anderen unabhängigen Weg einschlug. Tatsächlich gründete Stefano Delle Chiaie am 1. Oktober 1991 zusammen mit Adriano Tilgher die „Lega Nazional Popolare", zu deren Mitgliedern bald Stefano Menicacci selbst und zahlreiche Figuren aus den 1990 von derselben

Gruppe im Zentrum und Süden gegründeten Legen gehörten, meist von der extremen Rechten (wie der einschlägig bekannte Giancarlo Rognoni, in den 70er Jahren Führer der Gruppe „La Fenice" in Mailand und dann von „Ordine Nuovo"). Und am 5. Januar 1992 kommt es zur Zusammenführung der verschiedenen Bewegungen in der „Lega der Ligen", in der verschiedene Formationen zusammenfließen, die in Mittel- und Süditalien einer durch die Lega inspirierten Unabhängigkeitsidee nachgehen, darunter die „Lega Nazional Popolare" von Stefano Delle Chiaie und die „Lega Italiana" der Gelli-Gruppe, die offiziell von Domenico Pittella geleitet wird [...].

Wenn man die politische und ideologische Entwicklung der Lega Nord in ihren allgemeinen Linien rekonstruiert und parallel die chronologische Abfolge der politischen Initiativen der Gruppe Gelli / Delle Chiaie von 1991 bis 1993 betrachtet, tritt deutlich zu Tage, dass das Projekt dieser Gruppen darin bestand, die wichtigen Entwicklungen der Lega Nord auch im Süden nachzuvollziehen. Zuerst die Gründung einer Reihe von regionalen Ligen und dann ihre Verschmelzung zu einem einzigen politischen Akteur, der „Lega der Ligen", die sich im Süden als Äquivalent der Lega Nord präsentieren sollte. Was die Gründe für diese politische Entscheidung betrifft, so ist zu bedenken, dass die Lega Nord 1991 bei Wahlen ständig auf dem Vormarsch zu sein schien und damit als Königsmacherin einer jeden denkbaren Regierungskoalition galt. Sodass die Lega Nord, unterstützt durch einen ähnlichen Wahlerfolg der Lega im Süden, durchaus in der Lage zu sein schien, eine Reform des Staates im Sinne des Föderalismus durchzusetzen. Im Übrigen erläuterte Gelli Richtung und Ziele seiner politischen Aktivitäten selbst in einem Interview im September 1992, in dem er Bossi als die einzige Hoffnung bezeichnete; er äußerte seine Verachtung für das damalige politische Personal („Pack, das uns ausraubt"); er hoffte auf einen Staatsstreich, um dieses politische Personal zu beseitigen; er beschwerte sich, dass es keine wirklichen Militärs mehr gäbe, die in der Lage wären, einen solchen Staatsstreich durchzuführen, für den seiner Meinung nach jedenfalls die Bedingungen gegeben seien; er verwies auf Bossi und also auf die Lega Nord als einzigen Ausweg und unterstützte die Idee eines Steuerstreiks als Vorlauf für eine Sezession. Auch in weiteren Interviews kam Gelli auf den Anti-Parteien-Protest zurück, bezeichnete die politische Klasse als korrupt und unfähig und forderte erneut, diese Klasse müsse eliminiert werden. Die Lega der Ligen der Gelli-Gruppe verstand sich daher nicht als gegen die Lega Nord gerichtete Bewegung, sondern machte sich im Gegenteil ihr Programm und ihre Ideologie zu eigen und präsentierte sich als politischer Akteur, der in der Lage wäre, das Programm einer Aufteilung Italiens in Makroregionen in den Süden zu tragen. Das Projekt bestand letztlich, wie vorstehend erwähnt, darin, das Land in zwei oder drei Makro-Regionen mit dem Status autonomer Staaten zu unterteilen, in ein föderales Italien, das zwangsläufig seine nationale Identität verloren hätte und im Norden unter den Einfluss Nordeuropas geraten würde und im Süden unter den Einfluss der Länder Nordafrikas (Libyen). Es ist unmittelbar einsichtig, dass dieses Projekt auch für kriminelle Organisationen verlockend war. Die Zersplitterung des Landes in Bundesstaaten hätte den Süden der Hegemonie krimineller Strukturen ausgeliefert, und das auch dank der Regionalisierung der Wahlen und der Einführung des uninominalen Mehrheitswahlrechts, wodurch sich die Möglichkeit einer Beeinflussung der Stimmabgabe durch Mafiaorganisationen und andere kriminellen Gruppen erhöht hätte."

In dieser ganzen politisch-kriminellen Gemengelage hat offenbar ein gewisser Gianmario Ferramonti eine Rolle gespielt: „ehemaliger Geschäftsführer der ‚Pontida Fin.' (einem Finanzunternehmen der Lega Nord) und Mitglied der Lega Nord seit 1991. Er war zum einen enger Mitarbeiter von Gianfranco Miglio und stand zum anderen im Zentrum eines Netzwerks von Beziehungen zu führenden Vertretern der italienischen und internationalen Freimaurerei und zu Leuten aus dem Umfeld der italienischen und ausländischen Geheimdienste". Darüber hinaus hatte Ferramonti nach Ansicht der Ermittler zum Abkommen von Forza Italia mit der Alleanza Nazionale und der Lega für die

Wahlen von 1994 beigetragen: „Er war einer der Organisatoren des Treffens (bestätigt durch die anderen Teilnehmer), das in einem Hotel in Rom vor Bildung der Regierung Berlusconi stattfand, bei dem es um die Vergabe des Innenministeriums an die Lega ging und an dem neben Ferramonti der damaligen Polizeichef Vincenzo Parisi, die Abgeordneten Enzo De Chiara, Umberto Bossi und Roberto Maroni teilnahmen (der dann tatsächlich Minister wurde)".

Und dann ist da noch Massimo Pizza, Geschäftemacher, Bruder des DC-Politikers Giuseppe Pizza. Er war in ein System zur Geldwäscherei mit Mafiaorganisationen involviert und entschied sich, mit der Justiz zusammenzuarbeiten. Überraschenderweise weiß er auch ein Menge über die Vorhaben der Lega: „Das politische Projekt, dessen wichtigste ‚programmatische Punkte' Pizza vorgab, in einem achtseitigen Dokument gelesen zu haben, das Lanari ihm gezeigt hatte, bestand in der Gründung einer Reihe von Ligen im Süden, die unter dem Titel ‚Lega Meridionale' zusammengeführt werden sollten. Um das Projekt zum Erfolg zu führen, wurden seit 1989 Beziehungen zur Lega Nord geknüpft, mit der durch Vermittlung von Gian Mario Ferramonti ein Wahlabkommen geschlossen werden sollte."

Der große Föderalismus-Plan sollte scheitern, aber ein neuer politischer Akteur tritt auf: Forza Italia. Und der gelingt es, die Aufmerksamkeit der Cosa Nostra zu wecken, die damit allerdings den Traum vom Insel-Staat in Gestalt des Projekts „Freies Sizilien" aufgibt, das zur Idee einer Lega der Ligen gehörte. Die Lega wird mit Berlusconi an die Regierung gelangen. Aber dalles Weitere ist Geschichte.

Man muss darauf hinweisen, dass weder gegen Miglio noch gegen Bossi im Zuge des Scarpinato-Verfahrens ermittelt wurde. Das Gleiche gilt für Ferramonti, gegen den sich allerdings die Ermittlungen der Staatsanwaltschaft Aosta in der komplexen „Phoney Money"-Untersuchung richteten, die ein eigenes Kapitel verdiente, weil sie die Verflechtung von Wirtschaft, Politik und Freimaurerei freilegte. Ferramonti wurde 2005 vollständig entlastet. Erst Jahre später taucht sein Name in der Affäre um die Banca Etruria wieder auf, aber nicht als Verdächtigter, sondern nur, weil er der mysteriöse Mann war, der seinerzeit auf Bitten von Flavio Carboni (Freimaurer, Freund von Denis Verdini und Licio Gelli und ehemaliges Mitglied der P2) den Namen eines angeblich kompetenten Geschäftsführers für die Bank vorschlug, die dann in den Skandalen von Papà Boschi & Co. unterging.

Ferramonti wird wiederholt in dem von Scarpinato unterzeichneten Dokument der Anti-Mafia-Ermittler von Palermo erwähnt. Die ganze Sache landete schließlich im Archiv, aber die Ermittlungsakte bleibt doch ein nützlicher Leitfaden, wenn man verstehen will, wie die Partei von Bossi und Miglio damals vorging, als ein Bündnis mit Forza Italia noch nicht auf der Tagesordnung stand. Der Versuch, ein großes Bündnis zwischen Autonomie-Anhägern im Norden und im Süden zu schmieden, wird erst Jahre später umgesetzt werden, nämlich mit Gründung des *Movimento per l'Autonomia in Sicilia* (Bewegung für Autonomie in Sizilien) (Mpa), einer von Raffaele Lombardo gegründeten Partei. Die MPA ging bei mehreren Wahlkämpfen Bündnisse mit den Lega-Leuten aus der Po-Ebene ein. Im Gegenzug erhielt sie üppige finanzielle Unterstützung: rund 1,4 Millionen Euro bis 2010.

19. DIE INSEL DER WENDEHÄLSE

Wie wurde das Führungspersonal für das Projekt der Souveränisten ausgesucht? Wer sind die neuen (wirklich neuen?) Gesichter der neuen nationalen Lega, oder besser gesagt der „Lega per Salvini Premier“, die in der Bewegung „Noi con Salvini“ groß geworden waren? Ganz offenbar wurde Salvini, wenn auch unfreiwillig, durch Miglio bei der Wahl des neuen Führungspersonals inspiriert: Es gibt dabei die Wendehälse mit ihrer Klientel, und es gibt die Figuren, die über verwandtschaftliche oder geschäftliche Beziehungen mit der Mafia in Kontakt gekommen sind.

Dass die Versprechungen, nun würde das alte Personal verschrottet, eben nur Versprechungen waren, wurde von Anfang an klar. Das heißt, seit dem Moment, als „Noi con Salvini“, der Brutkasten der neuen nationalen Lega, auf Sizilien gegründet wurde. Salvini äußerte sich damals in den Wochen nach dem Sieg von Nello Musumeci bei den Regionalwahlen, durch den die sizilianische Regierung an die Rechte ging, so: „Falls sie die Leute von Raffaele Lombardo und Totò Cuffaro bevorzugen und uns außen vor lassen, dann haben sie mir einen Gefallen getan …“[*] Der neue Gouverneur hatte bei der Bildung der Regionalregierung den Mann Salvinis vor Ort nicht berücksichtigt. Der Lega-Vorsitzende hatte sich dagegen zumindest *ein* Regierungsamt für die Seinen gewünscht, um das als historisch geltende Ergebnis seiner Partei auf der Insel gebührend zu begehen – das schließlich als Bestätigung der neuen nationalen Ausrichtung seiner Partei verstanden werden konnte.

Allerdings hat es der Lega-Chef bei seiner eher groben Analyse versäumt, das Profil des ersten Lega-Manns in der Geschichte, der in den *Palazzo dei Normanni* in Palermo einzog, öffentlich zu machen: Der war nun eine recycelte Figur, und es wurde zudem unmittelbar nach den Regionalwahlen gegen ihn wegen Veruntreuung ermittelt (und solange die Ergebnisse der Ermittlungen nicht bekannt sind, gilt selbstverständlich auch hier die Unschuldsvermutung). Sein Name ist Tony Rizzotto, 65 Jahre alt, volles, eher ungewöhnlich dichtes Haar, und Angestellter der Kommune in Palermo. Seine politische Lehre durchlief er bei dem ehemaligen Gouverneur von Sizilien, Totò Cuffaro, der wegen Unterstützung der Mafia verurteilt wurde. Ein qualitativer Sprung kam jedoch, als er auf den Listen des *Movimento per l'autonomia* von Raffaele Lombardo zum Abgeordneten der sizilianischen Regionalversammlung gewählt wurde, wobei Lombardo ebenso wie Cuffaro Schwierigkeiten mit der Justiz bekam, wenn auch wegen „Stimmentausch".

Einige Monate nach der ersten groben Analyse aber ändert sich der Ton. Die scharfe Kritik an Musumeci wegen der Art und Weise, wie er seine Regierung gebildet hatte, verebbt, und die Lega sucht die Nähe zum Gouverneur: Rizzotto stimmt zur Zufriedenheit Musumecis für den Haushalt, und in den folgenden Tagen trifft sich der Gouverneur mit dem Lega-Abgeordneten und mit dem Beauftragten der Partei für Sizilien, Stefano Candiani, drückt seine Befriedigung über die Unterstützung aus und äußert die Überzeugung, dass Matteo Salvini seinen Beitrag für Sizilien leisten könne. Alles in allem ein Friedensschluss. Und was ist mit den Freunden von Cuffaro und Lombardo? Was schon! Dank des recycelten Rizzotto, dem Symbol der Lega, Version *nazional-popolare,* kehrt wieder Friede ein in der sizilianischen Rechten. Die Lega der Insel streckt die Waffen.

Allerdings bleibt die Lega im Süden, wie wir weiter unten sehen werden, ein durchaus hausgemachtes Produkt in den besten Traditionen südlicher Küche, eine Mischung aus Christdemokraten, Rechtsextremen und zwielichtigen Figuren. „*Fascio-leghismo-crociato*", eine von Salvini organisierte Truppe, um einen Teil von Italien zu erobern, der ihm bis dahin so gut wie unbekannt war. Von Andreotti zu Almirante[*], ein geradezu idealer Pantheon, wenn auch nur hypothetisch. Der Verantwortliche für das Lega-Casting im Süden ist Raffaele Volpi. Und bei der Auswahl scheint er zwei strenge Vorgaben für die Kandidaten befolgt zu haben: politische Haltung wie ein Chamäleon; und Eignung als Anlaufstelle für einen Block von Wählerstimmen, der vom Vater zum Sohn weitergereicht wird, ganz unabhängig vom Namen einer Partei.

Und das Ergebnis? Die Experten fürs Klientelwesen und für den Perückenwechsel sind Angelo Attaguile und Alessandro Pagano. Der erste wurde zum Koordinator von „Noi con Salvini" auf Sizilien ernannt, und als Parlamentsabgeordneter in Rom repräsentierte er die Bewegung sowohl in der Anti-Mafia-Kommission unter dem Vorsitz von Rosy Bindi[*] als auch in der Fraktion, die ab 2015 das Markenzeichen „Noi con Salvini" mit der Lega Nord und der Gruppe „Autonomie-Lega dei popoli" zusammen führte. Attaguile wurde von Volpi und Salvini als Repräsentant des neuen Kurses der Lega auserkoren. Und er wurde zum Ansprechpartner für den gesamten Süden, wo es ja zum Zeitpunkt, als die Bewegung enstand, noch kein Netzwerk gab, auf das man sich verlassen konnte. In der Folge wird Attaguile auch zum nationalen Koordinator von „Noi con Salvini" ernannt. Eine Beförderung.

Alessandro Pagano hingegen war Koordinator für Ostsizilien, zunächst für „Noi con Salvini" und dann für die „Lega per Salvini Premier", der neuen Partei als Synthese aus Lega Nord und „Noi con Salvini". Heute sucht man Attaguile und Pagano vergebens in der Parteiführung im Süden. Sie stolperten über Probleme mit der Justiz, die wenige Wochen nach den Wahlen vom 4. März 2018 herauskamen, und über die Salvini zwar nicht sprechen wollte, die ihm aber einige Schwierigkeiten bereiteten. Wir erinnern uns an das Versprechen? „Wir sind kein Auffangbecken für Wendehälse." Schauen wir uns also an, wer Attaguile und Pagano tatsächlich sind und was mit ihnen passiert ist; jedenfalls wurden sie durch einen Kommissar ersetzt, einen gewissen Stefano Candiani, der von Parteizentrale in der Via Bellerio geschickt wurde, um das Problem mit den besonders auffälligen Figuren zu bereinigen, gleichzeitig aber den Wahlerfolg abzusichern.

Candiani wurde nach Sizilien katapultiert, nachdem die Nachricht von den Ermittlungen wegen Stimmbetrug gegen einen Teil der Partei auf der Insel bekannt geworden war. Diese Ermittlungen mussten Salvini, der aus seinem vollen Vertrauen in seine Leute im Süden nie ein Geheimnis gemacht hatte, reichlich irritieren. Die Untersuchungen, die von Annadomenica Gallucci von der Staatsanwaltschaft Termini Imerese koordiniert werden, betreffen ausgerechnet die bekanntesten Namen der Lega im Süden, nämlich Attaguile und Pagano. Bei den jüngsten Wahlen war Attaguile zwar Kandidat, wurde aber nicht gewählt. Im Gegensatz zu Pagano, der einen Parlamentssitz gewann und also zur Regierungsmehrheit gehörte. Gegen die beiden Politiker wird ermittelt, weil sie zusammen mit den drei Hauptverdächtigen[*] (denen die Staatsanwaltschaft Abstimmungsbetrug durch Stimmentausch vorwirft) Beihilfe zum Wahlbetrug geleistet haben sollen; den Wählern wurde nämlich ein Kandidat präsentiert, ein gewisser Caputo, bei dem so getan wurde, als handele es sich um seinen Bruder, der seinerzeit nicht vorzeigbar war, aber als König der Erststimmen galt. Praktisch wird den Verdächtigen ein Vergehen nach Artikel 294 des Strafgesetzbuches vorgeworfen, also ein Angriff auf die politischen Rechte des Bürgers: „Jeder, der mit Gewalt, Drohung oder Täuschung die Ausübung eines politischen Rechts ganz oder teilweise verhindert oder jemanden dazu bringt, es in einem seinem Willen widersprechenden Sinne auszuüben, wird mit einer Freiheitsstrafe von einem bis fünf Jahren bestraft.“

20. VON DER CHRISTDEMOKRATIE ZUR LEGA

Attaguile ist als Politiker ein alter Hase. Er war ehemals bei der Democrazia Cristiana, der DC, dann Autonomie-Anhänger wie Raffaele Lombardo, der in Ungnade gefallene Gouverneur Siziliens, und schließlich der Mann der Lega im Süden. Er kommt aus demselben Ort wie Lombardo, beide stammen aus Grammichele, in Sachen Wahlen der Erbhof Lombardos wie schon zuvor der des Vaters von Angelo Attaguile, Gioacchino, dem politischen Paten von Lombardo.

Der Vertreter der Lega auf Sizilien kann auf ein ruhmreiches politisches Familienerbe zurückschauen: Sein Vater war dreimal Senator der Christdemkraten, Staatssekretär im Finanzministerium während der Regierungen von Rumor und Colombo* und schließlich Minister der Handelsmarine. Angelo gab alles, um dieses politische Erbe nicht zu verraten. Als Jugendlicher war er Vorsitzender der Jungen Christdemokraten, 2005 ernannte ihn Giuseppe Pizza zu seinem Stellvertreter in der neuen DC. Dann engagiert er sich bei den Autonomisten, und 2013 wird er dank eines sicheren Listenplatzes in der Lombardei in den Reihen der PdL ins Parlament gewählt; zwei Wochen später wechselte er in die Fraktion „Lega Nord e Autonomia". Die Beziehung zwischen dem Vorsitzenden Salvini und seinem sizilianischen Statthalter Attaguile war immer ausgezeichnet. Das zeigt sich auch an der Bereitschaft von Attaguile, seinem Vorsitzenden stets und ständig zu Diensten zu sein. Aber dazu später mehr.

Lang lebe also Attaguile, der 2015 zum nationalen Vorsitzenden von „Noi con Salvini“ gekürt wird. Die Bewegung zieht so ins Parlament auf dem Montecitorio in Rom ein, und die Marke „Lega Nord e Autonomie“ wird durch „Noi con Salvini“ ergänzt. Das führt dazu, dass die Gruppe seitdem auch von den Fraktionsgeldern profitiert: fast 1,8 Millionen Euro in den letzten drei Jahren, zu denen ein Beitrag der Fraktion „Lega Nord Padania“ in Höhe von 500.000 Euro hinzukam, der auf die vorangegangenen Legislaturperiode mit den Regierungen Berlusconi und Monti zurückging.

Der Christdemokrat Attaguile bemühte sich von Anfang an um das Vertrauen des Lega-Vorsitzenden. Und Salvini revanchierte sich: Attaguile wurde auch Koordinator der Bewegung in Sizilien. Salvini und Volpi vertrauten Attaguile in einem Maße, dass sie es ihm auch überließen, das Hauptquartier von „Noi con Salvini“ zu errichten. Und tatsächlich befand sich das Büro der Bewegung bis vor kurzem in einer Wohnung im Besitz von Angelo Attaguile.

Ein elegantes Gebäude im Zentrum Roms. In einem der *upper-class*-Viertel der Hauptstadt. In der Via Federico Cesi, nur ein paar Schritte vom Tiber entfernt, findet man so etwas wie die Inkarnation der eheähnlichen Gemeinschaft zwischen Christdemokraten und Lega-Leuten. Hier, im zweiten Stock, ist der offizielle Sitz von „Noi con Salvini“. Zumindest steht das so in den offiziellen Papieren. „Sie sind nicht mehr hier, die sind wegen der Regionalwahlen in Sizilien umgezogen“, sagte uns hingegen der Pförtner. Die Appartements im zweiten Stock gehören der Familie Attaguile. Und der Hauptsitz befindet sich direkt in der Wohnung von Angelo. Er ist Präsident des „Instituts für sozialen Wohnungsbau“ und von „Catania Calcio“; 2004 wurde er vom Berufungsgericht Messina vom Vorwurf der versuchten Erpressung freigesprochen, diese Geschichte zitiert der Politiker gern als Beispiel für eine fehlgeleitete Justiz. Aber zurück zur Via Cesi. Zwischen 1993 und 1999 teilten sich den Besitz dieser Wohnung noch Attaguile und Michele Baldassi aus Udine, ebenfalls ein Mann der Lega, Manager in öffentlichen Unternehmen, die zum Lega-Umfeld gehörten, und verheiratet mit Federica Seganti, einem hohen Tier in der Lega im Friaul, wo sie früher in der

Regionalregierung saß. Ihr politischer Ziehsohn war ein sehr junger Mann namens Massimiliano Fedriga, aufsteigender Stern in der Lega á la Salvini, der 2018 zum Gouverneur der Region gewählt wurde. In der Zeit des gemeinsamen Eigentums an der Wohnung in der Via Federico Cesi bekam Baldassi übrigens für einige Monate auch einen Job bei der „AST", der Verkehrsgesellschaft der Region Sizilien.

Ein Lega-Mann und ein Christdemokrat in Rom – in den Jahren, als von der Ersten Republik nur noch Trümmer übrig waren, und die Partei von Bossi gegen die Klientelwirtschaft der DC und die Schmiergelder, die durch die *mani pulite* zu Tage kamen, wetterte. Ganz zu schweigen von den verhassten *meridionali*. Als Baldassi aus dem gemeinsamen Besitz ausstieg, hätte Attaguile sich wahrscheinlich nicht vorstellen können, dass er sechzehn Jahre später in dieser Via Cesi noch ganz andere Lega-Leute begrüßen sollte.

21. DRAGO UND DER MANN AUS PADANIEN

Attaguile mit seinem mächtigen Vater von der DC ist nicht der einzige, der in voller Fahrt auf den Karren der Salvini-Lega aufgesprungen ist. Filippo Drago, Bürgermeister von Aci Castello, war auch so einer. Erst in der Udc, dann bei „Noi Sud", dann PdL und Mpa* und schließlich Kandidat Nummer zwei auf den Listen der Lega für einen Wahlkreis in Catania. Sein Vater, Nino Drago, war nicht nur acht Mal Staatssekretär, sondern früher auch Bürgermeister von Catania. Ein Meister der Konsensbildung, Parteigänger Andreottis zu Zeiten von Salvo Lima. Zusammen mit einigen anderen Politikern geriet er ab 1993 in mehrere Ermittlungsverfahren, erlag dann aber 1998 auf einer Kreuzfahrt einem Herzinfarkt, während der Prozess noch lief. Sein Erbe Filippo hingegen wurde 2014 vom Berufungsgericht von Catania freigesprochen; damals ging es um das gigantische Haushaltsloch* in den Kassen von Catania, das die Regierung von Umberto Scapagnini, dem ehemaligen Arzt von Silvio Berlusconi, hinterlassen hatte. Scapagnini starb vor dem Urteilsspruch.

„*Nun semu tutti i stissi*" (wir sind nicht alle gleich) – das ist der Slogan, der den Sprössling von Nino Drago 2008 berühmt machte. Drago hatte einen guten Start in der neuen Umgebung. Er fühlte sich schon wie ein echtes Lega-Mitglied, aber irgendetwas nach den Kommunalwahlen im Juni 2018 lief schief. Er geriet nicht so sehr mit Salvini in Streit, sondern eher mit der lokalen Elite der Partei: Attaguile, Fabio Cantarella (jetzt Stadtrat in der Mitte-Rechts-Regierung in Catania) und Alessandro Pagano. In einem

Interview im September 2018 wurde er ziemlich deutlich: „Ich bin der Lega beigetreten, weil ich von Salvinis Idee überzeugt war und weil ich glaubte, dass es sich um eine demokratische Partei handelte. Stattdessen fand ich mich einige Jahre später in der paradoxen Situation wieder, dass mich seit mehr als sechs Monaten nicht nur niemand mehr kontaktiert hatte, sondern ich auch mit der Arroganz einer Partei voller Wendehälse konfrontiert war, angefangen bei Attaguile und Cantarella, beide so jungfräulich wie ich, denn wenn ich von der UDC zur Lega kam, so gilt das Gleiche doch auch für andere."* Kurz gesagt, Drago der Jüngere wirft der Partei vor, von politischen Wendehälsen regiert zu werden – von wegen das Neue schreitet voran … Und wenn das der ehemalige christdemokratische Bürgermeister sagt, der zum Anhänger der Souveränisten-Ideen mutierte, dann sollte man ihm vielleicht glauben. Drago ist heute offiziell nicht mehr in der Partei, er wurde von den regionalen Führungsleuten kaltgestellt.

Zu den Wendehälsen, die Drago angesprochen hatte, gehört sicherlich Alessandro Pagano, auch er Mitglied im Club der sizilianischen Salvini-Boys. Pagano kommt aus San Cataldo in der Provinz Caltanissetta, war ein Berlusconi-Mann der ersten Stunde, fleißiger Pilger nach Medjugorie und getreuer Ultratraditionalist in der „Alleanza Cattolica". Den ersten wichtigen Job bekam er 1996, als er das Gesundheitsressort in der Regionalregierung des umstrittenen Giuseppe Provenzano übernahm*. Vier Jahre später wechselte er in der ersten Regierung Cuffaro zwischen den Ressorts Finanzen und Kultur hin und her. Im Jahr 2013, als PdL-Abgeordneter, wanderte er zusammen mit Angelino Alfano ab zum „Nuovo centrodestra", um dann schließlich der Lega-Version „Noi con Salvini" ewige Treue zu schwören. Und von diesem Moment an wird Pagano für die anderen dort zum „Padanier".

Es folgte ihm sein Cousin, ein Mitarbeiter im Aufnahmezentrum für Migranten; außen vor blieben sein Schwager Raimondo Torregrossa, ehemals Bürgermeister der Gemeinde San Cataldo, und die Schwägerin Angela Maria Torregrossa, Geschäftsführerin der renommierten, von der Region anerkannten Klinik Regina;

aber beide unterstützten ihn von außen. Die Schwägerin heuerte in der Zeit bei der Klinik von San Cataldo an, als Pagano für das Gesundheitswesen zuständig war. Sein Schwager wurde Bürgermeister von San Cataldo, als er selbst Mitglied der Regionalversammlung war. Als Pagano dann ins Parlament in Rom wechselt, geht Torregrossa in den *Palazzo dei Normanni* in Palermo. Böse Zungen bezeichneten dieses Wechselspiel als „Operation Montante", weil sich das Antonello Montante so gewünscht hatte, Unternehmer, „Ritter der Arbeit", und Vorsitzender der sizilianischen Industriellen bis zu einem Ermittlungsverfahren der Staatsanwaltschaft von Caltanissetta, bei dem es auch um ihn ging. Im November 2018 wurde Montante wegen der Bildung einer krimineller Vereinigung und anderer Verbrechen angeklagt. Auch eine alte Beziehung zu einem lokalen Boss hängt ihm nach, einem gewissen Vincenzo Arnone, der sein Trauzeuge war. Montante kam wie Pagano aus San Cataldo, und bis 2009 waren die Beziehungen zwischen den beiden hervorragend. Dann brach die Eiszeit aus. Montante gehört der Vergangenheit an, während eine Untersuchung der Staatsanwaltschaft von Termini Imerese die Gegenwart des Lega-Abgeordneten aus San Cataldo durcheinander brachte.

22. BEKANNT ALS „SALVINO"

Die Ermittlungen von Termini Imerese laufen noch, während wir schreiben. Für den Betroffenen gilt also die Unschuldsvermutung. Im Übrigen wurde Mario Caputo – der Kandidat der „Strohmann des Bruders" war, wie ihn der Generalstaatsanwalt von Termini Imerese während einer Pressekonferenz vom 4. April 2018 nannte – nicht gewählt*. Wir wissen, dass die Ermittler das Parlament gebeten haben, die Mitschnitte von Gesprächen zwischen Attaguile und Pagano nutzen zu dürfen, die zum Zeitpunkt der Ereignisse im Jahr 2017 beide im Parlament saßen. Pagano ist in dieser Legislaturperiode wieder Abgeordneter; Attaguile hingegen wurde nicht gewählt. Sie müssen sich aber keine Sorgen machen, ihre Kollegen im Parlament haben die Anfrage der Ermittler abgewiesen. Die Staatsanwaltschaft muss deshalb auf die Gesprächsprotokolle verzichten, hat die Untersuchung aber noch nicht abgeschlossen. Für die beiden sizilianischen Salvini-Leute formulierte die Anklagebehörde folgende Hypothese:

„... weil Caputo, Salvatore, bekannt als „Salvino", und Caputo, Mario, als Täter, als Komplizen untereinander und zusammen mit Pagano, Alessandro und Attaguile, Angelo Gioacchino Gaetano (der Anstifter, gegen den gesondert vorgegangen wird), durch von ihnen selbst als falsch erkannten Mitteilungen, durch Tricks und Täuschung oder jedenfalls mit illegalen Mitteln zur Einschränkung der Freiheit der Wähler, Druck ausübten, um die Wähler dazu zu bewegen, bei den Regionalwahlen für Caputo, Salvatore, zu stimmen."*

Also gelten sowohl Attaguile als auch Pagano als „Anstifter“ der von den Caputo-Brüdern ausgeführten Tat. Die breitangelegte Arbeit der Ermittler bringt aber noch sehr viel mehr hervor. Kommen wir also zunächst auf die Vorwürfe der Staatsanwaltschaft gegenüber dem ehemaligen Bevollmächtigten von „Noi con Salvini“ in Palermo, Salvatore Caputo (also dem Bruder des offiziellen Kandidaten Mario, mithin – in den Worten des Staatsanwalts – „dem Strohmann“). Gegen ihn wird wegen Stimmentausch ermittelt und wegen Trickserelen, um die Wähler hereinzulegen, die Totò und Peppino würdig wären. Der Zeitraum, auf den sich das Interesse der Ermittler konzentriert: die letzten Regionalwahlen, die Nello Musumeci am Ende mit Unterstützung der „Lega-Noi con Salvini“ gewann. Caputo erhielt eine „schlechte Nachricht“, kurz bevor die Kandidatenlisten präsentiert werden mussten: Die Richter hatten seinen Antrag auf Aufhebung eines Strafurteils abgelehnt. Ohne diese Aufhebung hätte er praktisch keine Möglichkeit gehabt, als Kandidat anzutreten. Also verfiel er auf einen Trick, um die Stimmen, derer er sich sicher glaubte, nicht zu vergeuden: Er musste einen Strohmann mit seinem Familiennamen präsentieren, der dann so eingesetzt werden sollte, als handelte es sich um ihn selbst: Man konnte den Nachnamen Caputo nutzen und ihn mit dem Spitznamen verknüpfte, den er selbst trägt: „Salvino“. Die Nachricht von der Ablehnung der Aufhebung seiner Strafe erreicht ihn am 29. September. Einigermaßen beunruhigt wendet er sich ohne Zeit zu verlieren an den derzeitigen Chef des Wirtschaftsressorts der Region, Gaetano Armao. „Letzterer schlug ihm vor, nachdem er seine Meinung geäußert hatte, seinen Bruder aufzustellen …“*, schrieb der Untersuchungsrichter in dem Beschluss, Caputo unter Hausarrest zu stellen; er ist mittlerweile bis zum Abschluss der Untersuchung wieder auf freiem Fuß.

Am selben Tag, an dem er mit Armao sprach, rief Caputo auch seinen politischen Chef an: Alessandro Pagano. Der erste „berichtete fälschlich, dass die Aufhebung der Verurteilung auf die Zeit nach dem 5. Oktober 2017 verschoben worden war (und verschwieg die Ablehnung) und er deshalb nicht kandidieren könne […] in diesem Moment kommt die Idee auf, ein Familienmitglied von Caputo mit demselben Nachnamen aufzustellen, um die Wähler über die tatsächlich aufgestellte und von ihnen gewählte natürliche Person in die Irre führen zu können".* Die Antwort Paganos: „Hör mal, sei so gut … wir können nicht 7.000 Stimmen, oder 6.000, auf den Müll schmeißen, es tut mir leid, was soll schon schief gehen, stell' deinen Sohn auf … das heißt, du bist weiterhin stärker als alle andere … Ich weiß schon, wie das gehen könnte: Caputo ohne Fotos und Gianluca, ich weiß nicht, wie dein Sohn heißt, genannt Salvino, und basta … so ist das … so funktioniert es." „Alessandro, ich habe dir mehr als 8.000 Stimmen besorgt …", so die Antwort des Lega-Manns Caputo. „Wenn das jetzt kippt, verlieren wir an Glaubwürdigkeit, und wenn ich wir sage, meine ich mich, dich, uns alle", erwidert Pagano, der Padanier aus Sizilien. Und dann fügt er hinzu: „Nun waren wir so schlau wie wir waren und haben die Scheunentore sperrangelweit offen gehalten … das ist nun dein Sohn, und Schluss, und danach ziehen wir Bilanz." Sprüche, die eher nach alter Christdemokratie klingen als nach neuer Lega. Und ganz sicher im Widerspruch zur Rhetorik vom „Neuen, das voranschreitet", der *storyline* von Salvini, der nicht allzu aufmerksam verfolgte, wen er da in ganz Italien aufstellte. Der Vorschlag von Salvinis Mann in Westsizilien findet auch die Zustimmung des anderen Statthalters auf der Insel, Angelo Attaguile, dem Ex-Christdemokraten, der nun auf Seiten des Lega-Chefs arbeitete. Attaguile sagt zu „Salvino" Caputo in einem abgehörten Gespräch: „Ich habe mit Alessandro gesprochen … die Lösung, die er vorschlägt, ist ausgezeichnet …"

Der Generalstaatsanwalt von Termini Imerese, Ambrogio Cartosio, beschrieb die Aktivitäten von Caputo wie folgt: „Der Stimmentausch war eine systematisch betriebene Aktivität*." Alles in allem also: nicht so sehr Methoden einer Lega aus der Dritten Republik, sondern eher die alten Techniken der Christdemokraten aus den Zeiten vor Tangentopoli.

23. DIE LOGE SCHREIBT MIT

Das jüngste Aushängeschild der Lega Salvinis in Sizilien aber ist zweifellos Fabio Cantarella. Er ist Rechtsanwalt, Journalist, in den letzten Jahren stellvertretender Bürgermeister von Mascalucia, einem Dorf in der Provinz Catania am Ätna, und er war langjähriger Koordinator der Berlusconi-Partei PdL für diese Gegend. Cantarella hat sich also mit seinen 44 Jahren schon mächtig ins Zeug gelegt. Er ist ist nicht gerade der geborene Lega-Anhänger, er kommt von Mitte-Rechts. Wie andere auch erlebt er aber seine Bekehrung auf dem Weg zum *sovranismo*. Und sehr schnell knüpft er ein Vertrauensverhältnis zum Vorsitzenden. Allerdings musste er sich etwas in Geduld üben, bevor er eine ihm angemessene Rolle bekommen konnte. Zunächst hatte der Christdemokrat Attaguile die Bühne übernommen, auch weil der bereits mehrere Stationen als Wendehals hinter sich hatte und folglich mehr Erfahrung ansammeln hatte können.

Wie dem auch sei. Heute hat sich Cantarella in der sizilianischen Lega nach oben gearbeitet und hat im Felde das Vertrauen des Vorsitzenden & Ministers gewonnen. Besonders nach dem doppelten Ärger mit der Justiz, über den Attaguile stolperte. Da ging es zunächst um die Ermittlungen wegen des Stimmentauschs beim Lega-Mann Caputo; hinzu kam aber ein Antrag der Staatsanwaltschaft Catania, ihn zu einer Geldstrafe zu verurteilen, weil er eine Geschichte mit angeblichen Drohungen gegen ihn erfunden haben soll, als er in der letzten Legislaturperiode in der Anti-Mafia-Kommission saß. Die Staatsanwälte und Ermittler gehen davon aus, Attaguile habe sich selbst bedroht und dann Anzeige erstattet. Die Gerichtsentscheidung steht noch aus. Und wie bei allen anderen gilt demnach die Unschuldsvermutung. Auch wegen dieser beiden Geschichten wurde Attaguile in der Zwischenzeit jedenfalls kalt gestellt. Als Ersatz für ihn und Pagano wurde ein Parteikommissar auf die Insel geschickt, Stefano Candiani, 47 Jahre alt und Senator in seiner zweiten Legislaturperiode. Für die einen ist er Sittenrichter für die Insel, für die anderen war seine einzige Aufgabe die, Ordnung zu schaffen und die richtigen Figuren auszumachen, um die Partei in Sizilien neu aufzustellen. Und tatsächlich, nach ein paar Monaten hatte Candiani seine Wahl getroffen: Cantarella wurde zum regionalen Chef für die lokalen Gliederungen der Partei ernannt.

Da war er also, der Posten, den das *enfant prodige* der Lega im Süden seit langem gesucht hatte. Aber die eigentliche Inthronisierung als Vizekönig von Salvini in Sizilien erfolgte Anfang Juni 2018, als Cantarella vom neuen Bürgermeister Catanias, Salvo Pogliese, zum Stadtrat ernannt wurde. Der erste der Lega in der Geschichte der Stadt. Und das auch noch mit ziemlich heiklen Ressorts: Umwelt, Ökologie und Sicherheit. Vor allem letzteres ist Salvini lieb und teuer, weil es in einer Stadt, deren Hafen das Symbol für die Aufnahme von Migranten war, entscheidend werden könnte.

Cantarella ist Träger einer hohen Auszeichnung, des Ordens „Ehrenritter der Republik“. 2011 gründete er die Online-Zeitung „*Le Iene sicule*“, die er 2014 wieder verließ. In seiner journalistischen Karriere hat sich Cantarella allerdings eine gewisse Blauäugigkeit zu Schulden kommen lassen, war er doch stellvertretender Chefredakteur von „*Rebis*“, einem Blatt der Freimaurer-Loge „Serenissima Gran Loggia del Sud“, für das er auch schrieb. Der Großmeister dieser Loge von Catania heißt Corrado Labisi, und er ist seit jüngstem in Ermittlungen der Anti-Mafia-Staatsanwaltschaft von Catania (unter Leitung von Renato Panvino) verwickelt. In der Funktion des stellvertretenden Direktors taucht der Name von Cantarella 2009 im zweiten Heft von „*Rebis*“ auf. Als Chefredakteur wird Andrea Pitrolino genannt, auch Herausgeber des Blattes „*Paesi Etnei Oggi*“, für das

Cantarella ebenfalls schreibt. In dieser zweiten Nummer von „*Rebis*" also setzt sich Cantarella für die Freimaurerei ein und für Labisi, der einige Jahre später von der Justiz beschuldigt werden sollte, ein wahrer Meister des Betrugswesens zu sein. Insbesondere aber befasste sich der heutige Kommunalpolitiker der Lega in einem seiner Artikel mit Afrika. Vielleicht ist es interessant, einen Abschnitt daraus zu zitieren, der in so offensichtlichem Widerspruch zur Propaganda der *sovranisti* steht, zu deren maßgeblichen Stimmen Cantarella heute gehört:

> „Der Weise setzt große Hoffnung auf den afrikanischen Kontinent. Heutzutage gibt es immer mehr humanitäre Missionen, Verträge, gemeinsame Projekte, und der kulturelle Austausch nimmt zu. Vor allem ein Gefühl der Brüderlichkeit zwischen den Völkern des Mittelmeerraums und denen Afrikas wird stärker. Die Notwendigkeit, das afro-mediterrane Becken, das bisher nur wenige so wie unser Großmeister Corrado Labisi zu beachten wussten, ernsthaft mit Inhalt zu füllen, nimmt Tag für Tag deutlicher Gestalt an und gibt der Weitsicht dieser Wenigen Recht: die Elfenbeinküste, Kenia, Sierra Leone, Somalia, Guinea, Kamerun, Nigeria, Benin, Äthiopien, Tansania, Kongo, Madagaskar sind Orte, die einen für immer prägen, wenn man sie besucht hat. Orte, an die man einfach zurückkehren muss. Aber haben wir uns jemals gefragt, warum? Die Antwort liegt vor unseren Augen."

Die Aufzählung nennt die Länder, aus denen die meisten Migranten kommen, die an der sizilianischen Küste landen, und denen heute der ganze Zynismus von Salvini und seinen Jüngern gilt. Es folgt ein zweiter Artikel, der eng an der Esoterik orientiert ist, zwei eng beschriebene Spalten für den angehenden Freimaurer. Er schließt wie folgt: „Je mehr er auf seiner Reise voranschreitet, desto mehr muss er bei jeder Tat, die ihn von anderen unterscheiden wird, Aufmerksamkeit, Skrupel und Entschiedenheit an den Tag legen, denn der eingeschlagene Weg ist voller Hindernisse und Rückschläge. Und ein Freimaurer kann nicht umhin, ständig daran zu denken, dass das, was er im Leben tun wird, seinen Widerhall in der Ewigkeit finden wird."

Das klingt so, als spräche da einer aus tiefer Seele, der das Gefühl hat, zu dieser Welt hinzuzugehören. Doch wenn Cantarella heute Auskunft geben soll über seine Arbeit für das Freimaurer-Blatt, antwortet er, nein, er sei kein Freimaurer und er habe nur dem Herausgeber von „*Paesi Etnei Oggi*", mit dem er zusammenarbeitete, einen Gefallen tun wollen. Großmeister Labisi war in der Tat Anzeigenkunde des Blattes, und es verstand sich, dass der Verlag seiner Bitte nachkommen wollte. Allerdings merkt man dem Artikel über den angehenden Freimaurer an, dass Cantarella den Weg, der da einzuschlagen ist, recht gut kannte. Ob er dafür ein Logen-Handbuch gewälzt hat? Oder hat er aufgeschrieben, was man ihm vorgab? Wie dem auch sei, ob Mitglied oder nicht, jedenfalls bleibt die Frage, ob man für das Blatt einer Loge arbeiten sollte, die derart umstritten war wie die des Großmeisters Corrado Labisi? Ist es angemessen für einen Journalisten, der im Jahr 2009 bereits mit einem Bein in der Politik steht, sich als stellvertretender Chefredakteur der Zeitschrift der Freimaurer-Bewegung zu präsentieren? Und die Frage ist nicht nur, ob das angemessen ist: Es steht im Widerspruch zu den Grundsätzen der „*Carta dei doveri*" des italienischen Journalisten-Verbands, die die Mitgliedschaft in Geheimbünden verbietet. Wer weiß, was der Vorsitzende Salvini darüber denkt.

24. DUNKLE WOLKEN ÜBER DEM *STRETTO*

Mit Sizilien pokert Salvini hoch. Und so, wie die Dinge stehen, sieht es so aus, dass er an Glaubwürdigkeit verliert. Der Eindruck stützt sich auf zweierlei: die juristischen Probleme des Führungspersonals, das er für die Insel ausgewählt hat; und das Versprechen, auf Wendehälse zu verzichten, die dann aber doch mit offenen Armen empfangen wurden. Beides ist so offensichtlich, dass es dem triumphierenden Gerede Salvinis nicht gut tut. Die Realität legt die Widersprüche des Mythos Lega offen, die jetzt auch auf der Insel des *Gattopardo* Wurzeln schlägt. Und man muss sagen, dass das alles nicht wirklich besser wird, wenn man die Meerenge des *Stretto di Messina* überquert hat und von Reggio Calabria aus gen Norden schaut.

Richtig ist, hier haben die Salvini-Boys mit den Traditionen der Christdemokratie nichts am Hut. Denn von der Stiefelspitze an aufwärts ist die vorherrschende Farbe Schwarz – die Farbe der politischen Erben des faschistischen *„Movimento sociale italiano“ (MSI)*. Der ehemalige Gouverneur von Kalabrien, Giuseppe Scopelliti, zum Beispiel hat Salvini mit seiner Neugründung *„Movimento nazionale per la sovranità“* unterstützt, die er zusammen mit Gianni Alemanno ins Leben gerufen hat. Dem wird wegen Korruption der Prozess gemacht in einem Verfahren, bei dem es auch um das Kapitel „Mafia Capitale“ geht[*]. (Den schwersten Vorwurf, „mafiöse Vereinigung“, nahm die römische Staatsanwaltschaft inzwischen zurück.) Scopelliti selbst hat sich nicht von der Lega aufstellen lassen, um den Vorsitzenden nicht in Verlegenheit zu bringen. Damals, Anfang 2018, als Wahlbündnisse geschlossen wurden und die Parteien sich an die Auswahl der Kandidaten für die Parlamentswahlen machten, wartete Scopelliti gerade auf eine Entscheidung des Kassationsgerichts. Dabei ging es um das Urteil eines Berufungsgerichts, das ihn zu fünf Jahren Haft wegen Betrug und Fälschung in der Affäre um das Millionenloch von Reggio Calabria verurteilt hatte. Außerdem dürfte er darauf gewartet haben, was aus einer Untersuchung der Anti-Mafia-Staatsanwaltschaft über die okkulten Zirkel der 'Ndrangheta werden würde. Wichtig für ihn dabei: die Frage, ob die Aussagen der „Reumütigen", die von der Unterstützung der Clans für seine früheren und jüngsten Wahlkämpfe berichtet hatten, nur Hirngespinste waren oder der Überprüfung durch die Ermittler standhalten würden.

Das Urteil des Kassationsgerichts kam nach den Wahlen und brachte den ehemaligen Gouverneur ins Gefängnis. Verdacht und Verurteilung führten jedenfalls dazu, dass Scopelliti zunächst hinter den Kulissen wirkte – um nämlich den Wählerstamm, auf den er in der Provinz von Reggio zählen konnte und der für viele eine Versuchung darstellte, Salvini und der Lega zur Verfügung zu stellen. Diese sicheren Stimmen sind schließlich eine bequeme Sache, und Scopelliti seinerseits hat bestimmt nicht darauf verzichtet, seine Leute auf den Kandidatenlisten unterzubringen. Nehmen wir ein Beispiel: Tilde Minasi, seine treue Weggefährtin seit der ersten Kommunalwahl; sie wurde dieses Mal zwar nicht gewählt, aber die Stimmen für sie trugen zur Wahl von Matteo Salvini in den Senat bei. Die Lega-Leute in Kalabrien haben versucht, sich dagegen zu wehren, dass man sie mit Scopelliti in Zusammenhang bringt. Allerdings ist es ist es nun mal Tatsache, dass der Ort für die Präsentation der Kandidaten für Reggio das Hauptquartier der von Scopelliti und Alemanno gegründeten Bewegung in der Stadt war, samt Fotos für die Öffentlichkeit.

Von der MSI-Rechten kommt auch der Vorsitzende der „Lega-Noi con Salvini" für Kalabrien. Sein Name ist Domenico Furgiuele, er hat eine Vergangenheit bei der Rechten von Storace hinter sich und wurde bei den letzten Parlamentswahlen Abgeordneter. Sein Job ist Landvermesser, und in der Freizeit hilft er beim lokalen Fernsehsender der Familie. Seine Leidenschaften: Fußball und Geschichte. Im Jahr 2007, als er zu den Ultras von FC Sambiase Calcio, dem Fußballclub von Lamezia Terme gehörte, rechnete ihn das Polizeipräsidium der Stadt zu den besonders hitzigen Fans und belegte ihn mit einem Stadionverbot. Ganz eigene Vorstellungen hat er von der jüngeren Geschichte. Den Neofaschisten Stefano Delle Chiaie, Gründer der verbotenen „Avanguardia Nazionale“ sieht er zum Beispiel „mehr als Opfer denn als Henker“*. Da wird er sich mit Scopelliti einig sein, denn Delle Chiaie – der Familienverbindungen mit dem finstersten Teil der Rechten in Kalabrien hat – war Aktivist der faschistischen Front bei den Aufständen von Reggio Calacria in den siebziger Jahren, und das ist ein Stück Geschichte, das dem ehemaligen Gouverneur von Kalabrien lieb und teuer ist.

25. DIE EROBERUNG ROMS

Furgiule war der erste *Salvinista* von Kalabrien. Einer der ersten Auftritte von Matteo Salvini in der Region fand nämlich 2015 bei einer Pressekonferenz statt, die er zusammen mit Furgiuele im Aer Hotel Phelipe organisiert hatte; das gehört der Familie des Unternehmers Salvatore Mazzei, und der ist der Schwiegervater Furgiueles. Dieser Verwandte von Salvinis Kandidaten für Lamezia saß wegen Erpressung im Gefängnis (erschwerende Umstände durch Mafia-Methoden), und sein Vermögen wurde von der Anti-Mafia-Behörde beschlagnahmt. Er weist alle Vorwürfe zurück und behauptet, selbst Opfer zu sein, wobei er sich bestärkt sieht durch einen Freispruch in einem anderen Prozess wegen indirekter Beteiligung an einer Mafia-Organisation. Allerdings liest sich der Antrag auf Beschlagnahme des Vermögens**, der vom Anti-Mafia-Staatsanwalt Elio Romano unterzeichnet wurde, wie eine einzige Anklage gegen Mazzei.

Diese Details sind allerdings für den Lega-Chef von eher geringer Bedeutung. Denn die Fehler der Schwiegereltern sollten nicht auf den Schwiegersohn zurückfallen (und das zu Recht). So war der 35-jährige Furgiuele denn herzlich willkommen in der Lega mit seiner Vergangenheit in der „Alleanza Nazionale", ein Bauunternehmer mit Abschluss in Erziehungswissenschaften, ein junges Gesicht, das Salvini 2015 schließlich zum Koordinator der Partei in Kalabrien ernennt, und der so zum Macher hinter dem unerwarteten Sechs-Prozent-Erfolgs der Lega bei den letzten Wahlen wird. Im Jahr 2018, wenige Tage vor dem traditionellen Treffen von Pontida, schrieb Furgiuele: „Wir werden die Grundlagen für die sofortige Einrichtung einer *Task Force* legen, die dafür sorgen wird, dass der Süden, der sich durch Jahrzehnte politischer Pleiten betrogen sieht, wieder hoffen kann."[*] Es ist also die Schuld der Politik, dass Kalabrien die ärmste Region Italiens ist. Kein Wort über den Einfluss des organisierten Verbrechens und die übermäßige Wirtschaftsmacht der Clans. Und auch kein Wörtchen über seinen Schwiegervater Mazzei, der, wie es im Beschlagnahmebeschluss heißt, „im Laufe der Jahre nichts anderes getan hat, als schmutziges Geld in seine Familienunternehmen zu kanalisieren".[*]

Salvini interessiert es auch nicht weiter, wenn in dieser Geschichte von Promiskuität mit der Mafia auch Furgiueles Frau, Stefania Mazzei, die Tochter Salvatores, wegen ihres Vaters in Schwierigkeiten gerät. Die Ermittler beschlagnahmten nämlich eine Wohnung der Frau und ihre Aktienanteile an der Firma „Fornace Maricello", die wiederum von „Edil Sud" kontrolliert wird, einem Unternehmen der Familie. Eine dumme Geschichte für Stefania Mazzei, die offenbar glaubte, dass die Richter am Ende in der Berufung ihrem Vater Salvatore Recht geben würden, denn der hatte eine Verwicklung mit den Clans von Lamezia stets entschieden abgestritten hat, auch wenn die Ermittler seine Nähe zu den Clans der Gegend als „strukturell"[*] bezeichnet haben.

Die Beziehung zwischen Furgiuele und der Familie Mazzei geht über eine einfache verwandtschaftliche Bindung hinaus. Aber hat Furgiuele etwas unternommen, um seine gefährlichen Bindungen zu lockern, seit er Abgeordneter ist? Nicht wirklich. Bis Mai letzten Jahres war der Lega-Abgeordnete Aktionär der Ingenieurgesellschaft „Terina" mit Sitz in Lamezia. Zwei Monate nach seiner Wahl ins Parlament legte der Lega-Mann in Kalabrien jede andere Funktion nieder und übertrug seine Anteile auf andere. Allerdings ging es dabei nicht darum, mögliche Interessenkonflikte zu vermeiden. Die Kontrolle über das Unternehmen ging nämlich an Salvatore Mazzeis Sohn Armando. Auch er ist von der Beschlagnahmeaktion durch die Anti-Mafia-Behörde betroffen: Für die Ermittler sind nämlich die Vermögenswerte auf seinen Namen auf den Vater zurückzuführen und deshalb zu beschlagnahmen. Auf der Facebook-Seite des Abgeordneten Furgiuele zeigt ein Foto sie beim Abendessen, direkt nach den Wahlen: Armando Mazzei und Domenico Furgiuele, lächelnd. Und der Kommentar: „Auf zur Eroberung Roms!" Die Probleme mit der neuen Familie sind für Furgiuele offensichtlich zu vernachlässigende Details; er ist stolz darauf, Kalabrien nach Pontida gebracht zu haben, mitsamt Pavillon und dem Logo der Region. Da kann man zwischen einem „*Va' pensiero*", Wikingern im Delirium und grünen Unterhosen schon mal die Passage in einer Polizei-Akte vergessen, die auch ihn betrifft, weil er den falschen Leuten zwei Zimmer in einem Hotel der Familie angeboten hat.

Im Sommer 2012 waren drei Killer der 'Ndrangheta nämlich Gäste im Hotel der Familie Mazzei – und das unmittelbar nach einem Mord. Gäste, die nicht zahlen mussten; die Übernachtung hatte Furgiuele selbst ihnen angeboten. Der Lega-Abgeordnete wusste nicht, dass sie Auftragskiller waren: Er habe einem Freund vertraut, versicherte er später. Ganz sicher aber war es dasselbe Hotel, in dem Salvini drei Jahre später die Landung der Lega in Kalabrien bekannt geben sollte. „Sie waren Gäste von Herrn Domenico Furgiuele, dem Schwiegersohn von Herrn Mazzei, dem Besitzer des Hotels", heißt es in der Polizeiakte. Die Episode hatte keine juristischen Folgen, Furgiuele hätte nicht davon ausgehen können, dass es sich um die Täter eines schweren Verbrechens handelte. Überhaupt steht dieses Hotel unter keinem guten Stern. Ein Jahr nach dem Besuch des Lega-Chefs landete auch das Unternehmen, zu dem das Hotel gehört, auf der Liste der Vermögenswerte Mazzeis, die die Anti-Mafia beschlagnahmte.

Alles in allem eigentlich eine hässliche Geschichte, die man nicht so leicht vergisst. Furgiuele konzentriert sich jetzt auf den Montecitorio in Rom, auf das Parlament dort: Zum ersten Mal ist er schließlich als Abgeordneter über dessen Schwelle geschritten. Aber wahrscheinlich er trägt im Herzen doch sein Lamezia mit sich. Und am Sitz der Lega in seiner Stadt findet sich an der Wand ein berühmtes Motto von Codreanu: „Für uns gibt es keine Niederlage und keine Kapitulation." Codreanu, ein rumänischer Faschist und für die Kameraden in Europa einfach „der Kapitän".

26. EBENE MIT LEGA

Die Ebene von Gioia Tauro ist eine flache grüne Landschaft, die sich weit zwischen Meer, Aspromonte und Serre-Gebirge in der Region Reggio Calabria hinzieht. Keine einfache Gegend. Der zerstörerischen Macht der 'Ndrangheta ausgesetzt und geprägt durch weit zurückreichende Historie. Aber auch ein Landstrich der Roten, der Bauernaufstände, der Gewerkschaftskämpfe, wo Leute der KPI ihren Kampf gegen die Clans mit dem Leben bezahlt haben. Zum Beispiel Giuseppe Valarioti, der 1980 nach seinem Triumph bei den Gemeindewahlen von Rosarno getötet wurde. Oder Peppino Lavorato, der die Bürde von Valarioti erbte und Bürgermeister des Dorfes wurde.

Klingt, als sei das sehr lange her. Genauso wie es lange her zu sein scheint – und dabei war es erst 2010, und Innenminister war damals ein anderer Mann der Lega, Roberto Maroni –, dass Rosarno Schauplatz eines Aufstands afrikanischer Tagelöhner war. Hier heuert man immer noch ganze Armeen von Akkordarbeitern an, die schwarz all die Orangen und Clementinen ernten, die wir dann auf unseren Tischen finden, während wir gern die schmutzigen Lieferketten übersehen, Ketten von Ausbeutung und Gewalt. Damals zogen die Arbeiter die Straßen der Stadt entlang und protestierten gegen die unmenschlichen Bedingungen, unter denen sie leben und arbeiten mussten. Auslöser für den Aufstand in der Stadt waren Schikanen, die zum wiederholten Mal zwei Migranten getroffen hatten: Der Nachwuchs der Clans schießt den Arbeitern gern mit Luftpistolen auf die Beine, um den lokalen Clanchefs zu imponieren. Maroni hat damals das Problem von Rosarno sofort erkannt: natürlich die illegalen Einwanderer. Und nicht das System von Unternehmen und Konsortien, die Menschen, die nur Brot und Arbeit wollen, zu Sklaven machen.

Seitdem sind acht Jahre vergangen. Und bei der letzten Parlamentswahl ist etwas wirklich Erstaunliches passiert. Die Lega Salvinis kam auf 13 Prozent der Stimmen. Aus dem Stand. Oder genauer gesagt, ausgehend von 0,25 Prozent im Jahr 2013. Auch hier wurde der Konsens für die Lega um einige Überläufer aus anderen Parteien der Rechten herum aufgebaut. Aber das ist noch das kleinere Übel. Denn die Pfeiler, um die herum sich beim Erfolg von Rosarno alles dreht, führen tiefer hinab, in die düstere Welt der 'Ndrangheta.

Nehmen wir das bekannteste Gesicht der Lega in Rosarno. Es hat ein Geheimnis zu verbergen. Vincenzo Gioffrè, 37, ist der Regisseur des Wahlerfolgs Salvinis in diesem Flecken in der Ebene von Gioia Tauro, der zweimal wegen Mafia-Problemen unter Aufsicht gestellt wurde und in dem die Macht der 'Ndrangheta alles durchdringt. Und was ist Gioffrès Geheimnis? Auf seinem Facebook-Profil findet sich unter den Dutzenden Fotos, die ihn Arm in Arm mit Salvini zeigen, natürlich nicht eine Spur seiner Beziehung zu einer Größe der lokalen 'Ndrangheta. Offiziell präsentiert sich Gioffrè als Kleinunternehmer im Bereich öffentlicher Grünanlagen. Jemand, der „sein Land liebt" und „die europäische Politik der Grenzauflösung" nicht tolerieren kann, die für ihn die Hauptursache ist für die „massive Welle illegaler Einwanderung, aus der die großen Bereiche von Illegalität und das gesellschaftliche Unbehagen erwachsen, die wir alle kennen".

Es gibt jedoch eine nicht autorisierte Biographie des Lega-Chefs von Rosarno, der bei den letzten Wahlen auch für das Parlament kandidierte. Ein Curriculum, das wir auf Basis von Einträgen im Handelsregister und von Gerichtsakten rekonstruiert haben. Dabei stellt sich heraus, dass dieser Verfechter des Rechtsstaats zu Beginn des neuen Jahrtausends zusammen mit einem gewissen Giuseppe Artuso eine Genossenschaft gegründet hat. Und Artuso ist eine Figur, die nach Ansicht der Anti-Mafia-

Staatsanwaltschaft von Reggio Calabria eng mit dem Clan Pesce verbunden ist[**], einem der mächtigsten Clans der 'Ndrangheta, der sich von Rosarno bis nach Mailand und Südfrankreich ausgebreitet hat. Die Pesce-Leute kontrollieren zum Beispiel einen großen Teil des internationalen Kokainmarktes, so dass es einem ihrer Bosse vor zwei Jahren sogar gelang, den Kapitän eines Handelsschiffes anzuheuern, der Drogen von Südamerika in den Hafen von Gioia Tauro bringen sollte, wo die Mafia aus den Dörfern der Ebene unangefochten herrscht.

Die Gründung der landwirtschaftlichen Genossenschaft ist nicht das einzige Geschäft, das den Chef der Lega von Rosarno mit den örtlichen Clans verbindet. Gioffrè hat nämlich ein weiteres Konsortium von Agrar-Genossenschaften gegründet, an dessen Spitze bis 2013 Antonio Francesco Rao stand, ein Mann, der laut den Ermittlern[*] dem Bellocco-Clan nahe steht, der wiederum mit dem Pesce-Clan verbandelt ist. Ist sich Innenminister Salvini der Geschäftsbeziehungen bewusst, die seinen Parteimann vor Ort mit diesen Figuren verbinden? Mit Sicherheit war der Lega-Vorsitzende in den Tagen unmittelbar nach dem Triumph vom 4. März zu Gast bei der Sektion von Rosarno. Schließlich wurde er genau dort gewählt: Senator der Republik dank der Stimmen aus Kalabrien. Gioffrè war einer der Organisatoren der Wahlparty im Gymnasium von Rosarno. Bei dem Ereignis – wie von den Medien berichtet und durch andere Quellen bestätigt – waren auch Personen zugegen, denen „das Interesse der Ermittlungen" gilt, wie es etwas technisch bei einer maßgeblichen Quelle aus der Justiz hieß. Ein Bad in der Menge für den künftigen Vizepremier und Chef des Innenministeriums. Und ein Erfolg für Gioffrè, den Mann, der mit mutmaßlichen 'Ndrangheta-Leuten Geschäfte machte. Dabei hatte Salvini vor nicht allzu langer Zeit noch erklärt: „Ich fühle mich viel besser, wenn diejenigen, die nach Mafia stinken, sich von mir fern halten."

Mit Worten gibt der Führer der *sovranisti* also zu verstehen, er wolle nichts mit Leuten zu tun haben, die Verbindungen zum organisierten Verbrechen pflegen. Ohne dabei zu unterscheiden zwischen denen, gegen die ermittelt wird, und denen, die veruteilt wurden, zwischen Verdachtsmomenten und Gewissheiten. So klingen überzeugte Anti-Mafia-Kämpfer, so klingt ein beinharter Präfekt. Zwischen Theorie und Praxis besteht jedoch ein himmelweiter Unterschied. Denn seit er den Vorsitz der Partei übernahm, muss sich Salvini mit den juristischen Problemen der Lega-Leute im Süden herumschlagen. Und er hat kein Wort darüber verloren. Ermittlungen wegen Stimmentausch in Sizilien; die Unterstützung ehemaliger Anhänger von Nicola Cosentino in Kampanien, die wegen Unterstützung der Camorra zu neun Jahren verurteilt wurden; und das Stimmenpaket, das Giuseppe Scopelliti der Lega anbot.

Es war Domenico Furgiuele, der Gioffrè in die Reihen der Lega aufnahm. Im Übrigen ist es auch dem neuen Parlamentsabgeordenten zu verdanken, dass Salvini in Kalabrien auf Konsens in einem breiten Netzwerk zählen konnte. Im Internet kann man noch die Rede finden, mit der Furgiuele den jungen Mann aus Rosarno willkommen heißt: „ein ehrlicher Geschäftsmann, der dem Sozialen verpflicht ist“, heißt es vom regionalen Vorsitzenden der Lega, „der bereits Kandidat für die letzte Wahlen war und es auf das bemerkenswerte Ergebnis von mehr als 300 persönlichen Präferenzstimmen gebracht hat“.[*]

27. VERDÄCHTIGE PARTNER UND GESCHÄFTE MIT „INVASOREN"

Man schrieb das Jahr 2016. Gioffrè hatte gerade die „Fratelli d'Italia" verlassen, um sich der Lega anzuschließen, die es nun nicht mehr so sehr mit Padanien hatte. Ganz oben auf der politischen Agenda, man muss es kaum erwähnen, stand jetzt das Thema Einwanderung. Rosarno ist bekannt für die Präsenz einer großen Anzahl von Fremden: 2010 gingen die Bilder vom Aufstand der afrikanischen Tagelöhner um die Welt. Rosarno, das ist das Land der Tagelöhner, die von Sonnenaufgang bis Sonnenuntergang für ein paar Euro pro Stunde auf den Feldern schuften und ausgebeutet werden wie Sklaven. Und dann sind sie auf dem Rückweg in ihre Baracken oft noch Opfer von Schikanen, durch die Bengels hoffen, zu kriminellen Ehren zu gelangen.

Gioffrès Reizschwelle bei der Einwanderung ist sehr niedrig. Deutlich toleranter zeigte er sich dagegen mit der 'Ndrangheta. Man hört von ihm keinen Protest, wenn es um Unternehmen geht, die von der Mafia unterwandert wurden und die dann auf den städtischen Baustellen arbeiten. Schnell zeigt er dagegen seine Empörung, wenn es gegen Ausländer geht, gegen die man die Menge aufbringen kann. Ein Beispiel: Vor einigen Jahren hatte die Regierung der ehemaligen Bürgermeisterin von Rosarno, Elisabetta Tripodi, darüber nachgedacht, auf einem von den Clans beschlagnahmten Grundstück Containerunterkünfte für Migranten zu errichten. Die Arbeiten wurden nicht zu Ende geführt, zunächst auch, weil die Firma, die damit beauftragt war, von der Präfektur durch ein Anti-Mafia-Edikt gestoppt wurde (die Firma wurde angeblich von den Clans gesteuert). Im Oktober 2016 hörte man schließlich *„Prima gli italiani"*-Rufe, und die Anlage wurde durch eine Gruppe von Bürgern aus Rosarno besetzt. Gioffrè stand auf ihrer Seite, und aus dem „Dorf der Solidarität" wurde bald das *„villaggio Italia"*.

Die Besetzung dauerte nicht lange, aber die Propaganda funktionierte. Mit einem derart naheliegenden Feind war es für die Lega von Rosarno ein Kinderspiel, zuzulegen und am Ort Wurzeln zu schlagen. Denn für die Lega-Führer sind die afrikanischen Arbeiter hier das Hauptproblem. Sicherlich nicht die *„'ndrine"*, nicht die Macht der Paten, die die gesamte Lieferkette der Agrarindustrie erstickt, von der die Kleinstadt in der Ebene abhängt. „Italiener zuerst", klar. Aber oft wird auch für die Souveränisten die Einwanderung zum Geschäft. Gioffrè selbst kümmerte sich mit seiner eigenen Gebäudereinigungsfirma um die „Desinfektion und Entseuchung" eines Baus, der vorübergehend der Notunterkunft von San Ferdinando überlassen worden war. In dieser Nachbargemeinde von Rosarno gibt es ein offizielles Lager, in dem Tagelöhner wohnen, die in Not und Elend unter extremen Bedingungen leben.

In dieser Armutshölle kommt es immer wieder zu Bränden. Nach solch einem Feuer am 1. und 2. Juli 2017 hatte die Gemeinde in der Nachbarschaft ein Haus von einem Privatmann gemietet, um dort eine Gruppe von Arbeitern vorübergehend unterzubringen. Nach Ablauf des Mietvertrages, etwa ein Jahr später, wird das Haus geräumt und die Gruppe der Migranten kehrt in eine der Baracken des Aufnahmelagers zurück (so nennt man sie in den offiziellen Dokumenten, obwohl von Aufnahme nicht die Rede sein kann). Das Haus sollte allerdings in sauberem Zustand wieder zurückgegeben werden, so stand es im Mietvertrag mit der Gemeinde. Das technische Amt der Komune vergibt den Auftrag ohne Ausschreibung – die geringe Summe erlaubt das – an die Firma Gioffrès. Und natürlich lässt sich der Lega-Mann das nicht entgehen. Am 14. Juni 2018, als der Vorsitzende Salvini gerade zwei Wochen als Minister amtierte, sichert sich Gioffrè den Auftrag. Ein hübsches Paradox für einen Lega-Mann, der mit Salvini von der Invasion tönt: die Barackensiedlung der afrikanischen Arbeiter zu säubern, einen geradezu symbolischen Ort für den Kampf der Populisten gegen den Verfall, den die Kladestinen angeblich verursachen.

Aber Gioffrè ist zuerst einmal Unternehmer, erst dann kommt sein politisches Engagement. Angefangen hat er – als er noch nicht im Geschäft mit Reinigung und Desinfizierung mitmischte – in einem für die gesamte Gegend strategischen Wirtschaftszweig, der stark vom Einfluss der Clans abhängt: der Agrarindustrie. Dieser Einfluss geht aus Dutzenden von Verfahren der Anti-Mafia-Ermittler von Reggio Calabria hervor, die im Laufe der Jahre Haftbefehle gegen zahllose Unternehmer aussprachen und Agrarland und landwirtschaftliche Betriebe beschlagnahmen ließen. Noch sehr jung, er wurde 1981 geboren, gründet Gioffrè mit nur 19 Jahren „Agri 2000". Bei der Gründung der Genossenschaft tritt er vor dem Notar zusammen mit einem gewissen Giuseppe Artuso auf.[**] Diesen Artuso hörten Ermittler im Jahr 2011 ab, während er mit einem Freund sprach[**]. Der Freund ist Biagio Delmiro, Mitglied des Pesce-Clans und wegen Mafia-Delikten zu zehn Jahren Haft verurteilt. Delmiro und Artuso diskutieren über Leute, die untergetaucht sind. Aber nicht über irgendwen: Sie sprechen über einen der dreißig meistgesuchten Delinquenten in Italien, Francesco Pesce, genannt „Testuni"[*]. Ein Zufall? Sieht nicht so aus. Artuso – so hat es einer erzählt, der mit der Justiz zusammenarbeitet und den Detektiven zufolge glaubwürdig ist – gehört wie auch Delmiro zu einem Clanflügel, der sich um die Aufbewahrung der Waffen für die Pesce-Mitglieder kümmert.

Mit anderen Worten, der Architekt des Wahlerfolgs der Lega in der Ebene von Gioia Tauro pflegte demzufolge über mehr als zehn Jahre Geschäftsbeziehungen mit dem Waffenmeister eines der mächtigsten Clans der 'Ndrangheta. Und nicht nur das. Den Ermittlern zufolge ist „der Neffe Artusos ein gewisser Berrica, ein Mann, der der Pesce-Familie zur Verfügung steht". Es sei darauf hingewiesen, dass Artuso nie wegen Mafia-Delikten verurteilt wurde oder je in eine Razzia gegen den Pesce-Clan geriet.

Es gibt da jedoch ein Detail, das in den Akten eines Prozesses zu finden ist, in dem Delmiro einer der Angeklagten war. Am 24. Juli 2012 wird Artuso vor dem Gericht von Palmi als Zeuge aufgerufen. Bevor er seine Aussage machte, sagte der Staatsanwalt zu ihm: „Ich muss Sie darauf hinweisen, dass gegen Sie wegen Unterstützung des Pesce-Clans ermittelt wird." Folglich stand Artuso zumindestens bis vor fünf Jahren im Verdacht, der 'Ndrangheta geholfen zu haben. Die Sache landete bisher nicht vor Gericht, ist aber doch ein weiteres Indiz für die Nähe des Mannes, mit dem Gioffrè seine Genossenschaft „Agri 2000" gegründet hatte, zu bestimmten Kreisen. Die Kooperative für Obst und Gemüse wurde 2013 auf Beschluss des Ministeriums für wirtschaftliche Entwicklung geschlossen, nachdem sie dreizehn Jahren lang nie eine Bilanz vorgelegt hatte.

Zu diesem Umfeld, also der von der 'Ndrangheta durchsetzten kalabrischen Agrarindustrie, gehört auch eine weitere Figur, die geschäftliche Verbindungen mit dem Chef der Lega von Rosarno pflegt. In einem zweiten Unternehmen taucht nämlich neben Artuso und Gioffrè ein Mann namens Antonio Francesco Rao auf. Die Firma heißt „O. p. Citrus Esperidio" und nennt sich landwirtschaftliche „Erzeugerorganisation" mit Sitz in Rosarno[**]. Bis zum Tag, als sie vor weniger als einem Jahr ihre Tätigkeit einstellte, war Rao Vorsitzender des Verwaltungsrats, und er zählte neben Gioffrè und Artuso auch zu den Gründern des Unternehmens. Der Name Rao, Jahrgang '53, taucht in den Gerichtsakten zu der Operation „Arca"[*] auf. Dabei ging es um Ausschreibungen für die Autobahn Salerno-Reggio Calabria, die die Clans unter sich aufteilten. In diesen Dokumenten wird Rao als einer derer bezeichnet, die bei einem Treffen mit einem ehemaligen sogenannten *„superlatitante"* namens Gregorio Bellocco dabei waren, einem der meistgesuchten Kriminellen, dem Clanchef der gleichnamigen Familie, die ebenfalls mit den Pesce verbunden ist. Aber auch das ist noch nicht alles. Aus den Bilanzen von „Citrus Esperidio" gehen die Namen einiger anderer Firmen des Konsortiums hervor. Dazu gehört auch die „Clemkiwi" von Antonio Rao selbst, der folglich nicht nur Manager der Kooperative war. Dann ist da auch noch „La Rosarnese", unter deren Gründern der

Name Vincenzo Cacciola auffällt: Er ist Mitglied einer Familie, die nach den Aussagen des Überläufers Vincenzo Albanese* ein eigener Clan aus dem Umfeld des Bellocco-Clans ist.

Das also ist das Umfeld, in dem Gioffrè, der Mann der Lega in der Ebene von Gioa Tauro und Urheber des Wahlsieges von Salvini in Rosarno, seine ersten Schritte als Unternehmer getan hat. Auch wenn er nie juristisch belangt wurde, bleiben in den Akten doch deutliche Spuren des häufigen Umgangs seiner Geschäftspartner mit dem schlimmsten Übel Kalabriens, der 'Ndrangheta. Ein Sumpf, in dem sich Geschäft und Mafia vermischen und von dem Salvini sich bisher nicht distanziert hat. Oder besser gesagt: Auf der Bühne der Lega in Pontida lobte der Innenminister die Anti-Mafia-Behörde, die weit weg vom Rampenlicht ihrer Arbeit nachgehe. Er erinnerte an den Juristen Rosario Livatino, den jungen Richter, der 1990 von den Clans getötet wurde. Und er nannte Giovanni Falcone und Paolo Borsellino Vorbilder, denen es zu folgen gelte. Und dann schloss er mit einem seiner üblichen Spürche und brüllte: Für die Mafia ist „das Fest vorbei".

28. DER SCHWIEGERVATER VOM BOSS

Wir sind wenige Tage vor den Wahlen vom 4. März 2018. In Rosarno gärt es. Salvinis populistische Propaganda stößt auf Zustimmung auf den Bänken des Stadtrates. Zwei Ratsmitglieder verkünden tatsächlich ihren Abschied von Forza Italia. „Wir treten der Lega Salvinis bei mit dem Ziel, uns hier in unserer Gegend zu engagieren und all den Bürgern eine Stimme zu verleihen, die von den ständigen Spielchen der Politik genug haben [...] Von heute an werden wir weiterhin Politik machen und unsere Ideen mit dem Ziel weitertreiben, neue Wege zu eröffnen als Vorreiter bei der Wiederbelebung unseres Landstrichs und unserer Stadt. Ein neues Projekt, ganz nach dem Motto, das auch das Symbol schmückt, zu dem wir uns nun bekennen: Zuerst die Italiener! Und vor allem: Zuerst die Rosarner!“[*] Mit diesem Abschiedsgruß an Berlusconis Partei traten Vincenzo „Enzo“ Cusato und Giusi Zungri zur Partei des zukünftigen Innenministers über. Die offzielle Gründung der entsprechenden Ratsfraktion kündigten sie für die nächste Sitzung des Gemeinderats an. Es war der 28. Februar.

Cusato und Zungri schließen sich also der Truppe von Gioffrè an, unter dem politischen Schutzschirm von Domenico Furgiuele, der in der Region der Bezugspunkt ist. Beide sind Gemeinderäte, die seit jeher in der Region aktiv waren. Vor allem Cusato hat Erfahrung mit der Lokalpolitik. Anfang der 2000er Jahre gehörte er zur Kommunalregierung des Anwalts Saccomanno. Aber wer ist dieser Cusato? Abgesehen davon, dass er ein ausgesprochen umtriebiger Mitte-Rechts-Aktivist ist, ist er auch verschwägert mit einem der Regenten des Bellocco-Clans, einer mächtigen Familie der 'Ndrangheta in Kalabrien. Die Tochter des Gemeinderats ist nämlich verheiratet mit Domenico Bellocco, dem Sohn von Rocco Bellocco. Und der ist einer der Brüder, die die Macht im Clan geerbt haben.

Weiter oben war vom Pesce-Clan die Rede; der Einfluss des Belloco-Clans wird vielleicht durch eine im Jahr 2009 von Anti-Mafia-Ermittlern abgehörte Bemerkung deutlich: „Rosarno gehört uns und niemand anderem."[*] Der Satz kam von Umberto Bellocco, dem damals achtzehnjährige Sohn von Carmelo, Bruder des Schwiegervaters vom Lega-Mann aus Rosarno. Beide wurden im Zuge einer Operation der Polizei verhaftet, die genau so benannt war: „Rosarno gehört uns." Aus dieser Untersuchung ging eine zweite durch die Carabinieri von Reggio Calabria hervor, wegen mutmaßlicher Gefälligkeiten eines Richter gegen Belohnung, wie etwa Haftentlassungen. Und in dieser zweiten Untersuchung taucht auch der Schwiegersohn des Salvini-Getreuen aus Rosarno auf. Im Februar 2014 findet man den jungen Domenico Bellocco auf der Liste der Beschuldigten: Die Anklage, die später im Prozess ersten Grades bestätigt wurde, lautet auf Bestechung in besonders schwerem Fall, da sie der Begünstigung des Bellocco-Clans gelten sollte. Das Gericht von Catanzaro verteilte Domenico Bellocco und andere zu sechs Jahren Haft. Das Urteil ist noch nicht rechtskräftig; es gilt für ihn wie immer also weiterhin die Unschuldsvermutung.

Hilfreich, um die Nähe zwischen dem Lega-Mann Cusato und seinen angeheirateten Verwandten zu verstehen, sind sicherlich einige Teile der Ermittlungsakten, die zum Prozess gegen die Verwandten des Gemeinderats von Rosarno führten. Da ist zum Beispiel die Rolle der Tochter, also der Frau des Bellocco-Nachkömmlings. Aus den abgehörten Gesprächen, die in den Akten erwähnt sind, wird deutlich, dass auch sie ihren Schwiegervater Rocco Bellocco im Gefängnis besucht hat. Das geht aus der Abschrift der Gespräche zwischen dem Häftling und der Familie im Gefängnis hervor. Die Ermittler schreiben: „Die Angehörigen sprechen über verschiedene, allgemeine Themen. Dann, im Besucheraum, teilen sie ihm mit, dass seine Schwiegertochter nicht hereingelassen wurde, weil sie nicht im Antrag aufgeführt war." Und natürlich ist die Tochter des Politikers und Frau des Sprösslings, die erste, die angerufen wird, als der Sohn von der Freilassung des Bosses erfährt: „Komm nach Hause, Papa ist draußen, wir gehen hin, beeil dich." Das interessante Detail hier aber ist ein anderes: Die Telefonnummer, die die Frau des Clan-Sprösslings verwendet, ist auf den Namen ihres Vaters eingetragen, also des Lega-Manns Cusato.

Auch wenn Enzo Cusato mit der Korruptionsgeschichte nichts zu tun hat, kann man die Familienbeziehungen hier doch nicht außen vor lassen. Historiker, Experten und Forscher, die sich mit dem Phänomen der kalabrischen Mafia befasssen, betonen die Bedeutung solcher Familienbande. Die Clans der 'Ndrangheta sind familiäre Kerngruppen, die durch Blutsbande verbunden sind. Die Bellocco respektieren diese Tradition, sie sind schließlich die Elite der Mafia-Kriminalität in Kalabrien, ein Clan wie die perfekte Synthese der 'Ndrangheta-Seele: archaisch in ihren Traditionen, modern im Zugang zu den Märkten. Tyrannisch kontrollieren sie ihr regionales Einflussgebiet, aber gleichzeitig investieren sie Unmengen von Geld in diverse Branchen außerhalb der regionalen Grenzen. Ein Beispiel: Vor einigen Jahren ermittelte die Anti-Mafia-Staatsanwaltschaft in Mailand gegen einige Bellocco-Bosse, weil sie im Norden ein riesiges Callcenter mit Hunderten von Mitarbeitern und Top-Kunden unterwandert hatten[*].

Aber zurück nach Rosarno. Zurück zum Lega-Mann Cusato. Es ist nicht gesagt, dass die Familie Bellocco ihn bei seiner politischen Karriere unterstützt hat. Wenn es aber keine Unterstützung gab, wer weiß, ob sie dann noch miteinander reden … Aber abgesehen von solchen Scherzen gäbe es ja einen Weg zu begreifen, wie weit Cusato kulturell von seinem verschwägerten Verwandten entfernt ist. Als Politiker, als Mitglied der Partei des Innenministers, hat er ja die Möglichkeit, sich gegen den Clan zu stellen, der Rosarno auffrisst. Der in Rosarno alles kontrolliert und dort Gesetz ist. Cusato hätte stets die Möglichkeit, sich zu entscheiden und sich öffentlich gegen den Boss zu stellen, der sein angeheirateter Verwandter ist. Das wäre wirklich einmal ein Signal der Veränderung in einer Region, die von den Piranhas der 'Ndrangheta zerfressen wird. Es wäre eine wirklich revolutionäre Geste, auf die man stolz sein könnte.

Eine weitere Geschichte, aus der Cusato unversehrt hervorging, betrifft den Umgang mit beschlagnahmtem Eigentum. Sein Name tauchte in den Akten des ROS auf, der Spezialeinheit der Carabinieri gegen das organisierte Verbrechen, in denen es um den zögerlichen Einsatz der Gemeindeverwaltungen in der Provinz Reggio Calabria bei der Zuweisung von Immobilien ging, die den Bossen abgenommen worden waren. Cusato war zusammen mit anderen Mitgliedern des Gemeinderates von Rosarno „gemeldet"* worden, als er (bis Oktober 2004) für Katastrophenschutz und Umwelt zuständig war – aber die Sache landete nicht vor Gericht. Neben seinem Namen und auch dem anderer Lokalpolitiker findet sich der Hinweis: „Umgang mit Personen, die vorbestraft oder von operativem Interesse sind." Darauf folgt eine Liste von Namen, die abgesehen davon nicht viel zu dem beitragen, was Carabinieri und Polizei bereits herausgefunden hatten.

29. MAN NANNTE IHN *'O CRIMINALE*

Lassen wir Kalabrien hinter uns. Und damit auch die Verflechtung zwischen der Lega und jenen Figuren, die auf die eine oder andere Weise mit der mächtigsten Mafiaorganisation der Welt verbunden sind. Gehen wir weiter nach Norden, in die Gegend zwischen Neapel und Caserta. Hier gibt es keine Nostalgie, keine Sehnsucht nach der Vergangenheit; hier lebt man den Tag, Wahl für Wahl. Und hier hat der Vorsitzende Salvini ganz andere Sorgen. Allen voran die lästige Präsenz von Vincenzo Nespoli, wenn es um die Listen der Lega für Kampanien geht. Er hat seine Rolle während des Wahlkampfes ganz still und heimlich gefunden. Wie Scopelliti in Kalabrien ist er einer, der lieber hinter den Kulissen agiert: die Fäden ziehen, ohne aber in der Öffentlichkeit zu erscheinen oder als Kandidat aufzutreten.

Nespoli war vier Legislaturperioden lang Mitglied des Parlaments, er war Bürgermeister seiner Stadt, Afragola, und wurde in zweiter Instanz wegen betrügerischen Konkurses zu fünf Jahren verurteilt. Auch wenn er im Schatten agiert, so wie Scopelliti in Kalabrien, bietet doch auch er das Beste an, was ihm zur Verfügung steht, nämlich Wählerstimmen. Schmutzige Stimmen, wenn man einem *pentito*, einem ganz frischen „Reuigen" aus den Reihen der Camorra, Glauben schenken will: „Er ist ein enger Freund der Familie Moccia … als er in der Gemeinde an der Macht war, waren sie alle dort Sklaven … wie bei der SS, sie nennen ihn *'o Criminale*'". Nespoli blieb im Hintergrund.

Auf offener Bühne hingegen stand die Frontfrau von Salvini

in Kampanien, Pina Castiello, ebenfalls aus Afragola und mit Nespoli durch gemeinsames politisches Engagement und solide Freundschaft verbunden. Sie begann in der „Alleanza Nazionale" und wechselte dann zur PdL, wo sie enge Beziehungen sowohl zu Nicola Cosentino als auch zur Familie Cesaro knüpfte, zwei Gruppen, die heftig von den Clans durchsetzt sind. Nicola Cosentino war Wirtschaftsstaatssekretär in der Regierung Berlusconi und hat diverse Probleme mit der Justiz, unter anderem geht es dabei um Mitgliedschaft in der Camorra. Der eloquenteste Vertreter der Cesaro-Familie hingegen ist Luigi Cesaro, genannt *„Gigino a purpetta"*. Er wurde von einigen *pentiti* beschuldigt, eng mit den Clans verbandelt zu sein, wurde aber tatsächlich nie deswegen verurteilt. Stattdessen steht er in Neapel – der Prozess begann im Dezember 2018 – zusammen mit seinen Brüdern und seinem Sohn wegen Wahlbetrug vor Gericht.

Im Umgang mit solchen Leuten also hat Castiello sein politisches Handwerk gelernt. Politisch naiv ist er jedenfalls nicht. Mit Begeisterung ist auf das Projekt von Salvini aufgesprungen. Und er wurde reichlich entlohnt. Mit einer prestigeträchtigen Rolle für ein Lega-Mitglied aus dem Süden: Staatssekretär am Sitz des Ministerpräsidenten mit der Zuständigkeit für den Süden.

Aus Afragola stammt (wie Nespoli und Castiello) auch Ciro Salzano. Auch er Pro-Salvini-Kandidat, der aber nicht gewählt wurde. Er hat ein besonderes Profil: Unternehmer und Boss von „Aias", einem Verein für die Betreuung von Behinderten. Mit der „Aias" des Lega-Neulings Salzano hat übrigens der Arzt und radikale Impf-Gegener Massimo Montinari zusammengearbeitet, der für sechs Monate von der Ärztekammer suspendiert wurde. Die Position von Salzano in Sachen Impfen ist zwar nicht bekannt, wohl aber die von Salvini: „Wenn wir an der Regierung sind: weg mit der Impfpflicht!" Wer weiß, vielleicht war das der Auslöser, der Salzano dazu brachte, den Vorsitzenden zu unterstützen.

30. SALVINI, *IL CAMPANO*

Schlussendlich also war dieser Spruch „Merkst du, wie es stinkt, selbst die Hunde hauen ab, die Neapolitaner kommen an“, früher mal aus vollem Hals gebrüllt, doch nur ein Slogan fürs Stadion. Heute zeigt man sich eher per Selfie mit dem Nationalspieler Lorenzo Insigne*. Mithin, die Zeit ist reif, die Lega-Fahne mit dem Wappen von Alberto da Giussano in der gewesenen Hauptstadt des Königreichs beider Sizilien zu hissen. Der Koordinator der Lega für Kampanien heißt Gianluca Cantalamessa, er kommt aus Neapel und ist seit neuestem Abgeordneter in Rom. Er hat zwar bei der Lega angedockt, aber sein Zuhause bleibt doch die Rechte à la MSI*. Und solange sein Vater noch am Leben war, hätte man einmal versuchen sollen, der Autonomie und Sezession das Wort zu reden! Antonio, sein Vater, war Anhänger des Duce – und des unteilbaren Vaterlands.

Antonio Cantalamessa war in der Tat einer der wichtigsten Leute des MSI. Der Sohn trat in seine Fußstapfen, so gut er konnte, und organisierte zum Beispiel Gedenkenfeiern für Almirante*. Am Tag der Beerdigung seines Vaters im Jahr 2017 erklärte er: „Dank meines Vaters habe ich verstanden, was es bedeutet, ein Mann zu sein, was die Rechte ist und was Werte sind.“ Daran besteht kein Zweifel. Am 28. April 2003 nahm Cantalamessa senior an einer Messe zu Ehren Mussolinis und der Gefallenen der „Repubblica sociale italiana“* teil. Fünf Jahre später wurde er zum Präsidenten von „Equitalia Polis“ ernannt, dem Steuer-Inkassobüro, das der Vorsitzende der Lega unbedingt abschaffen will. Der Sohn hingegen wurde lediglich Unternehmer, in den Branchen Versicherung und Immobilien, in der Vergangenheit auch im Pharmasektor. So war er bis 2004 Partner von „New. Fa. Dem." aus Giugliano. Während der Zeit, als Cantalamessa Anteile der Firma hielt, war ein gewisser Valerio Scoppa einer der Direktoren. Er gehört zu einer wichtige Familie: der Vater ein renommierter Radiologe, der Onkel ein pensionierter Carabinieri-General mit gewissen Beziehungen zur Kurie, der Bruder war mit der Tochter des Bosses Angelo Nuvoletta verheiratet, der 2013 im Gefängis starb, während er eine lebenslange Haftstrafe für den Mord an dem Reporter des „Mattino" Giancarlo Siani verbüßte.

Heute gehört Cantalamessa zu den Salvini-Boys und hat sich dem Einsatz gegen die Invasion der Ausländer verschrieben. Aber nicht nur das. Er wurde zum Mitglied der Anti-Mafia-Kommission im Parlament ernannt, die erste, in der Lega und 5 Stelle unter dem Vorsitzenden Nicola Morra die Mehrheit stellen. Und könnte es denn einen besseren Posten für einen Lega-Mann aus Neapel geben, einen ehemaligen Partner von Scoppa, als in der Anti-Mafia-Kommission? Er muss nur darauf hoffen, dass er nicht womöglich die Camorra aus dem neapolitanischen Hinterland untersuchen muss, also etwa die Nuvoletta. So richtig angebracht wäre das angesichts seiner alten Geschäftsbeziehungen mit dem „Schwager" der Tochter vom Clanchef nicht.

31. ZWISCHEN BOSS UND SCHMIERGELD

War bisher vom unternehmerischen Werdegang des Lega-Chefs von Kampanien die Rede, soll es jetzt um eine ganz aktuelle Geschichte gehen, seine Wahl ins Abgeordnetenhaus. Nach der Abstimmung vom 4. März wurde er zum Mitglied des Parlaments gekürt. Und das trotz der Tatsache, dass in der Provinz Neapel, seinem Wahlkreis, die Partei Salvinis gerade mal auf 2,5 Prozent der Stimmen kam. Das mag ein Indiz sein für das geringe Gewicht, dass der neue Abgeordente in seiner Region hat. Dennoch wurde er anderen vorgezogen, als es um den Posten als Regionalvorsitzender der Lega ging.

Das hat vielen nicht gefallen. Insbesondere gilt das für den Koordinator der Partei für Avellino, Marco Pugliese, der von Cantalamessa unter Aufsicht gestellt wurde. Seine Antwort auf diese Entscheidung:: „In der Politik geht es um Zahlen und um Konsens. Und jeder weiß, dass die Lega in Irpinia, wo ich verantwortlich war, am effizientesten war, das heißt mit dem höchsten Stimmenanteil in Kampanien, nämlich 6,8 Prozent.“ Und dann die Attacke: „Uns unter Aufsicht zu stellen, ist nichts als ein Racheakt und ein Angriff gegen mich, nachdem ich Widerspruch bei der Wahlkommission der Abgeordnetenkammer eingelegt habe, wegen des Mandats aus Avellino und Benevento, das uns entzogen wurde.“[*] Und weiter: Nach Ansicht des ehemaligen Partei-Koordinators Pugliese ging dieser falsch zugewiesene Sitz just an Cantalamessa, der nach der Lesart von Pugliese alles getan hatte, um den Widerspruch zu verhindern.

Es ist nicht zu übersehen, dass die Lega in Kampanien bereits in Streit um die Posten verstrickt ist, kaum dass sie da ist. Im Übrigen fehlte es auf dem Gebiet der Irpinia an Kontroversen auch schon anläßlich der Kommunalwahlen nicht. In der Tat wurde auf dem Ticket der Lega der Unternehmer Damiano Genovese in den Stadtrat von Avellino gewählt (auch wenn er Mitglied des „Movimento nazionale per la sovranitá“ war, einer Gruppe, die von Alemanno und Scopelliti gegründet worden war). Genovese fuhr für Mitte-Rechts die meisten Stimmen ein, das war ein echter Erfolg. Allerdings lastet auf ihm, selbst wenn er nicht vorbestraft ist, das ganze Gewicht der Probleme seines Vaters mit der Justiz: Amedeo Genovese sitzt im Gefängnis mit einer lebenslangen Freiheitsstrafe. Früher galt er als lokaler Boss. Allerdings herrscht in diesem Punkt einige Verwirrung: Den Ermittlern zufolge gibt es immer noch Mitläufer aus dem Clan, während für die Richter die Camorra-Gruppe mittlerweile Vergangenheit ist, tot und begraben, dank Überläufern und Haftstrafen. Die Gruppe, die als die der *„Genovesi“* bekannt war, bestand aus Amedeo, dem Vater des Lega-Manns Damiano Genovese, und seinem Cousin Modestino. Vor acht Jahren war dessen damals achtzehnjähriger Sohn in eine Ermittlung verwickelt, bei der es um Schutzgeld ging, das den Gewinnern des *Superenalotto* aufgezwungen wurde. Der Fall endete mit einer zweijährigen Bewährung (und der damit verbundenen Einstellung des Strafverfahrens) für den jungen Cousin des Politikers aus Avellino.

Für Damiano Genovese jedenfalls gibt es nur Politik und Fußball (er ist Präsident von „Virtus Avellino“). Und er hat sich immer anständig benommen. Im Gegensatz zu dem Lega-Souveränisten Primiano Calvo aus Apulien. Das ist ein Vertreter der Salvini-Boys aus San Severo, in der Provinz Foggia, und im Juni 2017 wurde er unter Hausarrest gestellt – wegen einer hässlichen Geschichte von Müll und Bestechung –, dann aber wieder aus der Haft entlassen. „Man hat da eine Beratung falsch interpretiert, die einem Freund von mir, einem Unternehmer, angeboten wurde; das wurde als Beihilfe zur Korruption missverstanden“, so seine Erklärung. Calvo war 2018 beim jüngsten Lega-Treffen auf den

Wiesen von Pontida dabei. Lächelnd, begeistert und überhaupt nicht in Sorge wegen Mutmaßungen der Anti-Mafia-Staatsanwaltschaft Bari, die da bereits Schatten warfen; die Anti-Mafia hatte es im Zuge von Ermittlungen mit dem Titel „Daunia Venenum" auch auf ihn abgesehen. Eine Menge Ärger also für den Vorsitzenden Salvini, den Kapitän, bei der Eroberung des Südens.

32. ENTTÄUSCHUNG, IM WORTLAUT

Um wirklich zu begreifen, welche Beurteilungsfehler Matteo Salvini im Süden unterlaufen sind, sollte man sich vielleicht den Aufruf – aber womöglich wäre es passender, von einem Hilferuf zu sprechen – von Massimo Zullino, von der Lega in der Basilikata vornehmen. Während der Aufstellung der Kandidatenlisten machte sich Zullino in einem Brief an Armando Siri Luft. Der Text ist es wert, als Schlusswort unter diesem Kapitel über die Lega zu stehen, der Partei, die alles ändern will, damit alles so bleibt, wie es ist.

„Könnt Ihr mir sagen, woher ich den Mut und / oder die Glaubwürdigkeit nehmen soll, um Wahlkampf zu machen? Ich habe die Funktion des Fraktionsvorsitzenden im Parlament nur ins Gespräch gebracht, um bei meinen Mitbürgern falsche Hoffnungen zu wecken, damit sie an ein neues, an ein anderes Projekt hätten glauben können, das ich mit der Flat Tax und Salvini gefunden hatte. Ich bin mir bewußt, dass die Zahlen für die Wahl von Abgeordneten oder Senatoren nicht ausreichen werden, aber es brauchte einen Anknüpfungspunkt hier in in der Region Vulture, um die ganze Unzufriedenheit bei der Lega bündeln zu können und nicht bei den 5 Stelle, sodass man den Versuch hätte machen können, bei den Regionalwahlen durch die Wahl einiger oppositioneller Abgeordneter etwas zu verändern. Außerdem hätte man so das gesamte Gebiet der Lukania mit einbeziehen und auf einige Prozentpunkte mehr auf nationaler Ebene hoffen können.

Ich frage Dich auch, wie der Regionalabgeordnete Mollica von der Linken wissen konnte, dass ich Dritter werde? Wie du siehst, haben die Spitzel bereits zugeschlagen.

Ich weiß nicht, wer die politische Agenda auf nationaler Ebene bestimmt hat, aber wir machen sicherlich einen großen Fehler. Ich werde immer noch kandidieren, wenn Du das willst, aber ich empfinde es als meine Pflicht, Dich auf das Szenario hier vor Ort hinzuweisen, denn wenn ich nicht das gewünschte Resultat erbringe, an dem ich jetzt seit über drei Jahren arbeite, soll mich hinterher keiner dafür verantwortlich machen. Sage mir keiner, man hätte Euch nicht gewarnt. Ich sage das im Interesse der Partei, auch wenn die Partei sich für die letzten Dahergelaufenen entschieden hat, die nie zur Lega standen, anstatt diejenigen zu schützen, die wie ich seit der ersten Minute Geld und ihr ganzes Gewicht eingebracht haben. Ich sehe mich selbst als einen vertrauenswürdigen Mann der Partei, also werde ich akzeptieren, was immer Du mir sagst. Das hier sind politische Erwägungen, es geht nicht um Posten.

Ich hatte auch vorgeschlagen, dass man auf den Listen für den Senat eine überzeugte Salvini-Anhängerin aufstellt, aber man hat eine andere vorgezogen.

Ich verstehe nicht, wie man in die Basilikata investieren will, ich weiß, dass es sich um eine kleine Region von Roten handelt, aber niemand hilft uns, sie loszuwerden, und wenn es neue Möglichkeiten wie jetzt die Lega gibt, entscheidet man sich immer für Potenza [als Wahlkreis], das die Aufmerksamkeit des Neuen auf sich zieht und es absorbiert. Alles muss sich ändern, damit sich nichts ändert. Wir haben eine weitere Chance vertan.

Stets und zu Deiner alleinigen Verfügung, umarme ich Dich."

DRITTER TEIL

„Putin ist ein ganz Großer, das denke ich auch gratis."

Die Mächte hinter der nationalistischen Internationale

33. DIE NATIONALISTISCHE WENDE

Vom Sezessionismus zum Nationalismus. Statt „Der Norden zuerst“ nun „Zuerst die Italiener“. Von der Unabhängigkeit Padaniens zum anti-europäischen souveränen Staat: Seit er im Dezember 2013 zum Parteivorsitzenden gewählt wurde, hat Salvini seine politische Agenda radikal verändert. Just die Partei, die vor 30 Jahren gegründet wurde, um Italien in zwei Teile aufzuspalten, um den Norden unabhängig zu machen von den „Dieben in Rom“, ist heute die politische Kraft, die mehr als alle anderen auf das nationalistische Sentiment bei den Italienern setzt. Das kommt einer internen Revolution gleich, entschieden vorangetrieben von Salvini, der doch seine ganze Karriere in dieser Nordpartei durchlaufen hat: Mitglied seit 1990, dem Jahr nach der Parteigründung; mit nur 20 Jahren 1993 Stadtrat in Mailand; zunächst freier Mitarbeiter und dann 15 Jahre lang Chef von „Radio Padania“, also dem Sender, der stets und ständig die Idee von den „Parasiten aus dem Süden“ verbreitet hat. Mit allen gebotenen Unterschieden wäre das so, als würde ein Führungsmitglied der katalanischen Unabhängigkeitsbewegung zum Chef der spanischen Monarchisten mutieren. Wie lässt sich also die Bekehrung Salvinis erklären? Wie ist es möglich, dass aus dem stolzen Verkünder einer Überlegenheit des Nordens über den Süden Italiens plötzlich der Führer der wichtigsten nationalistischen Kraft des Landes wurde?

Die Wende reifte im Verlauf der letzten Jahre heran. Salvini hatte eine Partei übernommen, die auf vier Prozent der Wähler kam – das waren bei den Parlamentswahlen von 2013 die Stimmen derer, die man als Verteidiger des Nordens gewinnen konnte – und hat daraus eine nationalistische Partei gemacht, die es 2018 auf 17 Prozent brachte. Zu diesem Erfolg trugen wesentlich die Stimmen von Wählern aus der Mitte und dem Süden Italiens bei. Und seitdem zeigen alle Umfragen, dass die Zustimmung zur Lega steigt. Eigentlich eine unglaubliche Wendegeschichte, ist doch Salvini selbst der Inbegriff größter Kontinuität (sieht man von wenigen anderen ab) zwischen der alten Bossi-Lega und der von heute. Aber der neue Anführer der Rechten in Italien hat nicht nur seine Innenpolitik umgekrempelt. Indem er plötzlich vom Sezessionismus Marke Padanien Abschied nahm, hat er Anschluss gewonnen an eine neue politische Strömung in Europa, den sogenannten „*sovranismo*", der nichts anderes darstellt als eine neue Form des Nationalismus.

Der wesentliche Unterschied des Souveränismus zum früheren Nationalismus, der uns zwei Weltkriege gebracht hat, liegt darin, dass der Feind heute nicht mehr ein anderer Staat, sondern die Europäische Union als Ganzes ist. Übrigens genau die Institution, die Salvini fast zehn Jahre lang ein ordentliches Einkommen verschafft hat: Er war von 2009 bis 2018 Europaabgeordneter. Was zählt da schon, dass Salvini, der früher einmal die Kommunisten von Padanien anführte, einer der Abgeordneten mit der geringsten Anwesenheit im Europarlament ist.* Was zählt ist, dass er früher als andere versteht, welche Veränderungen im Gange sind, und dass er vor den anderen die veränderte Stimmung bei den Leuten mitbekommt, ihre Ängste, ihre Bedürfnisse. Und so bekam die Unzufriedenheit der Lega-Anhänger eine neue Zielrichtung; statt gegen Rom ging es nun gegen Brüssel, statt gegen den italienischen Zentralstaat mit seiner Bürokratie ging es nun gegen die Bürokraten der Union, statt gegen die nationalen Hauptquartiere gegen die supranationalen Eliten.

Der politische Umbau der Lega erfolgte zu einer Zeit, als sich das von Deutschland angetriebene Europa als unfähig erwies, einigermaßen human die Wirtschaftskrise in Griechenland zu lösen, die sich dann auch noch bald auf die anderen finanziell schwachen Staaten der Gemeinschaft einschließlich Italien ausweiten sollte. Begünstigt wurde diese Transformation durch den Zynismus des europäischen Establishments angesichts der Verarmung der Mittelschicht und der noch größeren Verarmung der neuen Proletarier. In diesen Jahren zerstörte zudem der sogenannte arabische Frühling Gleichgewichte, die jahrzehntelang für Nordafrika und den Nahen Osten gegolten hatten, was zu einer erheblichen Zunahme der Migration auf den Alten Kontinent führte – noch so ein Lieblingsthema der Bewegung. Der Boom der neuen sozialen Medien tat ein Übriges: Auf der einen Seite hat er zwar die Verbreitung von Informationen erleichtert, auf der anderen Seite aber zu einer deutlichen Verringerung ihrer Qualität geführt.

Salvini hat es verstanden, diesen Mix von Faktoren zu nutzen, um die Stimmenzahl der Lega zu steigern, aber auch, um neue politische Verbündete zu finden, die deren Ängste und Überzeugungen teilen: die unkontrollierte Einwanderung, der ethnische Austausch, die islamische Invasion, die angeblich von den globalen Eliten, die Europa regieren, erleichtert wenn nicht sogar betrieben werden; und dann noch der Euro als Instrument, mit dem Deutschland die Industrie der anderen Länder zerstöre, die Übermacht der Finanzindustrie, die Maastricht-Kriterien, die den europäischen Bürokraten nur dazu dienten, die Menschen ärmer zu machen; diese Behauptung, vor der Europäischen Union und dem Euro sei alles besser gewesen und man habe bei geschlossenen Grenzen doch harmonisch und in Wohlstand zusammengelebt, diese Sehnsucht nach der Vergangenheit; solche einfachen und auf ihre Weise romantischen Botschaften, mitsamt der instrumentellen Neuauflage eines Mythos vom guten Wilden. Alles in allem ist das allerdings ein Remake, das außer Acht lässt, wie sehr viel größer die Welt inzwischen aufgrund von Faktoren geworden ist, die weit über die EU hinausgehen: der Eintritt von Giganten wie China in den Welthandel und die technologischen Umwälzungen durch das Internet. Und schließlich verliert dieses Remake stets einen unschätzbaren Gewinn der EU aus dem Blick: Seit es sie gibt, kommt es nicht mehr zu Krieg zwischen den Mitgliedsländern.

Sei's drum. Die Sehnsucht nach der Vergangenheit, ein schleichender kultureller Faschismus, den das Land nie wirklich überwunden hat, und eine zersetzende Kritik an der Europäischen Union haben der Lega ihre Wiederauferstehung beschert. Und sie haben Salvini zum Symbol eines Nationalismus in Europa gemacht, der auch nicht an Anleihen aus dem Vokabular Mussolinis spart*. Das hat ihm zuhause die Sympathien neofaschistischer Parteien wie „Casa Pound" und „Forza Nuova" eingebracht, die schließlich von der Lega kannibalisiert wurden. Und im Ausland hat er für Italien, einem Gründungsmitglied von EU und NATO, bislang beispiellose politische Bündnisse gesucht: Die Liste ausländischer Verbündeter des Vizeregierungschefs reicht von der „Front National" der Marine Le Pen bis zur Visegrad-Gruppe, von Wladimir Putin bis Donald Trump, von Nigel Farage bis Steve Bannon, bis hin zu den konservativsten Zirkeln im Vatikan. Alles Nationalisten und konservative Katholiken, überzeugt davon, dass man die Grenzen für Migranten schließen müsse. An der Spitze dieser Internationale der Nationalisten stehen schließlich die derzeitigen Regierungen Russlands und der Vereinigten Staaten, und damit zwei globale Mächte, die ansonsten sehr wenige Ziele gemein haben. Eines davon ist sicherlich die Schwächung der Europäischen Union, mit mehr als einer halben Milliarde Einwohnern, ein demokratisches Bündnis mit einer starken gemeinsamen Währung, das mehr Waren und Dienstleistungen produziert als jeder andere in der Welt; also einer der wichtigsten Akteure im internationalen Handel und ein starker Konkurrent – solange er geeint bleibt.

Was könnten Trump und Putin sich heute mehr wünschen, als Salvini zum Verbündeten zu haben? Einen europäischen Politiker, den das Volk liebt, der die drittgrößte Volkswirtschaft der EU vertritt und der sie im Namen eines neuen Nationalismus von innen heraus schwächen will. Und dann auch noch ohne einen Euro in der Tasche, aber mit einer Popularität, die durch die Decke geht, und das auch in Europa, und dank eines Teams, das unermüdlich die Propagandamaschinerie befeuert. Moderne Agit-Prop-Akteure in Sachen Nationalismus, bewaffnet mit einem Instumentarium, das Wut in Konsens verwandelt.

34. DIE „BESTIE" AUF FACEBOOK

Genie, Regelbrecher und ein bisschen Menschenfeind. So klingt die Beschreibung von Luca Morisi bei Leuten, die ihn seit Jahren kennen oder mit ihm zusammen gearbeitet haben. Das ist der Mann, der Salvini zum beliebtesten Politiker Italiens gemacht hat, er ist sein bevorzugter Berater in Sachen Kommunikation und heute vielleicht sein wichtigster Mitstreiter.

Über die Entstehung der Netz-Figur Salvini und darüber, wie es Morisi gelungen ist, ihn zu einem der beliebtesten Gestalten im Netz zu machen, ist eine Menge geschrieben worden. Viel weniger ist über Morisi selbst bekannt und über sein Leben, bevor er zum virtuellen Alter Ego des italienischen Vizeregierungschefs wurde. Geboren 1973 in Mantua und aufgewachsen in der Provinz, verbrachte das „Social-Media-Megaphone des Kapitäns" – wie er sich selbst nennt – den ersten Teil seines Lebens mit dem Studium der Philosophie und Informatik. „Ich habe mit zehn Jahren angefangen zu programmieren", schrieb er mit einem gewissen Stolz auf Facebook. Er hatte noch nie eine Freundin, zumindest nicht in der Öffentlichkeit.

Wer ihn bei seinen ersten Schritten in der Lega beobachten konnte, berichtet von einem introvertierten 19-jährigen, immer in Anzug und Krawatte, der fließend Latein sprach und mit Stolz die Unabhängigkeit Padaniens vom Rest Italiens verfocht (auch wenn dieses Ideal inzwischen dem neuen Nationalismus Platz machen musste).

Für die Legaleute aus der Gegend von Mantua wurde Morisi

gleich zu einer Art Maskottchen, ein Wunderkind, das man sorgfältig aufziehen musste. Erst wurde er mit dem Job als Ortsvorsitzender bedacht, und dann übertrug man ihm die Verantwortung für die Entwicklung neuer Technologien für die Partei. Damals waren das Videoverbindungen zwischen den verschiedenen Parteibüros, heute sind es die Strategien für Facebook, Twitter und Instagram. Aber nach nur vier Jahren hatte das kleine Genie schon genug. Er schmiss hin, als sein großer Freund Andrea Paganella – später die Nummer zwei im Innenministerium Salvinis – sich um den Parteivorsitz in der Provinz bewarb. An diesem Tag zeigte Morisi eine Menge Emotionen: Er brach vor den versammelten Legaanhängern im Parteibüro in Mantua in Tränen aus, und schluchzend wurde er aus dem Saal begleitet. Er schluchzte, weil Paganella verloren hatte. Eine Niederlage, die für seinen Freund und Schulkameraden unerträglich war.

Wir sind im Jahr 1998. Morisi und Paganella verschwinden vom Radar. Sie werden sich allerdings ein paar Jahre später mit einer Menge neuer Ideen zurückmelden. In der Zwischenzeit hat Morisi seinen Uni-Abschluss in Philosophie gemacht: Bestnote mit Auszeichnung für eine Arbeit über Søren Kierkegaard, den Vater des Existenzialismus, den Christen, der ganz um den Begriff der Angst kreist; schließlich Promotion an der Universität von Verona. Die Politik bleibt im Hinterkopf immer dabei, aber nun geht es erst einmal ums Geschäft. Morisi und Paganella gründen ein Unternehmen, „Mediatechs Snc", das sich auf Web-Dienstleistungen und Informationssysteme spezialisiert. Zwei Jahre später fällt die Arbeit der beiden Jugendlichen in der Branche auf, und sie verkaufen ihre Firma an ein Unternehmen namens „Industria degli Investimenti". Die neuen Besitzer machen eine Aktiengesellschaft daraus, Beratung in Sachen Internet, der Umsatz steigt auf mehrere Hunderttausend Euro. Die Details des Geschäfts erzählen die beiden nie, allerdings gibt es manche, die der Ansicht sind, es hätte ihnen einen hübschen Gewinn eingebracht.

In der Folgezeit haben die beiden keineswegs Däumchen gedreht. Vor allem Morisi, der kurz nach dem Verkauf zunächst in den Vorstand des städtischen Energieunternehmen von Mantua,

„Tea“, und dann auch in den der „Total Return Sgr“, einer Anlagefirma für kommunale Investmentfonds und Pensionsfonds, eintritt. Bis 2008 war Morisi Mitglied der Geschäftsführung von „Total Return“. Drei Jahre später stellte das Wirtschaftsministerium auf Antrag der Banca d'Italia und der Bankenaufsicht die Firma mangels Vermögen unter Zwangsverwaltung. Das wirkt wie ein Treppenwitz der Geschichte: Unter den Minderheitsaktionären von „Total Return“ war damals auch „Mps Asset Management“, eine Tochtergesellschaft der Bank „Monte dei Paschi di Siena“. Das ist die Bank, die immer eng mit der PD, der Demokratischen Partei, verbunden war, und deshalb Salvinis bevorzugte Zielscheibe, wenn es darum ging, die gefährlichen Verbindungen zwischen Mitte-Links-Regierungen und der Finanzbranche zu kritisieren.

Kein Problem für Salvinis Lautsprecher: Nach dem Abenteuer in der Finanzbranche, mit dem Geld aus dem Verkauf von „Mediatech“ in der Tasche und mit einer Menge Know-how im Internet-Marketing, kehren Morisi und sein Freund Paganella zurück und klopfen wieder bei der Lega an. Jetzt öffnet ihnen Gianni Fava die Türen, ein altgedienter Lega-Mann aus Mantua. Morisi rät ihm, sich aufs *Social Network* zu konzentrieren, er schlägt ihm vor, sich persönlich um Favas erste Facebook-Seite zu kümmern und fragt an, ob er bei diesen Themen nicht auch für die Landespartei arbeiten könne. Und langsam erklimmen er und sein Freund Paganella die Stufen der Hierarchie. Ende 2012, als Bossi bereits erledigt ist, bekommen die beiden jungen Männer aus Mantua von Maroni den Auftrag, sich um die gesamte Social-Media-Kommunikation der Lega zu kümmern. Verantwortlich für die Leitung von „Radio Padania“ und die Medien der Lega war damals Salvini. Die drei beginnen ihre Zusammenarbeit, und innerhalb kurzer Zeit wird ihre Beziehung immer enger, fast symbiotisch, vor allem, als Salvini ein Jahr später Parteivorsitzender wird.

Der jetzige Innenminister versteht sofort, welches Potenzial in den beiden jungen Männern steckt. Und umgekehrt gilt das genauso. Paganella ist extrovertierter, er verfügt über ausgezeichnete organisatorische Fähigkeiten. Das eigentliche Computerhirn des Paares aber ist Morisi: ein unermüdlicher Arbeiter, bis spät nachts im Internet unterwegs, einer, der verstanden hat, dass die Zukunft der politischen Kommunikation im Netz liegt. Salvini setzt die beiden an die Schaltstellen der neuen Lega-Propaganda. Traditionelle Medien wie die Zeitung „La Padania“ und „Radio Padania“ werden zurückgefahren, viele Mitarbeiter landen in Kurzarbeit[*]. Gleichzeitig nimmt der Netzauftritt des Vorsitzenden Fahrt auf. Seine Facebook-Seite hat im Dezember 2013 noch 54.000 Follower, derzeit sind es 3,4 Millionen. Salvini ist damit der Politiker mit den meisten Followern in Europa. Diesen Erfolg führen viele auf die „Bestie“ zurück. Und das ist nicht der Spitzname eines Einzelnen, sondern – in der Definition Morisis – „ein Software-Paket für kollaboratives Arbeiten, für die Automatisierung von Cross-Posting-Aktivitäten, Grafikdesign, Event-Werbung, News Monitoring“. Salvinis Mann fürs Netz fügte dann noch hinzu: „Wir betreiben keine ‚*sentiment analysis*‘, es gibt keinen Algorithmus, der automatisch entscheidet, was veröffentlicht wird und was nicht. Es gibt immer eine ‚analoge‘ Bewertung durch reale Personen.“[*]

Allerdings gibt es hierzu widersprüchliche Versionen. Nach Ansicht einiger Experten arbeitet die „Bestie“ tatsächlich so, dass sie täglich die Stimmungslage der User untersucht. Und auf der Grundlage dieser fast minutengenauen Ergebnisse würden die Verantwortlichen für das System dem Minister vorgeben, was er sagen soll, wie er es sagen soll und welchen Ton er anschlagen soll. Beruhigender klingt da Vincenzo Cosenza, einer der führenden Experten in Sachen Software und Social Media. Im September 2018 sagte er der Nachrichtenagentur Agi, dass das von Morisi & Co. verwendete Tool „wahrscheinlich ein einfaches Instrument zur Netzwerküberwachung ist, wie es viele gibt und das in der Lage ist, Kommentare und Beiträge zu einem bestimmten Thema zu lesen. Natürlich habe ich keine unmittelbaren Informationen, und ich kenne die Arbeit der Mitarbeiter des Ministers nicht. Aber nichts deutet darauf hin, dass es sich um etwas anderes handelt als ein Instrument zur Analyse der Stimmungen im Netzwerk.“

Jedenfalls arbeiten Morisi und sein Team wie eine Art Minispion, der erfasst, was Millionen von Usern schreiben und kommentieren. Dank der „Bestie" kann man die nötigen Informationen über bestimmte „*topics*" sammeln. So weiß man, was gerade zieht und wie man welche Stimmung erzeugt. Für eine Partei, die die Social-Media-Propaganda als ihre Stärke betrachtet, ist der Wendepunkt. Salvini wacht am Morgen auf und weiß bereits, was er auf Twitter und Facebook schreiben soll. Er weiß bereits, was die Leute hören wollen, das Volk, der Souverän. „Diese Werkzeuge", so Cosenza gegenüber Agi, „halten Ausschau nach Schlüsselwörter, laden alle gesammelten Daten herunter und bieten ein Bild der Stimmung im Netz in Echtzeit. Aber sich deshalb einen Algorithmus vorzustellen, der automatisch das Thema eines Tweets bestimmt, das scheint mir, offen gesagt, Science Fiction. Das ist dann die Arbeit der Social-Media-Manager, nicht die eines Algorithmus. Sie sind diejenigen, die nach der Analyse der Daten wissen, was geschrieben werden soll. Und dann weiß der Social-Media-Manager eines Unternehmens oder einer Partei eben, welche Themen anstehen und wie man darüber schreiben sollte. Wie gut er in seiner Arbeit ist, das macht den Unterschied aus. Allerdings kennen nur Salvinis Leute die Wahrheit über die ‚Bestie'. Neu erscheint mir aber der systematische Einsatz dieser Instrumente. Die Parteien nutzen sie auch sonst, aber nur im Wahlkampf. Die Lega scheint die erste Partei zu sein, die sie ständig einsetzt, Thema für Thema, bei jeder Diskussion im Netz. Wenn das so stimmt, dann ist das der eigentliche Qualitätssprung, der wirkliche Tempowechsel in ihrer Strategie."

Kurz gesagt: ständiger Wahlkampf, non-stop-Propaganda, 24 Stunden am Tag, denn die „Bestie" schläft nie. Und das alles fast kostenlos, also nicht schlecht für eine Partei, die offiziell eigentlich am Rande der Pleite steht. Der Lega bringt das System Stimmen und in die Taschen von Morisi und Paganella den einen oder anderen Euro. Dieses Geld geht seit 2009 an die „Sistemaintranet Snc", eine „offene Handelsgesellschaft", also eine Rechtsform, die es ermöglicht, die Veröffentlichung von Bilanzen zu vermeiden. Deshalb weiß man nicht mit Sicherheit, wie viel die beiden aus Mantua in den letzten Jahren durch ihr Privatunternehmen verdient haben. Nach dem, was Morisi im Jahr 2017 erklärt hat, kommt ein wesentlicher Teil der „Sistemaintranet"-

Einnahmen von der Lega und Salvini, die der kleinen Firma aus Mantua seit ab 2014 jährlich 170.000 Euro überwiesen haben. Darüber hinaus hat das Unternehmen seit seiner Gründung mehrere Aufträge von den „Asl“ der Lombardei bekommen. Dabei handelt es sich oft um Aufträge, die von Managern, die der Lega nahestehen, ohne Ausschreibung vergeben werden, da es um weniger als 40.000 Euro geht. Im Ergebnis hat sein Unternehmen zwischen 2009 und 2016 nach Aussage von Morisi 908.000 Euro umgesetzt. „Das sind Zahlen, die zum Umsatz eines kleinen Unternehmens passen, das für seine Arbeit Anerkennung gefunden hat“, schrieb Morisi auf Facebook.

Morisi und Paganella sind weiterhin Aktionäre des „Sistemaintranet“, einem offiziell noch aktiven Unternehmen mit zwei Mitarbeitern. Es ist unwahrscheinlich, dass das Unternehmen weiterhin Geld von der Lega bekommt, da die Konten der Partei beschlagnahmt wurden. Kaum dass er zum Innenminister ernannt wurde, hat Salvini allerdings eine Lösung gefunden: Er brachte seine treuen Mitarbeiter mit ins Ministerium und garantierte ihnen so ein Einkommen, das von der öffentlichen Hand bezahlt wird. Paganella wurde Leiter des Ministerbüros mit einem Bruttogehalt von 86.000 Euro pro Jahr, wie „L'Espresso“ berichtete. Morisi wurde mit einem Gehalt von 65.000 Euro zum Berater für die Kommunikationsstrategie ernannt. Und im Schlepptau kam auch das Team junger Mitarbeiter der beiden aus Mantua ins Ministerium, Fabio Visconti, Andrea Zanelli und Daniele Bertana. Dazu noch Leonardo Foa, der Sohn des Präsidenten der „Rai“, Marcello Foa, der seinen Posten der Lega verdankt. Der junge Foa arbeitet wie seine drei Kollegen seit Jahren daran, das Social-Media-Profil ihres Chefs zu verbessern. Seit einigen Monaten allerdings kommen die italienischen Steuerzahler für den Lohn auf: jeweils 41.000 Euro brutto pro Jahr, rund 2.000 Euro netto im Monat. Keine schwindelerregenden Zahlen, aber doch öffentliche Gelder, die der Minister nutzt, um seine persönliche Propaganda zu befeuern.

35. *MISTER FLAT TAX* KNICKT EIN

Manch einer wird sich daran erinnern, was der „geheime Zirkel" von Bossi war, also der Kreis derer, die dem alten Führer der Lega am nächsten standen, als er im Jahr 2004 krank wurde. Das waren Marco Reguzzoni, Giancarlo Giorgetti, Roberto Cota und Rosy Mauro. Mit Ausnahme von Giorgetti sind alle anderen inzwischen von der politischen Szene verschwunden. Salvini hat ein neues Team loyaler Getreuer um sich geschart, neue Gesichter wie Morisi und Paganella, den Wirtschaftsfachmann Centemero, Iva Garibaldi für die Beziehung zu den Medien, die alten Freunde Eugenio Zoffili und Fabrizio Cecchetti, die jetzt Abgeordnete sind. Aber es gibt nur einen, der es an Bedeutung mit Morisi, dem Gott der sozialen Medien aufnehmen kann. Sein Name ist Armando Siri, 47 Jahre alt, aus Genua, ein Journalist mit einer Vergangenheit in der sozialistischen Jugend und offenbar ein persönlicher Freund von Bettino Craxi. Paradox, wenn man bedenkt, dass die Lega Nord politisch groß geworden ist, weil es ihr gelang, die juristischen Probleme von Craxi und Genossen auszuschlachten.

Tatsache ist, dass Siri heute Staatssekretär im Infrastrukturministerium der gelb-grünen Regierung von 5 Stelle und Lega ist. Naheliegend wäre es gewesen, ihn im Wirtschaftsministerium zu platzieren, das von Luigi Di Maio geführt wurde. Siri gilt nämlich als Kopf hinter der sogenannten *flat tax*, dem Zugpferd Salvinis im Wahlkampf. Die Reform soll zu einer deutlichen Senkung der Steuerlast für alle italienischen Bürger führen (im ersten entsprechenden Gesetzespaket der Regierung tauchte die *flat tax* tatsächlich aber nur für die Mehrwertsteuer bei einem Umsatz bis zu 65.000 Euro auf). Aber Siri singt nicht nur das Lied von der *flat tax*, das den Mehrwertsteuerpflichtigen so gefällt. Der ehemalige Mediaset-Journalist ist auch der Mann für die Kontakte zu Unternehmen, Organisator exklusiver Abendessen Salvinis mit Persönlichkeiten der italienischen Wirtschaft und der internationalen Finanzwelt. Und das alles ganz privat, ohne Spuren in der Öffentlichkeit. Aber vielleicht wäre auch die Rhetorik, mit der die Massen gegen „die Mächtigen" aufgebracht werden, weniger glaubwürdig, wenn die neue Lega ihre zahllosen Treffen mit den Vertretern der Elite öffentlich machen würde.

Mehr noch aber fällt ein Skelett im Schrank von Siri ins Gewicht, eine Geschichte, die der neue Steuerguru der Lega den Wählern nie erzählt hat: Der Fachmann, der vom Parteichef selbst zum Wirtschaftssprecher der Bewegung „Noi con Salvini" gemacht wurde, das Gesicht der Lega-Schule für politische Fortbildung, hat sich nämlich im Mai 2014 mit einem Mailänder Gericht auf einen Vergleich wegen des Zusammenbruchs von „MediaItalia" geeinigt, einem Unternehmen, das Schulden von über einer Million Euro hinterlassen hatte. Der Vergleich führte zu einer Haftstrafe von einem Jahr und acht Monaten wegen betrügerischen Konkurses**.

Die Gründung von „MediaItalia" 2002 in Mailand geht auf Siri und zwei Minderheitsaktionäre zurück. Die Firma entwickelt redaktionelle Inhalte für Medien und Unternehmen und übernimmt kurz darauf etwa die Produktion der Bord-Zeitung von „Airone", der von dem Unternehmer Carlo Toto gegründeten Fluggesellschaft. Die Geschäfte laufen gut, der Umsatz wächst ständig. Aber auch die Schulden schnellen in die Höhe und übersteigen 2005 die Millionenmarke. Zu diesem Zeitpunkt ändern sich die Verhältnisse. Siri und seine Partner übertragen das gesamte Vermögen von „MediaItalia" auf ein anderes Unternehmen namens „Mafea", das dafür nicht einen Euro zahlt. Kaum ein Jahr später beschließt Siri, „MediaItalia" zu schließen und ernennt Maria Nancy Marte Miniel zur Liquidatorin. Und das ist wer? Eine Frau aus Santo Domingo, die nach Italien emigrierte und heute offiziell Inhaberin eines Geschäfts für Perücken und Haartoupets in Perugia ist. „Eine echte Strohfrau", so werden die Richter sie in ihrem Urteil nennen. In der Tat, denn die Dame hatte keinerlei Befähigung, ein Unternehmen zu führen, und auch nicht die Mittel, die Schulden zu begleichen. Und so hatten die Gläubiger von „MediaItalia" das Nachsehen: Lieferanten, Banken und der italienische Staat. Derselbe, den Siri später als Staatssekretär vertritt.

Das Urteil des Mailänder Gerichtshofs spricht eine deutliche Sprache: Der Ideologe der *flat tax* und seine Partner haben den Konkurs des Unternehmens böswillig verursacht, die Kassen der Firma geplündert und sind dem Staat 162.000 Euro an Steuern und Sozialversicherungsbeiträgen schuldig geblieben. Zudem versuchten sie auch noch, den Ermittlern das Leben schwer zu machen, indem sie Sitz und Unterlagen von „Mafea", also der Gesellschaft, auf die das Vermögen von „MediaItalia" übertragen worden war, ins US-Steuerparadies Delaware verlegten. Diesen Schachzug – so die Rekonstruktion der Ermittler – entwickelten sie zusammen mit einer Gruppe von Steuerberatern, an die sich Siri und seine Partner gewandt hatten. Unter den Beratern fällt der Name Antonio Carlomagno auf. Der Name des Finanzfachmanns aus Mailand tauchte bereits bei den gerichtlichen Ermittlungen zum Fall „Perego Strade" auf. Dabei ging es um ein Unternehmen aus Lecco, das zwischen 2008 und 2010 von der lombardischen 'Ndrangheta gekapert und ausgeplündert wurde. Carlomagno war einer der Buchhalter, der wegen des Konkurses der Unternehmen der „Perego"-Gruppe angeklagt – und dann freigesprochen – wurde.

Berge von Steuerschulden, oft im Zusammenhang mit Delaware, wo die Steuern gering und die Anforderungen an die Transparenz von Unternehmen praktisch gleich null sind. Da fällt es schon auf, dass der kleine US-Staat am Atlantik in der Geschichte des Unternehmers Siri mehrmals auftaucht. Nicht nur „MediaItalia", sondern auch zwei weitere italienische Unternehmen, bei denen der Wirtschaftsguru von Salvini eine führende Rolle gespielt hat (als Mehrheitsaktionär oder alleiniger Verwalter), verlegten ihren Steuersitz in diese Offshore-Region unter dem Sternenbanner. Das alles geschah in den Jahren, als „Media-Italia“ unterging. Die betreffenden Unternehmen hießen „Top Fly Editions“ und „Metropolitan Coffee and Food“ und ähnelten sich ziemlich, so jedenfalls der Eindruck, den ihre Bilanzen hinterlassen. Die Unternehmen werden Anfang der 2000 Jahre gegründet, steigern ihren Umsatz immer mehr, erhöhen aber gleichzeitig in ungewöhnlichem Ausmaß ihre Schulden. Bis Siri und die anderen italienischen Aktionäre aussteigen, ausländische Partner und Manager (inklusive der erwähnten Maria Nancy Marte Miniel aus Santo Domingo) an ihre Stelle treten und der Firmensitz nach Delaware verlegt wird. Die Adresse von „Top Fly Editions“, „Metropolitan Coffee and Food“ und „Mafea“ war jeweils die gleiche: Barksdale Road, 113, Newark.

Es gibt da noch eine andere Sache, die den Wirtschaftsberater Salvinis in Verlegenheit bringen könnte. Wir haben davon im ersten Teil dieses Buches bereits berichtet: private Geschäfte Siris mit Luigi Patimo, dem Manager des spanischen Multis „Acciona“, der in einen Korruptionsfall in Reggio Calabria verwickelt war, bei dem ein Beamter wegen Unterstützung der ’Ndrangheta beschuldigt worden war. Um allerdings zu verstehen, warum Siri – der nicht einmal ein Wirtschaftsstudium absolviert hat – zu einem der einflussreichsten Ratgeber Salvinis wurde, ist der Blick in seine alten Justizakten gar nicht zwingend. Man muss sich nur der Gegenwart widmen, den letzten Jahren, und der Beziehung des Innenministers zur Macht. Im Namen seines Chefs hat Siri Treffen mit Verlegern, Bankiers, Unternehmern und ausländischen Regierungsvertretern organisiert oder versucht zu organisieren. Im Januar 2018 plante er beispielsweise eine Reise nach New York, auf der Salvini, der „Kapitän“, wie er in Italien gern genannt wird, mit Vertretern der Trump-Regierung zusammentreffen sollte. Er war es auch, der die Kontakte zu den diplomatischen Vertretern von Belarus in Italien und zu Igor Pellicciari pflegte, dem Honorarkonsul Russlands bis 2017.

Der Schwerpunkt von Mister *flat tax* aber ist und bleibt Italien. Siri hat versucht, vertrauliche Treffen zwischen Salvini und Marco Rotelli zu organisieren, dessen Gruppe „San Donato“ der wichtigste Betreiber privater Krankenhäuser in Italien ist. Mehrfach gelang es ihm, den Lega-Chef mit Urbano Cairo zusammenzubringen, dem Inhaber von La7 und RCS, dem Verlag des „Corriere della Sera“. Er hat die Positionen der Lega gegenüber Geschäftsbanken und Investmentfirmen vertreten, und dann ist er eben auch der Mann der *flat tax*, und die Finanzwelt wollte vor den letzten Parlamentswahlen mehr über die Pläne der Lega erfahren. Besser allerdings, das ohne größeres Aufheben zu bewerkstelligen, handelt es sich doch um die oft geschmähten „Mächtigen“. Nehmen wir den Fall „Mediobanca“: Am 1. Dezember 2016 veranstaltete die alteingesessene italienische Investmentbank in London ein Treffen mit Kunden, italienischen und internationalen Investoren. Als Repräsentant der Lega war wieder Siri dabei, und auch in den folgenden Jahren pflegte er die Beziehungen zu dem Finanzhaus. Am 25. Januar 2018, keine zwei Monate vor den Parlamentswahlen, die die Lega an die Regierung bringen sollten, nahm der spätere Staatssekretär an einem Arbeitsessen teil, das die Bank im Restaurant Convivium im Mailänder Stadtteil Brera organisiert hatte. Das Ziel war es, Siri mit dem internationalen Finanzunternehmen „Covalis“ zusammenzubringen, das Investmentfonds in verschiedenen Branchen verwaltet, unter anderem im Infrastrukturbereich, für den Siri inzwischen direkt zuständig ist.

Das Treffen mit „Covalis“, zu dessen Portfolio auch einige Fonds mit Sitz in der Steueroase der Cayman Inseln gehören[*], wurde von Antonio Guglielmi organisiert. In Italien ist der Name aufmerksamen Lesern der Finanzpresse bekannt: Guglielmi, Leiter des Anlagegeschäfts von „Mediobanca“, legte im Januar 2017 eine Studie vor, die die Folgen des Ausscheidens Italiens aus dem Euro untersucht. Und sein Ergebnis? Ein sogenannter „Italexit“ wäre für das Land nicht allzu schädlich, so die Einschätzung Guglielmis, der sich damit im Widerspruch zu den meisten seiner Kollegen befindet. Der Bericht dürfte das Ansehen des Ökonomen unter den No-Euro-Freunden der Lega beträchtlich gesteigert haben, jedenfalls kursierte sein Name unmittelbar nach den Wahlen vom 4. März 2018 des Längeren als Kandidat für den Posten des Generaldirektors im Finanzministerium[*]. In den Medien wurde er seinerzeit eher den 5 Stelle von Grillo zugerechnet, tatsächlich aber hatte der Mediobanca-Manager, wie gerade beschrieben, ein enge Beziehung zu Siri, dem Wirtschaftsberater Salvinis.

Guglielmi ist nicht der einzige Vertreter der Eliten mit engen Verbindungen zur neuen nationalistischen Kraft an der Macht. Unter den vielen Kontakten von Staatssekretär Siri sticht der zu Luigi Cremonini heraus, dem Boss der gleichnamigen Industrieholding: 16.000 Mitarbeiter weltweit, vier Milliarden Euro Jahresumsatz dank bekannter Marken wie „Roadhouse“, „Manzotin“ und „Chef Express“. Ein Koloss der internationalen Fleischbranche, der auch in Russland aktiv ist und daher direkt von den Handelssanktionen der USA und der EU gegen Moskau betroffen ist.

Der Multi Cremonini hofft offenbar, dass es Salvini gelingt, seine Linie in Europa und gegenüber den Vereinigten Staaten durchzusetzen: Schluss mit den Sanktionen. Die Agrarindustrie ist eine Branche, in der eine entscheidende Partie läuft. Tatsächlich ist sie mit am stärksten von den Sanktionen betroffen. Vor 2014 war Italien einer der weltweit führenden Exporteure von Lebensmitteln nach Russland. Nach den Zahlen des Branchenverbands „Coldiretti“ haben die Handelssanktionen durch die Europäische Union italienischen Unternehmen schweren Schaden zugefügt: „Die italienischen Exporte sind 2017 auf einen Wert von etwas weniger als 8 Milliarden Euro gesunken, gegenüber 11 Milliarden Euro im Jahr 2013.“[*]

Beziehungen zwischen Cremonini und der Lega gab es bereits, bevor Salvini Parteichef wurde. Unter Salvini und Siri wurden sie allerdings enger, auch weil der neue Staatssekretär einen direkten Kontakt zu einem Manager pflegt, der dem Boss des multinationalen Unternehmens sehr nahe steht. Es handelt sich um Luigi Scordamaglia, früher Geschäftsführer von „Inalca“, einem der Unternehmen des Fleischkonzerns aus Modena. Heute ist Scordamaglia Präsident des Branchenverbands „Federalimentare“ und vertritt damit eine Branche mit einem Umsatz von 137 Milliarden Euro (im Jahr 2017). Scordamaglia in „La Stampa“ vom 27. März 2018: „Die Sanktionen auf Frischprodukte waren bereits eine schwere Last und haben der italienischen Lebensmittelbranche erheblichen Schaden zugefügt.“ Und am Vorabend von Salvinis Reise nach Moskau meinte Scordamaglia: „Vizepremier Salvini tut gut daran, auf die Wirtschaftssanktionen gegen Russland einzugehen und ihre Absurdität deutlich zu machen [...]. Jetzt geht es um konkrete Maßnahmen für eine tragfähige Allianz zwischen den Märkten und Unternehmen in Russland und Italien.“ Ganz ähnlich äußerte sich Armando Siri am 29. Januar 2018 im Interview mit dem regierungsfreundlichen russischen „Sputnik“: „Die Sanktionen sind falsch, sie haben schwerwiegende Folgen. Eine Salvini-Regierung wird ihre ganze Macht einsetzen, um sie zu überwinden.“

Am 28. März 2017 organisierte Siri ein privates Abendessen zwischen Salvini und Cremonini in der römischen Wohnung des Unternehmers. Wir wissen nicht, worüber die beiden gesprochen haben und ob die Sanktionen gegen Russland bei dem Gespräch im Mittelpunkt standen, aber dem Industriellen aus Modena liegt Siri offensichtlich am Herzen. Bei den letzten Wahlen hat seine Firma „Cremonini Spa“ jedenfalls 15.000 Euro für den Lega-Politiker gespendet. Auch nicht wirklich schön für den Vertreter einer Partei, die behauptet, dass sie gegen multinationale Unternehmen und die Mächtigen kämpft.* Tatsächlich hat Siri versucht, später Abhilfe zu schaffen und den Namen „Cremonini Spa“ aus seiner Einkommenserklärung auf der Webseite des Senats zu streichen. Sinnlose Versuche: Das Internet vergisst nicht*.

36. DIE ALLIANZ MIT PUTIN

Turin am 15. Dezember 2013, dem Tag der Inthronisierung von Salvini als Vorsitzender der Lega Nord für die Unabhängigkeit Padaniens. Aber es ist auch der Tag, der einen offiziellen Wendepunkt in der Außenpolitik der von Bossi gegründeten Partei markiert, die immer antiklerikal war und treu zu den Regierungen der Vereinigten Staaten stand. Im Saal sitzt zwischen den Hunderten von Anhängern der Lega auch ein ganz besonderer Gast. Sein Name ist Alexej Komow, und nur wenige Leute bemerken ihn, aber dieser junge Mann ist Botschafter einer Welt, die bald die Vorstellungen der alten Lega auf den Kopf stellen wird. Komow ist der russische Vertreter des ultra-katholischen Vereins „World Congress of Families" und darüber hinaus verantwortlich für die internationalen Kontakte der Kommission für die Familie des Orthodoxen Patriarchats von Moskau. Kurz gesagt, der Mann der russischen Kirche, vor allem aber der Vertreter eines gewichtigen, mit Wladimir Putin verbundenen Oligarchen: Konstantin Waleriewitsch Malofejew.

Bleiben wir vorerst bei Komow, dem russischen Lobbyisten, der gekommen ist, um bei Salvinis Inthronisierung in Turin dabeizusein. Zu Hause steht er einem Netzwerk von traditionalistischen Verbänden und Stiftungen vor. Er hat zum Beispiel den Fonds „Sankt Bonifatius" gegründet, in dessen Vorstand einige der großen Namen zu finden sind, die in der Duma für die Partei „Einiges Russland" sitzen, der Partei von Präsident Putin. Die Vorsitzende des Fonds ist Natalja Mezentsjewa, eine Frau, die auch Mitglied in einem 2002 gegründeten Ausschuss des Präsidenten ist, der die Projekte von Wladimir Wladimirovitsch unterstützen soll. Die Stiftung Komows erfreut sich der Unterstützung von Teilen der Regierung der Russischen Föderation. Auf seiner Webseite heißt es, er kämpfe gegen „die Verschlechterung der qualitativen Zusammensetzung des genetischen Erbes der Nation wegen der illegalen Verbreitung von Drogen". In der Verwaltung des Fonds sitzt neben verschiedenen Persönlichkeiten einer, der das besondere Vertrauen des Präsidenten genießt: Igor Schtschogolew, früher Kommunikationsminister und heute Putins Bevollmächtigter für die Region Mitte. Mit anderen Worten, Komow vertritt an jenem Tag Mitte Dezember nicht nur die Orthodoxen Moskaus, die sich gegen Abtreibung und Schwule zur Wehr setzen und sich durch eine Invasion des Islam bedroht fühlen. Komow ist der Verbindungsmann zwischen Kirche und russischem Staat, und er ist jetzt hier, um das gute Einvernehmen mit Salvini zu besiegeln. Der offizielle Pakt dazu wird einige Jahre später geschlossen: Am 6. März 2017 nämlich unterzeichnet die Lega ein Abkommen über die politische Zusammenarbeit mit der Partei „Einiges Russland", also der Partei, mittels derer Putin seit fast zwanzig Jahren das größte Land der Welt regiert. Die Unterschriften unter das Abkommen von Moskau stammen von Salvini und Sergej Schelesnjak, dem Mann des Kremls für die Beziehungen zu europäischen Parteien. Es ist die erste Vereinbarung zwischen einer politischen Formation des Alten Kontinents und dem ehemaligen Agenten des KGB, der jetzt russischer Präsident ist. Und von Anfang an hebt Salvini hervor, dass es sich dabei absolut nicht um eine finanzielle Vereinbarung handelt: „Ich finde Putin ist ein ganz Großer, und ich denke das gratis."* Die Analyse, die wir hier vorlegen, lässt allerdings vermuten, dass die Dinge nicht ganz so eindeutig liegen, geht es doch in dem Bündnis mit dem Zaren von Russland auch um wirtschaftliche Interessen, um private Interessen von Personen, die dem italienischen Vizepremier sehr nahe stehen.

Man weiß nicht allzu viel über den Inhalt des Vertrages zwischen der Lega und der Kreml-Partei „Einiges Russland". Er ist fünf Jahre gültig, verlängert sich dann gegebenenfalls automatisch um jeweils weitere fünf Jahre und basiert auf zehn Essentials. Sie reichen von der wirtschaftlichen bis zur kulturellen Zusammenarbeit, von gegenseitigen Besuchen bis zum Informationsaustausch über aktuelle Themen. Das ist alles sehr allgemein gehalten, ohne jemals ins Detail zu gehen. Die Vereinbarung, so heißt es da, basiere auf den „Grundsätzen staatlicher Souveränität, gegenseitigen Respekts und Nichteinmischung in die inneren Angelegenheiten der anderen Seite." Sie dient also offiziell dem Aufbau einer „gleichberechtigten, vertrauensvollen und für beide Seiten vorteilhaften Partnerschaft". Welche Vorteile Putin das Bündnis mit der Lega bringt, ist einigermaßen klar: Salvini auf die eigene Seite gezogen zu haben, und damit einen der führenden Politiker in der Regierung der drittgrößten Volkswirtschaft Europas, ermöglicht es Moskau, mehr Einfluss nicht nur innerhalb Italiens auszuüben, sondern vor allem auch in Brüssel, wenn es dort zum Beispiel um die geopolitischen Strategien der gesamten Europäischen Union geht. Zu diesen Fragen gehört seit einigen Jahren eine, die für den Kreml von besonderem Interesse ist: die Sanktionen gegen Russland. Natürlich eine politische Frage, bei der es aber vor allem auch um wirtschaftliche Aspekte geht.

Welche Vorteile allerdings ein solches Abkommen für Italien haben könnte, Mitglied der Europäischen Union und der NATO, also dem Militärbündnis, das von den USA gewollt und in der Praxis angeführt wird, das ist schon schwerer zu verstehen. Man errät dagegen recht schnell, was die Lega dabei gewinnen kann, eine Partei, die offiziell keinen Cent mehr hat und die Salvini Ende 2013 mit Zustimmungsraten übernommen hat, die nahe null lagen. Auch dank der beispiellosen Allianz mit Moskau ist es Salvini gelungen, hier gegenzusteuern. Man begreift das, wenn man die Äußerungen des Vorsitzenden und seiner Getreuen hört. Seitdem er sich auf die Seite Russlands geschlagen hat und früher als viele andere begann, gegen die Russland-Sanktionen der USA und der EU nach der Annexion der Krim und der Invasion im Donbass zu kämpfen, hat sich Salvini eine Menge Freunde gemacht. In Moskau sowieso, wo man sehr wohl weiß, dass alle EU-Regierungen der Aufrechterhaltung der Sanktionen zustimmen müssen und schon ein Land allein dem ein Ende setzen kann. Aber auch in Italien selbst, unter den vielen Unternehmern nämlich, deren Bilanzen von der Möglichkeit abhängen, weiterhin Geschäfte mit Russland zu machen.

Das ist etwa der Fall beim bereits erwähnten Fleischriesen Cremonini, der vor einigen Jahren in Orenburg an der Grenze zu Kasachstan ein riesiges Werk eröffnet hat. Für das italienische Unternehmen ist das ein dickes Problem, denn die Sanktionen verhindern, dass all dieses Fleisch aus Russland in die Europäische Union eingeführt werden kann. Es mag Zufall sein, aber der Boss der Gruppe, Luigi Cremonini, scheint sehr an Salvinis Politik interessiert zu sein. Deutlich wurde das etwa bei dem exklusiven Abendessen zwischen dem Industriellen und dem Lega-Chef, das Ende März 2017 in Rom stattfand und von dem bereits die Rede war. Organisiert hatte es Armando Siri und mit dabei war auch der Präsident der Branchenvereinigung „Federalimentare", Luigi Scordamaglia.

Es geht also um politische Interessen, die in einigen Fällen ganz offiziell zu finanzieller Unterstützung führen. So wie im Falle der 15.000 Euro, die von der Cremonini-Gruppe vor den letzten Parlamentswahlen für Siri gespendet wurden. Für einen Koloss, der Milliarden verdient, mag das eine Kleinigkeit sein. Aber dieses kleine Bruchstück ist nützlich, um zu verstehen, welche Vorteile der neuen Lega aus der Achse mit dem Kreml erwachsen können. Einer dieser Vorteile: Konsens mit und Finanzhilfen von Unternehmen, die durch das Russland-Embargo Schaden genommen haben.

37. TOWARISCHTSCH SAVOINI

Der Mann, der damit beauftragt ist, die neue Heilige Allianz mit Leben zu füllen, ist ein früherer Journalist der Zeitung „La Padania", der auch schon mal persönlicher Sprecher von Salvini war. Er heißt Gianluca Savoini, kommt aus Ligurien, wurde in Alassio geboren, und er ist mit einer Russin zusammen, mit Irina Schtscherbinina, Mitarbeiterin einer Firma für Lasertechnologie aus St. Petersburg. Obwohl er nie eine offizielle Funktion in der Lega hatte, wies Salvini ihm die Rolle zu, als Motor der neuen Beziehungen zum Kreml zu wirken, als Organisator der salvinischen Wende. Der Plan wird wenige Monate nach der Wahl Salvinis zum Vorsitzenden umgesetzt. Zusammen mit Max Ferrari, Luca Bertoni, Claudio D'Amico und Gianmatteo Ferrari von der Lega gründet Savoini den Verein „Lombardei-Russland" und ernennt den eben erwähnten Komow zum Ehrenpräsidenten. Binnen Kurzem werden weitere ähnliche Vereine in ganz Italien gegründet, vom Piemont bis Latium, von Ligurien bis Venetien. Auch in Umbrien bezieht der Verein ein Büro, die Leitung hier übernimmt Piergiorgio Bonomi, der damalige Provinz-Chef der faschistischen „Casa Pound"* in Terni. Es ist, wie wir sehen werden, einer der vielen Beweise für die Verbindung zwischen Moskau, der Lega und den selbsternannten „Faschisten des dritten Jahrtausends".

Bleiben wir vorerst bei den russlandfreundlichen Vereinigungen, die Savoini da geschaffen hat. In finanzieller Hinsicht eine überaus verschwiegene Angelegenheit, denn wie alle Organisationen dieser Art müssen sie ihre Bilanzen nicht offenlegen. Jedenfalls ist ihr erklärtes Ziel, die Weltsicht Putins mit ihren Eckpfeilern „Identität, Souveränität und Tradition“ zu verbreiten, und als praktisches Ziel gehört dazu die Förderung des Handels zwischen Unternehmen aus Italien und Russland. In der Hinsicht hat die Lega eine solide Basis gefunden, schließlich gibt es im Land viele private wie staatliche Unternehmen, die seit Jahrzehnten mit Russland Geschäfte machen und die jetzt unter den Sanktionen leiden. Eines der wichtigsten ist die Bank „Intesa Sanpaolo“ mit ihrem langjährigen Repräsentanten in Russland Antonio Fallico, der vor einiger Zeit von Putin höchstpersönlich mit einem Orden geehrt wurde.

„Intesa“ unterhält allgemein bekannte Geschäftsbeziehungen mit Russland. Anfang 2017 sorgte ein Riesenkredit von mehr als fünf Milliarden Euro für den Kreml für Aufsehen, durch die der Verkauf einer Beteiligung am Ölriesen Rosneft unter der Führung vom Putin-Freund Igor Setschin erleichtert werde sollte. Weniger bekannt ist der jüngst erfolgte Einstieg eines Lega-Mannes in die Bank, der unter Salvini gerade aufsteigt, der Rechtsanwalt Andrea Mascetti. Früher war Mascetti beim faschistischen *Movimento Sociale*, in der Lega saß er schon mal im Bundesvorstand, und er wurde in die Verwaltungsräte zweier wichtiger Tochtergesellschaften der Bank berufen: der russischen und der schweizerischen Niederlassung. Für den Lega-Anwalt geht es da um Geschäfte. An der politischen Front wurde er von Salvini damit beauftrag, einen *Think-Tank* für internationale Fragen aufzubauen. Seine Prophezeiung? „In zehn Jahren werden Europa und Italien, wie wir sie heute kennen, nicht mehr da sein“, so Mascetti, „man muss in geopolitischen Dimensionen denken, die von Dublin bis Wladiwostok reichen, man muss jetzt in Kategorien wie Eurasien denken.“[*] An der Moskwa hört man so etwas sicherlich gern, wo man seit Jahren schon behauptet, die einzige Alternative für den Alten Kontinent liege darin, zu „Eurabien“ zu werden, zu einem islamisierten Europa.

Die kräftigste russische Unterstützung in Italien erhielt Salvini durch eine Organisation mit Sitz im Palazzo Santacroce, einem eleganten Barockbau im Zentrum von Rom, nur einen Steinwurf vom Justizministerium entfernt. Sie heißt „Rossotrudnitschestwo“, „Russisches Zentrum für Wissenschaft und Kultur“. Offiziell organisiert das Zentrum Sprachkurse, Kunstausstellungen, Buchpräsentationen und Treffen mit russischen Persönlichkeiten. Hinter der eleganten Fassade verbirgt sich jedoch eine der wichtigsten Strukturen, die der Kreml in den letzten Jahren geschaffen hat, um die italienische Politik zu beeinflussen. Das geht jedenfalls aus einem Bericht über die Einmischung Russlands hervor, den der demokratische US-Senator Ben Cardin vorgelegt hat[*]. Die gleiche These vertritt Anton Schechowtsow, ein Politikwissenschaftler, der in Österreich am Institut für Humanwissenschaften lehrt und als einer der führenden Experten für die Beziehungen zwischen Moskau und den europäischen politischen Bewegungen gilt. Schechowtsow zufolge ist „Rossotrudnitschestwo“ heute „das wichtigste Instrument Russlands zur Anwendung von *soft power* im Ausland“[**]. Das Zentrum ist in mindestens 25 Ländern präsent und beschäftigt 600 Mitarbeiter, ein politisch-diplomatisches Netzwerk, das auf die großzügigen Finanzierung durch den Kreml zählen kann. Die Mittel des Zentrums steigen von umgerechnet 48 Millionen Euro im Jahr 2013 auf 228 Millionen Euro bis 2020.

Unter der Kontrolle des russischen Außenministeriums wird das italienische Büro von „Rossotrudnitschestwo“ von Oleg Osipow geleitet, der früher viele Jahren zunächst in Afrika und dann in Italien Korrespondent der staatlichen russischen Nachrichtenagentur „Tass“ war. Osipow neigt dazu, sich nicht öffentlich über politische Themen zu äußern; seine Tochter Irina ist da ganz anders. In ihrem fließenden Italienisch macht die 1988 geborene, extrovertierte Moskauerin kein Geheimnis aus ihren Sympathien für die Lega und für Parteien der extremen Rechten. In den sozialen Medien gibt es keinen Mangel an Fotos, die sie zusammen mit den Vertretern von Faschisten und Lega zeigen, vom Manager von „Casa Pound“ Marco Clemente bis zum Sekretär des Vereins „Lombardia-Russia“ Luca Bertoni. Und es ist auch Irina Osipow, die als Verbindungsglied zwischen dem Kreml und den sogenannten souveränistischen, nationalistischen Bewegungen in Italien fungiert. Bei den letzten Kommunalwahlen in Rom kandidierte sie übrigens für die rechten „Fratelli d'Italia" (und wurde nicht gewählt). Bei wenigstens einer Gelegenheit hat sie Salvini persönlich nach Moskau begleitet. Sie hat Reisen nach Russland und Pro-Putin-Veranstaltungen in Italien organsiert, zu deren Teilnehmern auch „Forza Nuova" gehörte. Sie hat mit dem Verein „Lombardia-Russia" zusammengearbeitet. Sie war eine der Stützen des Vereins „Sovranità" der durch die „Casa Pound" vor einigen Jahren zur Unterstützung von „Matteo Premier" gegründet wurde[**]. Wegen ihrer derart unverhohlenen Unterstützungsarbeit sah sich der ukrainische Fernsehsender Ictv einmal dazu veranlasst, sie als Spionin des Kremls in Italien zu bezeichnen[*], was sie umgehend als pure Phantasterei abtat[*].

38. LEGALEUTE MIT TSCHAPKA

Bisher haben wir uns die Allianz zwischen Putin und Salvini aus dem italienischen Blickwinkel angeschaut, mit Savoini, der für Unternehmen, die gegen die Sanktionen sind, die Strippen zieht, und den Sternchen von „Rossotrudnitschestwo" in Rom. Aber es gibt auch eine russische Seite in dieser Geschichte, die wenig mit Politik und sehr viel mit Geld zu tun hat. Es geht um die privaten Geschäfte der Legaleute im Lande Putins. Ein ganzes Netzwerk von Unternehmen, das in den vergangenen Jahren nach Salvinis Aufstieg und dem Pakt mit „Einiges Russland" entstanden ist. Wir konnten das in Zusammenarbeit mit Forschern von „Global Witness" und der Journalistin Costanza Spocci im Detail rekonstruieren. Es entsteht das Bild eines Netzwerks von Unternehmen mit geringer wirtschaftlicher Aktivität, in dem sich aber Figuren bewegen, die die Lega mit der extremen Rechten verbinden, der aus Italien wie der aus ganz Europa. Eine schwarz-grüne Verbindungslinie, die bis nach Moskau reicht, zur Pro-Putin-Propaganda und zum Ideologen des „perfekten Faschismus", dem orthodoxen Philosophen Alekxander Dugin.

Starten wir an einer anonymen braunen Tür, Furmannij Pereulok 7 in Moskau[**]. In dem niedrigen Gebäude nur wenige Schritte vom Italienischen Kulturinstitut entfernt haben etliche Firmen ihren Sitz, und eine davon ist außergewöhnlich. Sie heißt „Orion"[**] und wurde kürzlich von zwei prominenten Vertretern der Lega in Russland gegründet. Beide sind Mitglieder des Vereins „Lombardia-Russia", es handelt sich um Gianluca Savoini, schon wieder er, und um Claudio D'Amico, Abgeordneter bereits zu Zeiten von Bossi, Stadtrat in Sesto San Giovanni und von Salvini nach der letzten Wahl als strategischer Berater in das Amt des Ministerpräsidenten geholt, mit einem Jahresgehalt von 65.000 Euro und bezahlt von der öffentlichen Hand. D'Amico wurde vom Vizeregierungschef mit den Beziehungen zu ausländischen Parteien betraut, vor allem mit Russland, und das Land verfolgt der Politiker aus der Lombardei bereits seit Jahren mit besonderem Interesse. Im Jahr 2014 war er es, der ganz offiziell ein Treffen zwischen Putin und Salvini, als der gerade Vorsitzender der Lega geworden war, einfädelte. Vor allem aber war D'Amico einer der internationalen Beobachter in Moskau beim Referendum über die Annexion der Krim, einem wahrlich heiklen Moment in den Beziehungen zwischen Russland und dem Westen.

Zwei Jahre nach dem Referendum, im Jahr 2016, gründeten D'Amico und Savoini eine private Firma in Moskau. Geschäftsgegenstand: Beratung. Von der Zeitung „La Stampa" zu dem Thema befragt, sagte D'Amico unlängst, dass „Orion" als Handelsvertretung italienisch-russischer Unternehmen gegründet wurde, „dank der Kontakte, die wir hatten; aber sie war immer inaktiv; Geld ist da nicht geflossen".* Die Bilanz des Unternehmens, die wir einsehen konnten, zeigt, dass es eine gewisse wirtschaftliche Aktivität mit einem Volumen von einigen Zehntausend Euro gab. D'Amico hat seinen Anteil an „Orion" sicherlich nie in Italien angegeben, wie er es nach geltendem Gesetz als Stadtrat und Regierungsberater wahrscheinlich hätte tun müssen. Tatsache ist, dass die beiden Vertreter von „Lombardia-Russia" sich bemühen, Nutzen aus dem Netzwerk der Unternehmen, die sich gegen die Sanktionen wenden, zu ziehen und diese Unternehmen um ihren Verein gesammelt haben. Und schließlich versuchen sie noch, Geschäfte mit italienischen Firmen zu machen, die ihren Standort verlegen wollen – auch nicht gerade das Maximum an Übereinstimmung mit den patriotischen Positionen eines Salvini.

Unter der gleichen Adresse und im Büro von „Orion" ist denn auch die Firma „ItalAgro" registriert**. Auch sie wurde im Mai

2016 gestartet, hier geht es um Landmaschinen, und sie ist als Vermittlerin zwischen russischen Käufern und italienischen Verkäufern aktiv. Die offiziellen Dokumente besagen, dass der Gründer Pasquale Vladimiro Natale heißt, aus einem Dorf in der Provinz Catanzaro, geschäftlich im Einsatz auch im Steuerparadies der British Virgin Islands, seine Firma dort heißt „Bergalt Management Inc.“. „ItalAgro“ und die Lega sind nicht nur durch das Büro miteinander verbunden, in dem beide Firmen ihren Sitz haben, sondern auch durch einen gewissen Bruno Giancotti. Giancotti und „ItalAgro“ waren 2015 auf der Krim präsent, auf Initiative von Savoini und dem Verein „Lombardia-Russia“. Ein Business-Ausflug, einer von vielen, um italienischen Unternehmen die neuen Investitionsmöglichkeiten im Ausland zu präsentieren. Mehr oder weniger auf dem gleichen Geschäftsfeld tummeln sich auch andere Salvini-Leute der ersten Garde. Zwischen 2017 und 2018 wurden hinter dem Ural zwei weitere Unternehmen gegründet, deren Aktionäre Mitglieder des Vereins „Lombardia-Russia“ waren: Gianmatteo Ferrari und Luca Bertoni.

Ferrari gründete 2018 zusammen mit anderen italienischen Partnern „Far Global Service“[**] und bereits 2017 „Global Service International“[**]. Neben Bertoni finden man unter den Aktionären von „Global Service International“ Bertoni Gerardo Catelotti, einen Italiener, der im Bereich Ölraffination aktiv ist, und den Bulgaren Christo Marinow. Der allerdings ist nicht unbedingt ein Geschäftsmann: Er ist der Verwaltungschef der rechtsextremen Partei „Attack“ aus Bulgarien, einer der vielen Sterne in der von Putin umworbenen Galaxie der Euroskeptiker.

Geschäft und Politik also, von Italien bis Russland über Bulgarien. Und der Weg führt bis in die kleine Republik Kalmückien, im südlichen Teil der Föderation am Kaspischen Meer, der einzigen russischen Region mit buddhistischer Mehrheit. Dort investieren Palmiro Zoccatelli und Eliseo Bertolasi. Zoccatelli ist ein Lega-Mann vom Verein „Veneto-Russia“, einer Stütze des entsprechenden Vereins aus der Lombardei, und er gehört auch zu den Mitgliedern der gemeinnützigen Organisation „Famiglia e Civilità“, mit der er öffentliche Veranstaltungen organisiert hat, an denen sowohl Komow als auch der spätere Familienminister,

Lorenzo Fontana von der Lega, teilnahmen. Zoccatelli findet man in Russland unter den Gründern von „Agrovenezja“[**] mit Sitz in Kalmückien. Ein anderer dieser Gründer ist Eliseo Bertolasi, der die Putinsche Sicht der Welt nicht minder teilt und fast immer bei den Reisen von Savoini auf die Krim und in den Donbass dabei ist. Er schreibt für verschiedene Internetseiten in Italien und in Russland und bezeichnet sich online als Anthropologen der Mailänder Universität Bicocca. Er hat Russisch an der Staatlichen Universität für Geisteswissenschaften in Moskau studiert und schreibt auch in „Sputnik Italia“, einer der vom Kreml kontrollierten Zeitungen. Wie Zoccatelli ist er Mitglied des Vereins „Venetia-Russia“ und zudem Forscher am ISAG, einem 2010 in Rom gegründeten *Think-Tank* für geopolitische Studien.

In diesem *Think-Tank* finden sich auch andere Figuren der extremen Rechten Italiens. Etwa Tiberio Graziani aus Rom, Jahrgang 1954, Experte für Geopolitik und Inspirator mehrerer philorussischer Denkfabriken und jahrelang Präsident der ISAG. Graziani steht in Verbindung mit einer historischen Gestalt der radikalen Rechten: Claudio Mutti, einem „militanten“ Professor, dessen Biographie mit dem Neofaschismus der siebziger Jahre untrennbar verknüpft ist, genauso wie mit den Karrieren anderer bekannter Namen der Gewalt-Ideologie der Schwarzhemden wie Roberto Fiore, Gabriele Adinolfi oder Franco Freda. Mutti hat in Italien einen Verlag gegründet, die „Edizioni all’insegna del Veltro“, der sich auf Publikationen zu internationalen Themen spezialisiert hat. Vor allem geht es dabei um Eurasien, dem Megakontinent, der den Alten Kontinent näher an Moskau heranführen würde, also um einen der Grundpfeiler von Putins Geopolitik. Und in der Tat gilt Mutti nach einer Rekonstruktion, die der Forscher Anton Schechowtsow in seinem Buch „Tango Noir“[*] vorgelegt hat, als erster Mittler zwischen Europa und dem russischen Neoimperialismus.

Wir gehen zurück ins Jahr 1990, Putin war noch beim Geheimdienst, und die UdSSR stand kurz vor der Auflösung. Die gleichen Ideen, die der russische Präsident heute öffentlich vertritt, waren schon damals bei einer Schlüsselfigur in dieser Geschichte klar ausformuliert. Die Rede ist von Alexander Dugin, dem Philosophen, den wir in der Folge in einer ganz anderen Rolle als der eines „einfachen" Rasputin des Kremls wiederfinden werden. Dugin betont schon seit Jahren öffentlich, man müsse ein euro-asiatisches Imperium errichten und damit das Gegenteil einer westlichen Welt, die als Sklave Amerikas definiert wird. „Putin ist überall, Putin ist alles, Putin ist absolut, Putin ist unverzichtbar", so klingt die *Summa* des Dugin-Denkens*. Er hegt eine Leidenschaft für Julius Evola, einst Führer der Nationalbolschewistischen Partei und Symbolfigur der rot-braunen Internationale, die sich als Synthese der Forderungen der Linken und der radikalen Rechten präsentierte, und er propagiert eine politische Philosophie, die auf einer Mischung aus Zarismus, Traditionalismus, Stalinismus und Faschismus basiert. Mutti war es, der dieser Ideologie zum ersten Mal in Europa Gehör verschaffte, indem er 1991 in seinem Verlag das Buch *„Continente Russia"* veröffentlichte – der Autor war Dugin.

Im Verlag Muttis erscheint nun die Zeitschrift „Eurasia", ein Blatt, das bis vor wenigen Jahren von seinem Freund Graziani geleitet wurde. Damit kommen wir wieder zum ISAG, der Denkfabrik, in der Graziani und Bertolasi eine wichtige Rolle spielen. „Ein gemeinnütziger Förderverein ohne wirtschaftliche Interessen", heißt es auf der Webseite*. Schaut man sich die Namen der Partner des Vereins genauer an, entdeckt man direkte Verbindungen zum Kreml. Im Jahr 2012 ging ISAG eine enge Partnerschaft mit der offiziellen Zeitschrift des russischen Außenministeriums ein. Im selben Jahr wurde auch eine Allianz mit „Rossotrudnitschestwo" vereinbart, dem Zentrum für Wissenschaft und Kultur, von dem bereits die Rede war: genau jenem Kulturzentrum, hinter dem sich, so der Experte Schechowtsow, „das wichtigste Instrument Russlands, um *soft power* im Ausland auszuüben" verbirgt.

39. DER KREML-OLIGARCH

Von Alexej Komow war schon die Rede, dem Mann, der an der Inthronisierung Salvinis am 15. Dezember 2013 in Turin teilgenommen hatte. Der russische Botschafter des „World Congress of Families" setzt sich jedoch nicht nur für ultrakonservative christliche Belange in verschiedenen Institutionen ein, sondern er arbeitet auch für Konstantin Walerjewitsch Malofejew, einen engen Freund. Mit ihm steckt er zusammen in der St. Basilius Stiftung, der größten aus privaten Mitteln finanzierten Stiftung Russlands. Der Moskauer Oligarch Malofejew wurde 1974 geboren, studierte Jura und arbeitete dann zunächst für einige russische Banken, bevor er 2005 „Marshall Capital" gründete. Sie ist heute eine der wichtigsten Investmentgesellschaften des Landes, im Laufe der Zeit hielt sie unter anderem bedeutende Anteile an russischen Staatsunternehmen wie „Rostelecom".

Der Moskauer Finanzier ist nicht nur einer von vielen lokalen Geldgrößen. Er gilt als einer der ganz treuen Putin-Anhänger; die USA und die Europäischen Union verdächtigen ihn, die Annexion der Krim und den Krieg im Donbass finanziert zu haben, weshalb das US-Finanzministerium* und der Europäische Rat* ihn auf die schwarze Liste gesetzt haben. Ihm wird auch vorgeworfen, eine aktive Rolle in den finanziellen Beziehungen zwischen dem Kreml und dem französischen „Front National"* gespielt zu haben. So berichtete die Zeitung „Mediapart" 2015, der russische Milliardär habe das Seine dazu beigetragen, ein Darlehen von neun Millionen Euro einzufädeln, das über eine von Moskau kontrollierte Bank („First Czech Russian Bank“) an die Partei der Marine Le Pen ging, sowie ein weiteres über zwei Millionen Euro von einer zypriotischen Gesellschaft („Vernonsia Holdings“). Geht man die Liste der Unternehmen und Stiftungen von Malofejew durch, so entsteht der Eindruck eines wahren Wirtschaftsimperiums. Einige dieser Gesellschaften führen zu den British Virgin Islands, den Seychellen oder Zypern, Steueroasen, in denen das Kapital anonym bleibt und extrem leicht zirkulieren kann. Das allein ist für Oligarchen seines Kalibers nichts Besonderes. Wenn man den Geschäften von Malofejew nachgeht, fällt allerdings auf, dass sie sich mit denen von Savoini kreuzen, dem Abgesandten Salvinis in Russland. Und es geht dabei um millionenschwere Interessen in einer Branche, die hier wirklich zählt: Öl.

Aber gehen wir Schritt für Schritt vor, beginnen wir mit den Ideen von Malofejew und der Propaganda, die der Putin-Mann finanziert. Denn auch hier tauchen einige italienische Namen auf. Der russische Unternehmer selbst hat aus seinem politischen Credo nie ein Geheimnis gemacht. Er bezeichnet sich selbst als Monarchisten und hofft auf die Wiedererrichtung des Zarentums an der Moskwa. „Für mich ist es sehr wichtig, die Traditionen wieder aufzunehmen, die 1917 abgeschnitten wurden“, sagte er 2017 gegenüber dem britischen „Guardian“. Und wer wäre sein idealer Zar? Putin, natürlich. „Er hat nie danach gestrebt, gewählt zu werden“, so die Erklärung Malofejews, „er wurde entdeckt und hat sich ans Werk gemacht, und am Ende erwies er sich als Gesandter Gottes. Wer hätte sich 1999 (als Putin an die Macht kam) vorstellen können, dass Russland wieder Russland sein würde? Das war ein Akt Gottes.“* Es handelt sich nicht einfach nur um Ideen; Malofejew arbeitet ganz konkret an seinem absolutistischen Projekt, an der Wiederherstellung des *Ancien Régime* in Russland. Zu diesem Zweck hat er sogar ein Internat in Moskau gegründet, die „Hochschule des Heiligen Basilius“. Sie soll nach dem Willen Malofejew ein „orthodoxes Eton“ werden, ein angesehenes Institut, in dem die Elite des neuen monarchischen Russlands erzogen werden soll, die dann in der Lage sein würde, „ein Rückgrat für die unvermeidlich zaristische Zukunft“ des Landes zu bilden.

Dafür reicht es jedoch nicht, sich intern um Konsens zu kümmern; es reicht nicht aus, junge Russen zu formen. Malofejew weiß, dass es für die Verwirklichung seiner ehrgeizigen politischen Ziele auch notwendig ist, die gegenwärtigen Eliten in diese Richtung zu lenken – im Inland, vor allem aber im Ausland. Denn – und das sollte nicht vergessen werden – auf der internationalen Ebene ist sein Ziel immerhin, einen neuen Kontinent zu bilden, einen neuen geopolitischen Block unter der Führung Moskaus: Eurasien. Eine der Einrichtungen, die der Milliardär zu diesem Zweck geschaffen hat, ist der *Think-Tank* „Katehon", mit einer mehrsprachigen Webseite, die den Konservatismus der souveränistischen extremen Rechten in Europa verbreitet**. Unter den Mitarbeitern bei „Katehon" findet sich zum Beispiel Marine Le Pen, die Front-National-Chefin, die seit langem mit Salvini verbündet ist. In Italien schreiben für „Katehon" Alessandro Fiore, Sohn des historischen Führers der italienischen extremen Rechten Roberto Fiore, und einige Journalisten von „Casa Pound", der Bewegung, deren Anhänger sich selbst als „Faschisten des dritten Jahrtausends" definieren und die vom Freund Gabriele Adinolfi gegründet wurde. Für kurze Zeit waren sie über die Organisation „Sovranità" auch mit Salvinis Lega verbündet. Im Netz zirkuliert immer noch ein Foto, auf dem der Oligarch Malofejew neben Toni Brandi zu sehen ist. Brandi wiederum ist Präsident von „Pro Vita", einem der mächtigsten homophoben Vereine Italiens und Organisator der „familiy days" gegen Euthanasie, Scheidung und Abtreibung. Der Sprecher von „Pro Vita": Alessandro Fiore, der Sohn Robertos, und Malofejews Mitarbeiter über „Katehon".

Der Moskauer Oligarch mag Italien offenbar so sehr, dass er dem Charme der Hügel Latiums mit Blick aufs Tyrrhenische Meer nicht widerstehen konnte. Wenige Kilometer von Rom hat er ein Anwesen mit großen Ländereien gekauft*.

Auch Savoini, der Berater Salvinis, zählt zu den Mitarbeitern von „Katehon", der Webseite des Putin-Monarchisten. Man achte auf die Begrifflichkeit: Berater des Ministers, so bezeichnen ihn einige russische Medien. Eigenartig ist das deshalb, weil sich kein entsprechender offizieller Eintrag findet, weder im Palazzo Chigi, dem Sitz des Ministerpräsidenten, noch im Viminale, dem Innenministerium. Richtig ist aber auch, dass niemand in Italien sich je aufgeregt hat, wenn Salvini in seiner Eigenschaft als Minister offiziell die russische Regierung getroffen hat und Savoini mit am Tisch saß, in welcher Funktion auch immer. Seine einzige öffentliche Position ist die des Vizepräsidenten von „Corecom", einer Einrichtung der Region Lombardei für Kommunikation, die direkt der Lega-regierten Region untersteht. „Corecom" zahlt dem ehemaligen Sprecher Salvinis ein Bruttogehalt von 2500 Euro monatlich, dafür soll er sich um Fragen der Regulierung im Telekommunikationsbereich kümmern.

Dank „Katehon" ist Savoini zu einer wichtigen Bekanntschaft gekommen. Alexander Dugin, Putins Rasputin, in Italien Ehrenpräsident des Vereins „Piemonte Russia", arbeitet nämlich schon seit einiger Zeit für den *Think-Tank* Malofejews. Er betreut dort eine Kolumne mit dem Titel „Transhumanismus". Im Übrigen steht der faschistische Philosoph auch physisch in direkter Verbindung mit den *Think-Tank* des Milliardärs: Seine eurasische Bewegung residiert an derselben Adresse wie „Katehon", in der Twerskaja 7, einer der elegantesten Straßen Moskaus. Dass es gemeinsame politische Interessen bei Malofejew und Dugin gibt, dürfte also auf der Hand liegen: Beide teilen eine anti-westliche Weltanschauung, die Abneigung gegen Homosexualität, den Einsatz gegen Abtreibung, das Ziel, die Ukraine wieder unter russische Kontrolle zu bekommen und eine Hegemonie Putins über die ganze Europäische Union zu erreichen. Ob es zwischen den beiden auch geschäftliche Beziehungen gibt, ist nicht herauszubekommen.

Ein Detail zu Dugin blieb bisher unbeachtet: Der Denker des „perfekten Faschismus" gilt zusammen mit Pjotr Suslow als einer der Gründer des „Zentrums für geopolitische Kompetenz"**. Einer Recherche zufolge, die die „Nowaja Gaseta" am 6. Februar 2009 veröffentlichte (das ist die Zeitung, für die Anna Politkowskaja arbeitete, die wegen ihrer Enthüllungen über russische Gewalt in Tschetschenien ermordet wurde), war Suslow eine prominente Figur der russischen Geheimdienste. Der Veteran war an geheimen Operationen in Afghanistan, Mosambik und Angola beteiligt, gilt als gut vernetzt mit den Regierenden in Russland und ist auch in privaten Ölgeschäften in Tschetschenien aktiv. Nach der Recherche der „Nowaja Gaseta" war es genau dieser Suslow, der 2001 über das „Zentrum für geopolitische Kompetenz" und eine Stiftung namens „Einheit" die eurasische Bewegung von Dugin ins Leben rief. In diesem Kontext also bewegt sich der bei den Salvini-Leuten so überaus beliebte Philosoph. Von Malofejew bis zu ehemaligen russischen Spionen, im Namen des Traditionalismus und der Hingabe an Putin – und gemeinsamer Geschäfte, wie wir im Weiteren sehen werden.

40. DREI MILLIONEN VON PUTIN

Damit man diese vertrackte Geschichte besser versteht, startet man am besten bei einer bestimmten Adresse an einem belebten Boulevard in Moskau, drei U-Bahn-Stationen vom Roten Platz entfernt. Die Nummer 31 des Nowinskij Boulevard mit seinen sechs Spuren nimmt ein modernes Gebäude aus Glas und rotem Beton ein[**]. Dahinter ragt eine der sogenannten „sieben Schwestern" empor, Wolkenkratzer, die Stalin von den Gulag-Gefangenen bauen ließ. Im Erdgeschoss des modernen Baus findet man ein großes Einkaufszentrum mit Geschäften und Steakhaus. In den Stockwerken darüber befinden sich Büros von einigen der weltweit größten multinationalen Unternehmen: ExxonMobil, Repsol, Shell, Glencore, Samsung. Im fünften Stock dagegen residiert ein eher unbekanntes Unternehmen. Es heißt „Zargrad", zumindest wird es so an der von hinten beleuchteten Glaswand am Eingang bezeichnet. Und der Besitzer? Konstantin Walerjewitsch Malofejew. Es ist eine seiner vielen Firmen, eine Medienfirma mit einer Webseite und einem TV-Sender, die sich der Verbreitung religiöser Botschaften, die ganz im Einklang mit der Politik des Kremls stehen, widmet[**].

Nichts Besonders eigentlich, wären nicht unter der Adresse desselben Büros mit der Nummer 1 zwei weitere Unternehmen eingetragen. Eines davon heißt „Marshall Capital" – der Investmentfonds des Oligarchen Malofejew. Das andere ist eine kleine, unbekannte Ölgesellschaft. Sie heißt „Avangard Oil & Gas", hat derzeit keine Webseite (sie verschwand aus dem Netz, als wir gerade dabei waren, dieses Buch zu beenden) und gibt auch den Namen der Besitzer und ihr Kapital nicht an. Wenn man der „Avangard"-Spur folgt, landet man allerdings direkt bei Gianluca Savoini, dem Abgesandten Salvinis auf russischem Terrain. Einige Dokumente belegen nämlich, dass der ehemalige Sprecher des Lega-Chefs in direktem Kontakt mit dem Generaldirektor von „Avangard", Alexej Mustafinow, stand. Es geht dabei um Verhandlungen über ein Angebot, das die russische Ölgesellschaft im Juli 2018 Savoini unterbreitet hatte. Der Inhalt: Verkauf einer riesigen Menge Erdöl. Wir werden gleich sehen, dass „Avangard" bald wieder von der Bildfläche verschwindet, der Deal aber sich nicht in Luft auflöst. Im Gegenteil.

Savoini ist für Malofejew kein Unbekannter: Sein letzter Besuch in den Büros am Nowinskij Boulevard geht auf den 21. Dezember 2018 zurück. Und auch für Alexander Dugin, eine Figur, die der Oligarch Malofejew sehr schätzt, ist Savoini kein Unbekannter. Dugin traf der ehemalige Salvini-Sprecher in der Zeit der Verhandlungen mit „Avangard" gleich mehrmals. In Rom sahen sich die beiden am 25. September 2018 in der Via del Babuino. Ein vertrauliches Treffen, bei dem es um eine Reise des Innenministers nach Moskau ging. Diese Reise fand dann tatsächlich am 17. Oktober 2018 statt, anlässlich einer Konferenz, die von der italienischen „Confindustria Russia" in aller Eile auf die Beine gestellt worden war. Die Vertretung wird von Ernesto Ferlenghi geleitet, einem früheren Chef von „ENI" in Russland. Um die Geschichte besser zu verstehen, haben wir Salvinis Mission in Moskau Mitte Oktober aus der Nähe beobachtet. Und dabei haben wir einige Unstimmigkeiten im Vergleich zum offiziellen Protokoll dieser Tage entdeckt.

Am Morgen des 17. Oktober verließ der Minister Rom mit einem Alitalia-Flug und landete um 15.45 Uhr am Moskauer Flughafen Scheremetjewo zusammen mit Andrea Paganella, der rechten Hand des Internetgurus der Lega, Morisi, und gleichzeitig Kabinettschef Salvinis im Innenminsterium. Salvini fährt dann zum Hotel Lotte, wo die von der „Confindustria" organisierte Konferenz um 17 Uhr beginnen soll. Am Kopfende des Konferenzraums präsentiert ein Poster die Logos der Sponsoren, darunter „Inalca“ von Cremonini, „Eni“ und etliche andere. Savoini sitzt zwar in der ersten Reihe, hält sich aber während der Veranstaltung zurück. Im Vordergrund steht Claudio D’Amico, der Berater des Vizepremiers fürs Ausland. Alles normal, alles perfekt organisiert. Bis auf ein kleines Detail.

Kaum ist die Konferenz zu Ende, nach den Selfies mit den lächelnden Gesichtern, verabschiedet sich der Minister und verlässt das Hotel Lotte durch die Hintertür. In seinem offiziellen Kalender gibt es keinen Termin mehr*. Allerdings erzählen einige seiner engsten Mitarbeiter, dass der Abend Salvinis damit nicht zu Ende war. Im Anschluss an die Pressekonferenz kam der italienische Vizeregierungschef in aller Heimlichkeit mit einer prominenten Figur des Kreml zusammen: Vizepremier Dmitri Kosak, verantwortlich für Energiefragen und schon immer ein Mann aus dem engeren Kreis Putins. Das Treffen fand im Büro von Wladimir Pligin statt, einem bekannten Moskauer Anwalt mit engen Kontakten zu Kozak; sein Büro liegt in der Siwzew Wraschek 43. Der Abend ging noch weiter, mit einem Abendessen in sehr kleinem Kreis, zu zweit mit ausgesuchten Mitarbeitern, den einzigen Gästen. Unter ihnen ist als Übersetzerin eine russische Journalistin, die Italien liebt. Wir haben bei Salvini angefragt und ihn gebeten, über das Treffen Rechenschaft abzulegen; die Anfrage ging an die E-Mail-Adresse des Senats und an seine persönliche E-Mail-Adresse. Der Minister hat es vorgezogen, nicht zu antworten. Bleibt die Frage: Warum wollte Salvini, der Minister Italiens, der aktiver als alle anderen die sozialen Medien nutzt und bereit ist, jeden Moment seines privaten und politischen Lebens mit seinen Followern zu teilen, dieses Zweiertreffen mit seinem russischen Kollegen nicht verbreitet sehen?

Was kurz nach diesem Abend geschah, ist noch merkwürdiger. Am Tag nach der durch die „Confindustria“ organisierten Konferenz waren wir Zeuge eines Treffen in der Lobby des Hotel Metropol, einem architektonischen Juwel mit Blick auf den Platz des Bolschoi-Theaters. Savoini saß an einem Tisch mit vier anderen Leuten. Wir konnten einen mit Sicherheit identifizieren: Ilja Andrejewitsch Jakunin, ein Manager aus dem engsten Umfeld des Anwalts Pligin, bei dem das Treffen zwischen Salvini und

Kozak stattgefunden hatte. Am Tisch saßen außerdem ein russischer Übersetzer, ein italienischer Anwalt und ein anderer Italiener namens Francesco[*]. Die Gruppe saß mehr als eine Stunde zusammen, trank Espresso und diskutierte. Nach den freundlichen Worten zur Begrüßung begann Savoini ein Loblied auf Salvini und dessen „souveränistische" Haltung und bejubelte die Freundschaft mit Putin und Russland. Schließlich schilderte er seinen geopolitischen Ansatz für Italien: „Das neue Europa muss nahe bei Russland sein. Wir dürfen nicht länger von geheimen Entscheidungen in Brüssel oder den USA abhängen. Wir wollen Europa gemeinsam mit unseren Verbündeten wie Heinz-Christian Strache in Österreich, der ‚Alternative für Deutschland' in Deutschland, Madame Le Pen in Frankreich, Orbán in Ungarn und ‚Sverigedemokraterna' in Schweden verändern."

Dann übergab der Salvini-Berater das Wort an die Fachleute, die den Rest der Zeit damit verbrachten, Details des Geschäfts zu klären. Um welches Geschäft es ging? Immer noch das gleiche, über das Savoini und der Generaldirektor von „Avangard" im Juli gesprochen hatten: die Lieferung von russischem Kraftstoff. Jetzt allerdings ist von der unbekannten „Avangard" nicht mehr die Rede. Jetzt soll ein russisches Staatsunternehmen das Erdöl verkaufen. „Rosneft", sagen die Russen. Und Käufer soll „ENI" sein, das italienische Staatsunternehmen. Es wird über große Mengen gesprochen. Die Russen schlagen vor, drei Millionen Tonnen Erdöl in sechs Monaten oder einem Jahr zu liefern. Der italienische Anwalt sagt, dass das kein Problem wäre: Er versichert, „ENI" hätte auch Kapazitäten, um bei Bedarf mehr zu kaufen. Das Erdöl soll vom russischen Großkonzern mit einem Rabatt von mindestens vier Prozent auf den wichtigsten Referenzpreis der Branche, den Platts, verkauft werden. Dieser Rabatt von vier Prozent soll in die Finanzierung der Lega fließen. Auf Wunsch der Russen vereinbaren beide Seiten allerdings einen höheren Rabatt und bringen sechs Prozent ins Spiel. Nicht ohne zu beteuern, dass alles, was über die vier Prozent hinausginge, an die Russen fließen würde. „Das ist eine Garantie, sie bekommen auch 400 … Was zum Teufel sie auch immer brauchen. Das ist jedenfalls eine Garantie", sagt Savoini zu seinen Landsleuten. Die ganze Operation hat einen komplexen Aufbau. „ENI“ wird Rosneft nicht direkt bezahlen, das Geld soll über eine nicht näher benannte europäische Bank und über eine russische Anwaltskanzlei fließen, die noch ausgewählt werden muss. Aber das sind Details.

Was Savoini an dieser ganzen Geschichte interessiert, erklärt der italienische Anwalt seinem russischen Kollegen nach einer halben Stunde: „Der Plan unserer *political guys* ist ganz einfach. Angenommen die vier Prozent Rabatt machen 250.000 pro Monat für ein Jahr aus. Damit können sie eine Kampagne finanzieren.“ Und noch einmal: „Das ist nur eine politische Frage, wir wollen Geld für den Wahlkampf, und das ist gut für beide Seiten.“ Alles in allem ergibt sich also Folgendes: Durch das Geschäft mit den Russen erhält die Lega ein Jahr lang mindestens 250.000 Dollar pro Monat oder insgesamt 3 Millionen Euro, und dieses Geld steckt sie dann in den Europawahlkampf. Savoini rundet das Bild schließlich ab und sagt, er habe „gestern mit Alexander gesprochen, und seiner Meinung nach bin ich das perfekte Bindeglied, sowohl auf italienischer als auch auf ihrer Seite“. Alexander wie Alexander Dugin, Putins Lieblingsphilosoph, den Savoini in diesen Tagen mit Sicherheit getroffen hatte, wie ein Foto von „La Stampa“ zeigt.

Das Treffen, dessen Zeugen wir im Hotel Metropol waren, endete mit einer Auflistung der noch zu entscheidenden Fragen. Die Art des Diesels, zu dem man auch noch Flugzeugtreibstoff hinzufügen könnte; der Ort für die Lieferung, mit den Optionen Rotterdam oder Noworossijsk, das Geld, das dank des Tricks von mehr Rabatt als vier Prozent an die Russen zurückgehen soll; die Bank, die von Rosneft genutzt werden soll, wobei die Russen die „Banca Intesa Russia“ vorschlagen und die Italiener sie beruhigen und beteuern, im Vorstand säße bereits „einer unserer eigenen Leute ... sein Name ist Mascetti“. Wie Andrea Mascetti, der Lega-Mann, der kurz zuvor in den Vorstand der russischen Tochtergesellschaft von „Intesa“ berufen worden war.

Das war am 18. Oktober 2018. Zum Zeitpunkt, als wir dieses Buch fertig stellen, wissen wir nicht, was aus dem Geschäft geworden ist und ob und in welcher Form der Vertrag unterzeichnet wurde. Wenn aber das, was wir gehört haben, in die Tat umgesetzt würde, stünden wir vor einem wirklich Aufsehen erregenden Paradox: eine nationalistische Partei, Salvinis Lega, die sich den nächsten europäischen Wahlkampf von einem ausländischen Staatsunternehmen, der russischen Rosneft, finanzieren lässt. Die wichtigste italienische Regierungspartei wird unterstützt von Putin, dem EU-Gegner *Numero uno*. Und all das bespricht in Moskau ein Mann, nämlich Savoini, der angeblich keinerlei Auftrag hat, sich mit Erdöl zu befassen und noch weniger mit der Finanzierung der Lega.

41. ZWISCHEN VATIKAN UND WEISSEM HAUS

Während die ersten Kontakte zwischen Salvini und Putin bereits auf das Jahr 2013 zurückgehen, ist das Bündnis mit Donald Trump jüngeren Datums. Nun wurde der amerikanische Milliardär, der vorgibt, gegen die Eliten zu kämpfen, auch erst 2017 Präsident der Vereinigten Staaten. Im Gegensatz zu den russischen Beziehungen ist die Achse zwischen Lega und Trump außerdem nie schriftlich fixiert worden. Und es fing alles eher zufällig an. Die Idee, eine Verbindung mit Trump herzustellen, entstand, als der Tycoon 2015 bei den Vorwahlen der Republikaner antrat. Der Vorschlag kam von Luca Morisi, der für die Internet-Kommunikation der Lega zuständig ist und, wie wir gesehen haben, wesentlich für den Wahlerfolg von Salvini war. Morisi begreift vor den anderen, dass *The Donald* Erfolg haben dürfte und dass dessen nationalistischen Ideen, sein „Make America Great Again", seine Ausfälle gegen Islamisten und mexikanische Immigranten den Schlachten doch sehr ähneln, dank derer Salvini in Italien in den Umfragen zulegen kann.

Das Problem ist nur, dass Morisi zwar ein Zauberer des Netzes ist, ein kleines Genie der Kommunikation via *social networks,* und er auch gut Englisch spricht. Soziale Kontakte aber sind nicht so seine Stärke: Der Philosoph aus Mantua verfügt jedenfalls nicht über die notwendigen Kontakte, um ein Treffen der beiden Politiker zu organisieren. Sein Vorschlag wird jedoch vom *Capitano*, wie Salvini gern genannt wird, und von seinem engeren Zirkel aufgenommen, und man beginnt, nach dem richtigen Zugang zu Trump zu suchen. Der erste Versuch läuft über Guglielmo Picchi, später Staatssekretär im Außenministeriums, einen alten Lega-Anhänger, der vorgibt, Kontakte zu Leuten aus dem Umfeld des zukünftigen amerikanischen Präsidenten zu haben, aber das läuft ins Leere. Dann schlägt Giancarlo Giorgetti vor, es mit Amato Berardi zu versuchen, einem italienisch-amerikanischen Unternehmer mit Sitz in Philadelphia, ehemaliger Abgeordneter der PdL* für einen Wahlkreis im Ausland, der sagt, er sei ein persönlicher Freund des Krösus aus New York. Berardi ist damals Präsident des „National Italian American Political Action Committee", einer Organisation zur Förderung italienischer Kultur in den USA; er warnt die Lega-Leute, dass das nicht einfach werden würde. Unterstützt von Eugenio Zoffili, einem weitere Salvini-Getreuen, antwortet Morisi, dass man es trotzdem versuchen wolle und auch bereit sei, für die Reise in die Staaten zu bezahlen. Und los geht's.

Ende April 2016, kurz nach Ostern, fliegt die Reisegruppe der Lega in die Vereinigten Staaten. Dazu gehören nachweisbar Salvini, Giorgetti, Picchi und der Berlusconi-Mann Berardi, dessen US-Kontakte sich als wesentlich für den Aufbau der souveränistischen Internationale erweisen sollten. Am 25. April reist die Gruppe aus der Poebene direkt zur Mohegan Sun Arena in Wilkes-Barre, Pennsylvania, einer kleinen Stadt unweit von Philadelphia, wo in diesen Tagen eine Wahlkampfveranstaltung der Republikaner stattfindet. Ab hier vermischen sich Bericht und Legende. Nach Angaben der Lega wurde das Treffen von Wilkes-Barre zusammen mit den Leuten Trumps mit mehreren E-Mails organisiert, herausgekommen sei ein 20-minütiges Gespräch, an dessen Ende Trump die Hoffnung geäußert habe, das Salvini „bald Premierminister in Italien werden" sollte. Was so viel heißen soll wie: Das Foto mit Trump und Salvini, lächelnd und mit erhobenen Daumen als Zeichen des Einverständnisses, stellt den Beginn einer ambitionierten transatlantischen Allianz dar. Kritischeren Rekonstruktionen zufolge erschöpfte sich das Treffen zwischen dem Lega-Chef und dem Kandidaten in Wirklichkeit in einem schlichten Foto-Termin.

Mit anderen Worten, Salvini wäre bei der Republikaner-Veranstaltung mit dem Ziel aufgetaucht, ein Selfie mit Trump zu kriegen, um damit *bella figura* zu Hause zu machen. Also kein Gespräch auf Augenhöhe, kein *endorsement* für den neuen Lega-Vorsitzenden, keine internationale Allianz. Eine Version, die glaubhafter wirkt durch das, was Trump selbst wenige Wochen später gegenüber dem amerikanischen Magazin „The Hollywood Reporter" erklärte: „Salvini? Ich wollte ihn nicht treffen."

Schließlich taucht noch eine Stimme auf, die die Version der Lega in Frage stellt und ein weiteres Detail hinzufügt: Nicht nur gab es gar kein Treffen im engeren Sinne zwischen Trump und Salvini oder eine Unterstützung für den Lega-Führer. „Das war eine *photo opportunity* ... du zahlst 50 Dollar und machst dir dein Foto mit Trump." So jedenfalls Leonardo Zangani, italienischer Geschäftsmann und seit vierzig Jahren in New York, der Trump vom ersten Moment an unterstützte und zumindest bis Ende 2017 voll in die Abstimmung zwischen Lega und dem US-Präsidenten involviert war. Zangani war an jenem Tag in Wilkes-Barre, und er berichtete von den Hintergründen in einer E-Mail an Armando Siri, die von „Anonymous" veröffentlicht wurde. Salvini hat also 50 Dollar für ein Foto mit Trump bezahlt? Wie dem auch sein mag – die E-Mails während der Organisation des Treffens hat die Lega „aus Gründen der Privatsphäre", wie es hieß, nie veröffentlicht –, dieses Treffen war sicherlich kurz und nicht so wichtig für die Achse, die dann zwischen den amerikanischen und italienischen Nationalisten enstand.

Wichtig war, was als nächstes geschah. Mit Unterstützung des italienischen Botschafters in den USA, Armando Varricchio, führt Berardi die Lega-Delegation von Pennsylvania nach Washington DC. Und im Kapitol lernt Salvini dann Steve Bannon kennen, damals der wichtigste Berater Trumps und heute immer noch Bindeglied der globalen Souveränisten-Bewegung, die Russland mit den USA verbinden will, und zwar via Europa, mit Orbán, Le Pen, Farage, Wilders und eben Salvini. Ein junger Mann, dessen Potential Bannon, im Gegensatz zu Trump, sofort sieht. Erst so beginnt der *honey moon* zwischen Salvini und *The Donald*, und damit eine Verbindung, die den neuen Lega-Vorsitzenden binnen weniger Monate zu einem der beliebtesten Figuren im Netz machen wird.

Ob es jemals eine Art Koordination zwischen der amerikanischen *alt-right* und der alten Lega gegeben hat, lässt sich angesichts der wenigen Bruchstücke an Information, über die wir verfügen, nicht sagen. Mit Sicherheit liefert der Stratege der amerikanischen extremen Rechten den Lega-Leuten an jenem Tag in Washington einen Kontakt, der es ihnen ermöglichen wird, in eine Welt Einlass zu finden, die viel weiter und machtvoller ist als selbst die amerikanische. Bannon nämlich rät Salvini, im Vatikan Kontakt mit einem Kardinal aufzunehmen, den er zwei Jahre zuvor kennengelernt hatte. Es handelt sich um Raymond Leo Burke, US-Amerikaner, Jahrgang 1948, und einer der konservativsten unter den mächtigen Prälaten, ein erbitterter Gegner von Papst Franziskus und dessen Theorien von der *società mista* und der *Chiesa povera*, die offen für gesellschaftliche Veränderungen zu sein hat. Burke ist Karinalpatron des Malteserordens und einer der vier Unterzeichner der „*dubia*" gegenüber dem apostolischen Schreiben *Amoris laetitia* von Jorge Mario Bergoglio. Er ist der einzige Kardinal, der öffentlich auf der Notwendigkeit einer „formalen Korrektur" der Lehre von Franziskus besteht. Er ist völlig gegen die Akzeptanz von Schwulen, gegen die Möglichkeit für Geschiedene, die Eucharistie zu empfangen, gegen Abtreibung, gegen Sterbehilfe, gegen palliative Fürsorge für unheilbar Kranke und gegen Toleranz gegenüber Muslimen, wo doch nach seinen Worten „der Islam die Welt regieren will"[*].

Es sind Ideen, die sich nicht allzu sehr von denen unterscheiden, die Bannon und Salvini vertreten (abgesehen vielleicht von der in Sachen Eucharistie; der Lega-Chef hat eine Scheidung hinter sich). Und tatsächlich folgt Matteo den Vorschlägen des Trump-Beraters bis aufs i-Tüpfelchen. Anfang Februar 2017 kommt es zu einem ersten privaten Treffen mit Burke. Von da an wird die Geschichte zumindest teilweise öffentlich. Burke und Salvini lassen sich gemeinsam fotografieren; T-Shirts mit dem Slogan „*Il mio Papa è Benedetto*" („Mein Papst ist Benedikt"), die die Lega-Leute bei ihren Versammlungen in Pontida tragen; das Video, in dem der Kardinal vom Islam als „Bedrohung" spricht und fordert, „Intelligenz" in der Frage der Migranten an den Tag zu legen, weil „wir wissen müssen, wer sie sind und wie viele wir realistischerweise akzeptieren können". Dem neuen Führer der italienischen Rechten muss das runtergehen wie Öl. Er beginnt schließlich, während seiner Kundgebungen das Evangelium und den Rosenkranz zu zeigen und vor Journalisten stolz zu erklären: „Es gibt eine Strömung im Vatikan, die mich auffordert, auf dem eingeschlagenen Weg weiterzugehen."

Parallel zum Einverständis mit den konservativeren Katholiken intensiviert sich auch die Beziehung zu Bannon und seinen Anhängern. Im Mai 2017 wird in Mailand sogar eine öffentliche Veranstaltung von „Breitbart Italia" organisiert, der italienischen Niederlassung der rechtsextremen amerikanischen Internetseite. Titel der Konferenz: „Souveränismus und Globalisierung". Offiziell ist die Lega nicht dabei, aber auf der Bühne sieht man einige Figuren, die, wie sich in den folgenden Monaten herausstellt, Salvini sehr nahe stehen. Moderiert wird die Debatte von Gianluca Savoini, Salvinis Mann in Moskau. Teilnehmer: der ehemalige italienische Finanzminister Giulio Tremonti, der der Lega schon immer nahe gestanden hatte; Giuseppe Valditara, Professor für römisches Recht und früher Senator der *Alleanza Nazionale*, der rund ein Jahr später zum Regierungsbeauftragten für die Universitäten ernannt wird; der damalige Geschäftsführer des schweizerischen „Corriere del Ticino", Marcello Foa, der heute auf dem Ticket der Lega Präsident der „Rai" ist; sowie Ted Malloch, damals als möglicher US-Botschafter bei der Europäischen Union gehandelt, dann aber nach einigen allzu expliziten Äußerungen (etwa: „Der Euro ist ein unvollkommenes Experiment; für die USA ist es besser, mit den einzelnen Staaten der EU zusammenzuarbeiten.") aus dem Rennen genommen wurde*.

Am Aufbau der neuen nationalistischen und antieuropäischen Allianz sind also eine Menge Leute beteiligt, einige allerdings tendieren dazu, im Hintergrund zu bleiben, fern von den Scheinwerfern und fast erschrocken, geraten sie doch einmal ins Rampenlicht. So wie Federico Arata, der Spindoktor der Lega fürs Internationale – so jedenfalls nennt er sich selbst –, der Mann, der in den letzten Jahren stillschweigend daran gearbeitet hat, Verbündete für Salvini in der Welt zu finden. Geboren 1985, französisches Gymnasium in Rom, Abschluss in Wirtschaftswissenschaften an der Privatuniversität Luiss, Berufserfahrung bei „Nomura", „Bnp Paribas", „BSI", „Credit Suisse". Ein ambitionierter Bankier im Dienste einer Partei, die sich doch gegen die Finanzwelt, gegen Märkte und *spreads* wendet. Gegen die Banken also. Vielleicht wollte der junge Arata deshalb lieber nicht so in der Öffentlichkeit stehen? Jedenfalls hat er sich ins Zeug gelegt, um am 8. Dezember 2017 in New York ein Treffen zwischen Trump und Salvini zu organisieren. Und es war stets er, der Bannon im vergangenen September auf seiner Tour durch Rom begleitete, als der ehemalige Goldman-Sachs-Banker nach Italien kam, um neue Anhänger um sich zu scharen.

Es gibt noch einen weiteren wenig bekannten Aspekt in der Allianz, die Salvini und Trump vereint, und der führt über den Vatikan: das „Dignitatis Humanae Institute". Es handelt sich um eine Stiftung nach italienischem Recht, die vorgibt, sie wolle „die jüdisch-christlichen Wurzeln der westlichen Gesellschaft verteidigen". Die Zentrale ist zwischen Rom und Brüssel aufgeteilt, die Stiftung verfügt jedoch auch über ein repräsentatives Gebäude in Collepardo in der Provinz Frosinone: eine alte Kartause, die ihr vom italienischen Staat für 100.000 Euro im Jahr überlassen wurde. Genau in diesem riesigen mittelalterlichen Bau soll – so einige Zeitungen – Bannon im September 2018 Quartier genommen haben, als er nach Europa kam, um „The Movement" ins Leben zu rufen, die Organisation also, die nationalistische Parteien 2019 bei den Wahlen zum Europäischen Parlament unter die Arme greifen sollte. Die Verbindung zwischen Bannon und der katholischen Stiftung geht auf mehr als journalistische Indiskretionen zurück: Der Name des ehemaligen strategischen Beraters von Trump erscheint in der Tat unter den offiziellen Unterstützern *(patrons)* der Institution. Und ganz offiziell ist auch die Absicht des amerikanischen Politikers, in der katholischen Einrichtung Führungskurse für konservative Politiker zu organisieren.

Es gibt allerdings noch weitere Informationen, die zeigen, dass das nahezu unbekannte „Dignitatis Humanae Institute" zu einer wichtigen Instanz für den neuen globalen Souveränismus geworden ist und dabei weit über die traditionelle extreme Rechte hinausreicht. Gründer und Vorsitzender des Kuratoriums ist

Benjamin Harnwell. Wer das ist? „Der intelligenteste Mann Roms, der sich als Mönch präsentiert, aber in Wirklichkeit ein echt harter Brocken ist.“[*] Das sagt Bannon über ihn, nachdem Burke ihm Harnwell im Jahr 2014 vorgestellt hatte. Burke, der Anti-Bergoglio-Kardinal, ist Vorsitzender des Beirats des Instituts, der sich ausschließlich aus Kardinälen zusammensetzt. Wenn man allerdings durch die Liste der anderen Mitglieder der Stiftung geht, bekommt man eine Vorstellung von ihren internationalen Ambitionen: Vorsitzender des Lenkungsausschusses ist Luca Volontè, ehemaliges Mitglied der UDC[*] und italienischer Vertreter beim Europarat bis 2013, schon immer Mitglied von „Comunione e Liberazione“[*]; er steht in Mailand wegen Geldwäsche vor Gericht, nachdem er zwei Millionen Euro an Schmiergeld für die Lobbyarbeit zugunsten des aserbaidschanischen Regimes in Europa erhalten hatte (der Vorwurf der Korruption wurde im Februar 2018 fallengelassen). Geld aus Aserbaidschan, aber auch aus Russland. Es mag Zufall sein: Zu den Partnern des „Dignitatis Humanae Institute“ gehört auch „Novae Terrae“, die Stiftung von Volontè. Das ist die Stiftung, die laut Ermittlungsakte verwendet wurde, um einen großen Teil dieses Schmiergelds zu kassieren. Paolo Biondani und Francesca Sironi haben in „L’Espresso“ berichtet, wie die Stiftung Volontès in den letzten Jahren Geld an diverse Personen und Vereinigungen aus der Anti-Gay-, Anti-Abtreibungs-, Anti-Scheidungsszene in Europa verteilt hat. Dazu gehört auch Harnwell, der im Januar 2014 eine Überweisung von 12.000 Euro von „Novae Terrae“ erhalten hat. Also russisches und aserbaidschanisches Geld, das eine Runde in der Stiftung von Volontè dreht und dann auch beim „Dignitatis Humanae Institute“ landet, wo der Vatikan auf den neue europäische Souveränismus trifft.

Wenn man die anderen Namen im Kuratorium des „Dignitatis Humanae Institute“ sieht, begreift man die internationale und vielgestaltige Dimension des Projekts. Die Vizepräsidenten sind Christian Sweeting, der vor Jahren für die Konservative Partei für das britische Parlament kandidierte, und Nasser Khalili, der im Iran geboren wurde, aber in England lebt und einer der reichsten Kunstsammler Großbritanniens ist. Wirklich halb Europa findet man aber im so genannten „Komitee für Menschenwürde". Da ist der Brite Nirj Deva, Abgeordneter des Europäischen Parlaments in der Fraktion der Europäischen Konservativen und Reformer, ebenso wie ein anderes Mitglied des Ausschusses, der Niederländer Bas Belder. Dann sind da der Litauer Mantas Adomėnas, seit 2017 Vizepräsident der „Patriotischen Union", einer katholischen, nationalistischen Partei; Mircea Lubanovici, in den Vereinigten Staaten als Mitglied des rumänischen Parlaments für die NLP gewählt, einer rechten Partei, die zur EVP gehört. Und schließlich Endre Spaller, Abgeordenter von Fidesz, der ungarischen Regierungspartei von Viktor Orbán – auch er Teil der Europäischen Volkspartei.

Die katholische Organisation führt verschiedene Teile der europäischen Konservativen zusammen, von den alten Christdemokraten bis zu den neuen Souveränisten. Mit einem Augenzwinkern hier und da in Richtung der extreme Rechten: Unter den ganz wenigen offiziellen Sponsoren des Instituts ist beispielsweise „Pro Vita", eine katholische gemeinnützige Organisation, die, wie wir gesehen haben, der Familie von Roberto Fiore sehr nahe steht. Fiore wurde in den achtziger Jahren vom Kassationsgericht wegen Bildung einer terroristischen Vereinigung verurteilt (landete aber nie im Gefängnis) und ist heute Anführer von „Forza Nuova". Der Reigen geht also von „Comunione e liberazione" zum italienischen Faschismus der siebziger Jahre und bezieht dabei auch Parlamentarier aus verschiedenen europäischen Ländern mit ein. Alle zusammen mit Begeisterung dabei in der Denkfabrik im Schatten des Vatikans. einer Stiftung, die wie alle Stiftungen nicht verpflichtet ist, in ihren Bilanzen die Namen ihrer Geldgeber anzugeben. Und tatsächlich gibt die Stiftung nichts an, eines aber ist sicher: Nach dem, was Bannon im September letzten Jahres verlauten ließ, brauchte seine Organisation „The Movement" im Vorfeld der Europawahlen einen Betrag irgendwo zwischen 25 und 50 Millionen Dollar.[*]

42. EINEN BANKER ALS FREUND

Es gibt eine Lega, die von sich behauptet, sie kämpfe gegen die Banker. Und es gibt eine Lega, die sich mit den Bankern an einen Tisch setzt, die mit ihnen einen Dialog anfängt, die sich von ihnen beraten lässt. Die Rede ist hier nicht von von Steve Bannon, dem Anführer der weltweiten Populisten, der bei Goldman Sachs groß geworden ist, sondern von einem altgedienten Protagonisten der italienischen Finanzszene: Ettore Gotti Tedeschi, nicht gerade der letzte Sparkassenleiter in der Provinz. Nach Lehrjahren bei McKinsey war der Ökonom Präsident der Vatikanbank IOR, war Berater des früheren Finanzministers Giulio Tremonti, Vorstandsmitglied der „Cassa Depositi e Prestiti" und Chef des Investementfonds „F2i". Vor allem aber ist er seit fast einem Vierteljahrhundert das italienische Gesicht der „Banco Santander", einem der größten und mächtigsten Kreditinstitute der Welt. Der Finanzriese hat übrigens in den ersten zehn Monaten des Jahres 2018 fast neun Milliarden Euro an italienischen Staatsanleihen verkauft, sein Engagement in seinem Land damit auf null gestellt und zur Erhöhung des *spread* beigetragen.

Gotti Tedeschi – so die Handelsregisterauszüge – ist auch heute noch der *Country Manager* für Italien bei dem von Emilio Botín gegründeten spanischen Multi. Das ist nebenbei bemerkt dieselbe Bank, die im Jahr 2007 die „Antonveneta" an „Monte dei Paschi" (Mps) verkaufte; das Geschäft erwies sich später als Katastrophe für das Bankhaus aus Siena und für die öffentlichen Finanzen Italiens. Der Banker ist seit jeher auch Präsident der „Santander

Consumer Bank", die als italienische Filiale des Konzerns Verbraucherkredite, das heißt kurzfristige Kredite mit hohen Zinsen, ausgibt. Wegen dieser Geschäfte beschwerten sich in den letzten Jahren Tausende italienischer Bürger beim Ombudsmann der Banken über das spanische Institut wegen mutmaßlicher Unregelmäßigkeiten. Wollte man den wutentbrannten Reden Salvinis gegen die Mächtigen Glauben schenken, müsste das allein eigentlich reichen, um Gotti Tedeschi einen festen Platz auf der Liste der politischen Feinde der Lega zu sichern.

Aber von wegen: Der mitttlerweile 73 Jahre alte Banker aus Piacenza wurde zu einem besonders geachteten Ratgeber der neuen Nationalisten an der Macht. Das geht so weit, dass er kürzlich ein gemeinsames Manifest mit Lorenzo Fontana präsentierte, dem Familienminister der Lega, der jahrelang Sitznachbar Salvinis in Brüssel war. Es wurde im Februar 2018 von „Fede e Cultura" veröffentlicht, einer kleinen Verlagsgenossenschaft aus Verona. Titel: „*La culla vuota della civiltà*" (etwa: „Die leere Wiege der Zivilisation"), immerhin mit dem ehrgeizigen Ziel, die Gründe der Krise in Italien zu erläutern. Und welche sind das laut diesem Manifest? Italiener hätten wenige Kinder, das sei die Hauptursache für den wirtschaftlichen Niedergang der Nation. Die These wird dann angereichert durch Argumente, wie sie den Souveränisten lieb und teuer sind: Statt die Geburtenzahl zu fördern, hätten frühere Regierungen dafür optiert, die demografische Lücke durch Einwanderung zu schließen. Das Ganze versehen mit einer Einleitung von Matteo Salvini. Das Buch fällt nicht so sehr wegen seiner Thesen ins Gewicht – die hat Fontana bereits mehrmals wiederholt und sich gegen Schwangerschaftsabbruch ausgesprochen, gegen die Homoehe, gegen die eingetragene Partnerschaft etc. –, sondern weil es den Beweis liefert für eine besondere Verbundenheit zwischen der Lega und Gotti Tedeschi, also zwischen einer politischen Partei und dem Repräsentanten einer europäischen Großbank, mithin dem Gegenteil dessen, was der Vizepremier seit Monaten stets und ständig wiederholt.

Die neue *santa alleanza* geht weit über das Buch mit seinen demografischen Thesen hinaus. Der katholische Bankier, der bei

„Akros“ am Hofe von Gianmario Roveraro ausgebildet wurde, Opus-Dei-Mitglied[*] und Finanzgröße der achtziger Jahre, ist nur die Speerspitze einer konservativen Szene, die von „Family Day“ bis zur extremen Rechten reicht. Im Internet wurden die Thesen von Gotti Tedeschi und Fontana vom Verein „Pro Vita“ beworben, den wir bereits mehrmals auf diesen Seiten getroffen haben, aber auch von einem Netzwerk von Blogs, das den im Vatikan gegen Papst Franziskus gerichteten Kräften eine Öffentlichkeit verschafft; es sind dieselben Kräfte, zu denen auch Raymond Leo Burke gehört, der Kardinal und amerikanische Freund von Salvini und Bannon, der Mann, der unter den Kuppeln des Vatikans die Fäden zieht für Souveränisten aus halb Europa.

Gotti Tedeschi hat aus seinen Ideen nie einen Hehl gemacht. Im September 2017 gehörte er wie berichtet zu den Unterzeichnern der „formalen Korrektur“, einem Dokument, das den Papst praktisch der Ketzerei beschuldigt. Der Angriff hat die Aktionäre der „Banco Santander“ offenbar nicht weiter irritiert: Der italienische Bankier sitzt nach wie vor fest im Sattel. Aber es handelt sich nicht nur um eine religiöse Geschichte: Auch die neuen Rezepte der Lega in Sachen Wirtschaftspolitik ähneln dem, was der Bankier seit Jahren propagiert. Schon 2007 gehörte Gotti Tedeschi zu den Unterzeichnern eines Manifests, das eine Einheitssteuer von 20 Prozent forderte, die der *flat tax*, die die Lega *urbi et orbi* angekündigt (aber bisher nicht verwirklicht) hat, doch sehr ähnelt. Vor mehr als einem Jahr, als die spätere „gelbgrüne“ Regierung noch Opposition war, fuhr er schwere Geschütze gegen den Euro auf. Die Einheitswährung „ist genutzt worden, um unser Land in wirtschaftlicher und ‚moralischer‘ Hinsicht herabzusetzen“, erklärte er gegenüber der Zeitung „Libero“ und wies mit dem Finger auf „supranationale Organe, die Gesetze, Disziplin, demokratische Modelle, kooptiertes Herrschaftspersonal und vor allem eine homogene moralische Sichtweise durchsetzen“[*]. Man hat den Eindruck, Bannon, Orbán oder Le Pen zuzuhören. Möglicherweise ist das der Grund, warum der ehemalige IOR-Präsident Gotti Tedeschi dann so begeistert von der Lega-dominierten Regierung war, dass er sich ganz sicher zeigte, sie würde sich noch Jahre lang behaupten. „Die Partei

Salvinis" – sagte er im August 2018 gegenüber „Formiche.net" – „will sich nicht ein paar Monate lang durchwursteln, sondern für einige Jahre regieren. Wenn sie kompakt und geschlossen bleibt, wird die Regierung sehr wohl in der Lage sein, alle Stürme auf den Märkten und das Spread-Problem zu bewältigen."

Wenn er so was sagt, klingt das wie ein Segen. Nach Angaben der europäischen Bankenausicht EBA hatte die Santander-Gruppe Ende 2017 nämlich italienische Staatsanleihen im Wert von 8,7 Milliarden Euro im Portfolio**. Sie war eine der fünfzehn Banken der Welt, die am stärksten von der italienischen Staatsverschuldung betroffen waren. Die Frage liegt also nahe: Ist es angemessen, dass der Vertreter eines Unternehmens mit derart großen finanziellen Interessen in Italien solch enge Beziehungen zu Spitzenvertretern der italienischen Regierung unterhält? Denn theoretisch konnte Gotti Tedeschi von Insiderinformationen profitieren. Und auf dieser Grundlage könnte seine Bank Gewinne aus dem Verkauf und Kauf von italienischen Staatsanleihen erzielen. Auf entsprechende Fragen antwortete uns ein Sprecher von Santander mit wenigen Zeilen: „In Übereinstimmung mit der Politik der Gruppe, die darauf zielt, nur die Staatsschulden von Ländern zu halten, die unserer Auffassung nach die wichtigsten Märkte sind, halten wir keine italienischen Staatsschulden".

Übersetzung: In weniger als einem Jahr, nämlich 2018, hat der spanische Finanzriese fast neun Milliarden Euro an italienischen Staatsanleihen verkauft. Allerdings darf der Hinweis nicht fehlen, dass Santander 2017 die „Banco Popular" übernommen hatte, so dass theoretisch die Belastung mit italienischen Staatsschulden auf diese Übernahme zurückgegangen sein könnte und dann abgebaut wurde. Aber selbst wenn das so wäre, bleibt ein Widerspruch. Während Salvini einerseits sagt, hinter dem wachsenden *spread* stecke „ein Manöver von Spekulanten à la Soros", ist andererseits sein Minister Fontana Arm in Arm mit dem Vertreter einer Bank unterwegs, die den *spread* durch den Verkauf aller ihrer Anleihen sicherlich mit erhöht hat.

Die Beziehung zwischen dem ehemaligen IOR-Präsidenten und der Lega wurde nicht innerhalb weniger Monate aufgebaut.

Das Vertrauen in Giancarlo Giorgetti, später Staatssekretär im Amt des Ministerpräsidenten, geht auf über lange Jahre wiederkehrende Begegnungen zurück. Das gleiche Umfeld, die gleiche Nähe zu gewissen Zirkeln der Kirche, und zwar zu den dogmatischsten, vom Opus Dei bis zu den Anhängern Lefebvres – wir haben es da zwischen der Lega und Gotti Tedeschi mit einer engen Beziehung, aber auch einer Geschäftsbeziehung zu tun. Beschlagnahme-Protkolle der *Guardia di Finanza* zeigen, dass „Santander" bereits in der Vergangenheit Geschäfte mit der Partei machte, die heute von Salvini geführt wird. 2006 gewährte die „Santander Consumer Bank" der Partei eine Kreditlinie samt Kreditkarte. Die Geschichte hatte gewisse juristische Konsequenzen, weil ein Teil des Geldes vom damaligen Schatzmeister Francesco Belsito für die Miete eines Porsche Carrera 911 verwendet wurde. Finanziert Santander auch heute noch die Lega oder ihre Anführer? „Nein", beteuert der spanische Konzern auf Anfrage.

Es handelt sich also um Geschichten aus der Vergangenheit, um geschlossene Bilanzen sozusagen. Was bleibt, ist eine politische Übereinstimmung, eine Harmonie, eine Allianz, die den Bankier mit der internationalen Populisten-Szene verbindet, die italienische eingeschlossen. „Was sollte Ihrer Meinung nach die neue Regierung als erstes machen?", wird Gotti Tedeschi im August 2017 von „Libero" gefragt. „Sich im Ausland, auch außerhalb Europas, um Konsens bemühen, Konsens, der nötig ist, um Bündnisse und Kompromisse in alle möglichen Richtungen einzugehen", antwortete er und nennt diesen Vorschlag selbst „provokativ". Wie die Sache gelaufen ist, müssen Salvini und seine Leute ihn wohl ernst genommen haben.

43. DAS VERSCHWIEGENE BÜNDNIS

Nationalismus. Stopp der Einwanderung. Staatsgesteuerte Wirtschaft. Übernahme von Dogmen des Katholizismus. Harsche Kritik am Euro, inklusive der Möglichkeit einer Rückkehr zur Lira: Vergleicht man das politische Programm der Lega mit dem von „Casa Pound" und „Forza Nuova", den wichtigsten faschistischen Parteien in Italien, so fallen die Analogien ins Auge. „Gott, Land und Familie" – Wollte man sie in einem Slogan zusammenfassen, läge dieses Mussolini-Zitat nahe. „Du solltest zu Salvini gehen und ihm ein Abkommen mit uns vorschlagen, denn wir sagen solche Sachen seit fünfzehn Jahren; ist doch nicht richtig, dass sie das, was wir schon immer propagieren, einfach so übernehmen ..."* Worte eines Anhängers von „Forza Nuova" im Gespräch mit Roberto Fiore, dem immer noch aktiven Führer der Neofaschistischen, das von den Carabinieri abgehört wurde. Der Kamerad schlägt Fiore vor, den Kontakt mit Salvini zu suchen, denn schließlich sage er das, was sie schon viel länger verträten. Der Lega-Chef habe praktisch mit beiden Händen in ihrem Programm zugelangt, so die Neofaschisten. Der Dialog ist interessant, weil er die Stimmung im Verhältnis zur Lega und ihrem Nationalismus im faschistischen Unterholz offenbart. Gewisse Werte teilt man da, soviel zumindest ist sicher.

Auch wenn es in der Partei schon zu Zeiten Bossis eine braune Strömung gab, kam es doch nie zu einem derart perfekten Amalgam zwischen dem Denken der Lega-Leute und dem der radikalen Rechten. Mario Borghezio kann vielleicht als Symbolfigur für diese Art der Durchdringung gelten. Er ist immer noch sehr stark mit dieser braunen Welt vernetzt, und seine Kontakte waren offenbar recht nützlich für den neuen Chef der Lega. Nachdem Salvini die Führung der Partei übernommen hatte, verwandelte sich die Lega zu einer nationalistischen Kraft, die in ihren Kämpfen „Casa Pound“ und „Forza Nuova“ sehr viel näher steht als früher. Und Borghezio, altgedienter Lega-Mann und seit zehn Jahren mit Salvini in Brüssel, war nun wieder angesagt. Dabei hegte er immer noch die gleichen Sympathien. Mehrmals hatte er sich mit Stefano Delle Chiaie, dem Chef von „Avantguardeia nazionale“, die zwar 1976 unter dem Scelba-Gesetz aufgelöst wurde, aber heute, in der Ära der Souveränisten, mit zwei Sektionen in Rom und Bergamo wieder auferstanden ist, getroffen. Weder das Innenministerium noch das Justizressort haben ein Wort über diese ganz und gar italienische Anomalie verloren, dass eine Gruppe, die offen neofaschistisch ist und in der Vergangenheit bereits verboten wurde, sich neu gründen kann. Borghezio nahm an einigen geselligen und politischen Treffen teil, die von „Avantguardeia nazionale“, Version neues Jahrtausend, organisiert wurden. Die Beziehungen zu Delle Chiaie scheinen derweil bestens.[*]

Mit „Casa Pound“, wir haben das bereits erwähnt, hatte Salvini vor einigen Jahren sogar ein ganz offizielles Bündnis in Form des Vereins „Sovranità“ geschmiedet. Der Verein sollte dazu dienen, Salvinis Ziel, Premier zu werden, zu unterstützen. Dieses Wahlbündnis währte wenige Monate, und Salvini wie auch die Anführer von „Casa Pound“ haben des Öfteren versucht, sich offiziell von der Sache zu distanzieren. Aber die Fakten seitdem zeigen, dass die Achse zwischen der Lega und der extremen Rechten lebendiger ist denn je. In neofaschistischen Kreisen in Rom kursiert außerdem das Gerücht, dass der derzeitige Anführer von „Casa Pound“, Simone Di Stefano, als Sprecher von Borghezio im Gespräch sei[*]. Um sich das Bündnis auf plastische Weise vor Augen zu führen, sollte man nicht nur aufs Parlament schauen. Man muss in die Provinz gehen, zu den Gemeinderäten, in die Ortsgruppen der Parteien. Und da erscheint das Zusammenwirken Lega-Faschismus in all seiner Evidenz.

Nehmen wir zum Beispiel Luca Traini, den „Wolf von Macerata“, den Mann also, der im Februar 2018 den Tod der jungen Pamela Mastropietro rächen will, zur Waffe greift und willkürlich auf sechs Migranten schießt, die mit diesem Vorfall nichts zu tun hatten. Traini ist ein Jugendlicher aus der extremen rechten Szene, mit erklärtermaßen faschistischen Ansichten, der aber gleichzeitig den *circolo* der Lega von Macerata frequentierte; im Jahr vor dem versuchten Massaker war er sogar als Kandidat der Lega für den Gemeinderat von Corridonia nominiert worden, einem kleinen Dorf in der Gegend. Traini ist die extreme Konsequenz einer Politik, die Wut schürt und Hass nährt, er ist der Extremfall, der statistisch nicht zählt, aber Spuren in der Gesellschaft hinterlässt. „Wer schießt, ist ein Delinquent, unabhängig von der Hautfarbe“, sagte Salvini unmittelbar nach den Schüssen. Und er fügte hinzu: „Es ist ja offensichtlich und klar, dass eine außer Kontrolle geratene Einwanderung, eine Invasion wie die, die in diesen Jahren organisiert, gewollt und finanziert wurde, zum sozialen Konflikt führt.“[*] Traini hat mithin zwar einen Fehler gemacht, aber der Chef der Lega rechtfertigt in gewissser Weise die Wut, die ihn zu dieser Aktion veranlasst hat, die Wut gegenüber Einwanderern, gegenüber einer Minderheit. Solche Äußerungen stehen völlig im Einklang mit der Politik der Lega Salvinis, mit ihren Kandidaten und ihren Kontakten. Einige Beispiele:

Vom 6. bis 7. Juli 2018 fand in Abbiategrasso ein „Fest der Sonne“ statt, der schwarzen Sonne, die schon Julius Evola beschworen hat, eine Sonne, die Teil der Nazi-Symbolik ist. Organisiert wurde das Treffen wie jedes Jahr von „Lealtà Azione“, einer neofaschistischen Gruppe aus Mailand. Auffällig aber war, dass dieses Mal gleich sechs Mitglieder von Salvinis Lega dabei waren: drei Abgeordnete, ein Senator, ein Stadtrat und ein regionaler Parlamentarier. Der bekannteste Abgeordnete war Paolo Grimoldi: seit 1991 in der Lega, seit 2006 im Parlament in Rom, Lega-Vorsitzender in der Lombardei und seit Jahren ein persönlicher Freund des Innenministers. Auf der Webseite von „L’Espresso“ beschrieb ihn der Journalist Federico Marconi Grimoldi so: „Bekannt geworden ist er auch durch eine Kontroverse über das Tagebuch der Anne Frank, als er behauptete, einige Seiten daraus seien nicht für Kinder geeignet, weil ihr Inhalt ‚hard core' wäre." Grimoldi ist ein eiserner Salvinianer: In einem Interview im Jahr 2015 erzählte er von seiner langen gemeinsamen Militanz mit dem *capitano* der jungen Lega, von der Unterstützung für seine Kandidatur für den Stadtrat von Mailand und dann für das Europäische Parlament … Gemeinsame Parteiarbeit, die zur engen Freundschaft wurde: „Ich kenne ihn schon mein Leben lang, [wir haben] eine über die Zeit anhaltende Beziehung."*

Auf der Bühne der Neofaschisten stand neben Grimoldi auch Igor Iezzi, ein Abgeordneter, der von den Mitgliedern von „Lealtà Azione" am Tag seiner Wahl mit dem Ruf „Einer von uns!" gefeiert wurde. Und dann war da noch William De Vecchis, Senator und einer der Pioniere der schwarz-grünen Front in den Gemeinden von Fiumicino vor den Toren Roms. De Vecchis kandidierte für die Lega als Bürgermeister – mit Unterstützung von „Forza Nuova".

Die Trennlinie zwischen Lega und Faschisten ist mithin eher unscharf, fast unsichtbar. Und es ist der Innenminister und Vizepremier selbst, der diese Zwiespältigkeit nährt. Zum Beispiel, indem er oft auf das Vokabular der Mussolini-Zeit zurückgreift mit Slogans wie „*Me ne frego*" [etwa: Ich pfeif darauf] oder „*Chi si ferma è perduto*" [etwa: Wer stehen bleibt, ist verloren] und dergleichen mehr. Es erscheint daher folgerichtig, dass bei den letzten Parlamentswahlen in Italien im März 2018 gerade die Lega viele Wechselwähler von „Casa Pound" und „Forza Nuova" gewonnen hat, die dann selbst an der Drei-Prozent-Hürde gescheitert sind.

Die Chronik der Ereignisse in Italien zeigt jedenfalls, dass der Faschismus wieder im Trend liegt und sichtbar ist. Und das, obwohl es im Land immer ein Gesetz gab, das eine Verherrlichung des Fachismus verbietet. Warum fühlen sich dann immer mehr Italiener frei, ihre Sympathie für die zwanzig Jahre unter Mussolini zum Ausdruck zu bringen? Vielleicht gerade, weil sie sich durch das politische Klima dazu legitimiert fühlen können, durch eine Regierungspartei, die sie deshalb nicht isoliert, sondern eher anzieht, durch einen Vizepremier, der Mussolini zitiert und gleichzeitig in der Uniform der Polizei des demokratichen Italien durch das Land reist – jener Polizei, die diejenigen bestrafen sollte, die den Faschismus rechtfertigen und unterstützen. So fühlen sich die derzeitigen Erben des Schlachtrufs *„boia chi molla!"* [Etwa: Wer nachgibt, gehört gehenkt] berechtigt, ihr wahres Gesicht zu zeigen. Der Zustimmung für rechtsextreme Parteien wächst, ihre Vertreter sind schon in mehreren Gemeinderäten, ihre Anhänger zeigen den „römischen Gruß" im Netz und auf der Straße, organisieren Patrouillen für „Sicherheit in der Stadt" oder gegen ausländische Händler am Strand, und sie setzen sogar Schiffe ein, um die Landung von Migranten zu verhindern.

Patrouillen, Seeblockaden, geschlossene Grenzen. Wer redet davon? Roberto Fiore oder Matteo Salvini? Sie nutzen die gleichen Schlagworte: Souveränität, kein *ius soli*, die Italiener zuerst, die traditionelle Familie, die korrupten Eliten. Nur dass die Faschisten im Ernstfall auch körperliche Gewalt nicht verschmähen. Sie trainieren in den Fitnessstudios der Szene, sie toben sich bei Konzerten aus, sie üben schon mal in der Stadionkurve, wo politische Überzeugung und kriminelle Aktion oft zu einer explosiven Mischung werden. Die Leute der Lega bevorzugen die Salons, die sozialen Netzwerke, die Talkshows. Die Schwarzhemden organisieren die jährlichen Aufmärsche, sie zeigen Präsenz in den Arbeitervierteln, wo sie Lebensmittelpakete verteilen und Patrouillen gegen die fliegenden Händler organisieren (wenn diese Ausländer sind) und Demonstrationen für die Besetzer von Wohnungen in Mietskasernen (wenn es Italiener sind).

Weitere Beispiele für Joint Ventures zwischen den Schwarzen und der Lega, in diesen Fällen allerdings nur politischer Art, findet man in der Lombardei. In Monza hat die neue Mitte-Rechts-Regierung, die Lega eingeschlossen, Andrea Arbizzoni zum Sport-Stadtrat bestimmt – er wurde für „Fratelli d'Italia" gewählt und kommt von „Lealtà Azione", einer Skinhead-Gruppe aus der Lombardei. Stefano Pavesi, ebenfalls von „Lealtà Azione", wurde mit den Stimmen der Lega Nord ins Bezirksrathaus von Mailand gewählt. Er machte dann auch gleich am Jahrestag des Massakers an den Fosse Ardeatine auf sich aufmerksam: „eine logische Folge des feigen Angriffs der Partisanen", befand er. Dann ist da auch noch der neue Abgeordnete Jari Colla, der am 26. Januar letzten

Jahres – da war er noch regionaler Vertreter der Lega – an einer Konferenz mit dem Titel „Gender statt Männer und Frauen" teilnahm. Organisiert von wem? Von einer Gliederung von „Lealtà Azione".

Salvini hat sich nie klar zur Nähe der Lega zu faschistischen Idealen geäußert. Er hat oft wiederholt, dass Faschismus und Antifaschismus heute Konzepte des vergangenen Jahrhunderts seien und dass die Italiener nach vorne schauen wollten. Nur dass er Solidarität mit Gianni Scarpa äußerte, dem Duce-Nostalgiker und Besitzer des Lido von Chioggia, einer Badeanstalt, die in eine Art faschistischer Sommerkolonie umgewandelt wurde. Und was soll man zu Aosta sagen, wo Lorenzo Aiello, ein Vertreter der „Casa Pound", als Nachfolger für einen lupenreinen Lega-Mann, der inzwischen zum Mitglied der Regionalregierung ernannt wurde, in den Stadtrat einzog. In Mantua gab es den Transfer in umgekehrter Richtung: Ein Lega-Vertreter, der in den Stadtrat gewählt worden war, lief zur neofaschistischen Bewegung über. Dann gibt es diejenigen, die die Propaganda der „Casa Pound" nutzen, aber das grüne Mäntelchen der Lega tragen. So geschehen im Stadtrat von Mailand, wo der Fraktionschef der Partei Salvinis (der war erst im Oktober 2018 von dem Posten zurückgetreten) im Saal ein Flugblatt der rechtsextremen Bewegung präsentierte.

Aber es gibt nicht nur „Casa Pound" und „Lealtà Azione". Auf der Liste der Überläufer und Verwandlungskünstler gibt es auch noch die schwarze Bewegung von Roberto Fiore. In Mailand, Rathaus 5, hat die ehemalige Lega-Anhängerin Roberta Perrone „Forza Nuova" einen Sitz im Gemeinderat geschenkt: Einmal auf der Lega-Liste gewählt, lief sie dann zu den Neofaschisten von Fiore über. Eine ähnliche Geschichte gab es in Triest, wo der Lega-Mann Fabio Tuiach sich für die Schwarzen entschied.

Man könnte so noch eine Weile weitermachen, aber wichtig ist hier aufzuzeigen, wie sehr sich die beiden politischen Kulturen überlagern können: Souveränismus bei der schwarzen Bewegung wie bei der Lega, und derart ähnlich, dass sie beide die Aufmerksamkeit der gleichen Unternehmen auf sich gezogen haben. So wie etwa dem von Stefano Del Vecchio, einem italienischen

Manager, der seit Jahren in Hongkong mit der Firma „Delvis" im Möbelsektor arbeitet. Aus einigen von „Anonymous" veröffentlichten E-Mails geht hervor, dass Unternehmer aus dem Veneto 2017 eine beträchtliche Summe an „Generazione Identitaria", eine der vielen rechtsextremen Gruppen in Europa gespendet haben, die mit Geld ausgestattet wurde, um die Schiffe der im Mittelmeerraum tätigen NGOs zu blockieren. Die italienischen Anhänger von „Generazione Identitaria" waren von der Spende derart begeistert, dass sie der Lega-Frau Patrizia Rametta auf Sizilien davon erzählten, die dann ebenfalls versuchte, Unterstützung für ihre Partei zu bekommen. Und offenbar hat sie ihr Ziel erreicht.

Die E-Mails berichten von den direkten Kontakten zwischen Del Vecchio und Armando Siri, dem treuen Salvini-Anhänger und Wirtschaftsberater. Darin ging es um ein Treffen, das am 10. Juni 2017 in Mailand am Hauptsitz von „Spazio Pin" stattfinden sollte, einem der vielen Vereine rund um die Lega. In den offiziellen Registern fehlt jeder Hinweis auf eine Finanzierung der Partei durch Del Vecchio oder Siri. Auf unsere Nachfragen bestätigte der in Hongkong ansässige Unternehmer, dass er „Generazione Identitaria" 3.000 Euro geschenkt habe, dass er Siri am 10. Juni 2017 getroffen habe, dass er aber „nie einen Cent für die Lega oder für Siris ‚Scuola Politica' oder eine andere Partei gespendet" habe.

44. RUSSLAND, SCHWARZ-GRÜN

Seit ein paar Jahren richtet sich auch die Aufmerksamkeit der neofaschistischen Szene gen Moskau. Roberto Fiore hat nie ein Geheimnis aus seinen Sympathien für Putin gemacht. Lobreden über die Nummer eins des Kremls und Besuche in Russland – es waren mehrere in den letzten Jahren, etwa zum Konservativen Forum 2015 in St. Petersburg, zusammen mit fast allen Anführern des europäischen Neofaschismus und auch den Lega-Leuten vom Vereins „Lombardia Russia“ – zeigen, dass es beiden Seiten sicherlich nicht an politischer Harmonie bei Themen wie Einwanderung, Schwule und die traditionelle Familie mangelt. Geheimdiensterkenntnissen zufolge haben extremistische Bewegungen allerdings im Austausch für die Unterstützung der russischen Sache in Europa „wirtschaftliche Unterstützung erhalten“. Auch „Forza Nuova“? Das ist nicht in Erfahrung zu bringen. Die vorliegenden Informationen erlauben es jedoch, einige der wirtschaftlichen Kontakte nachzuzeichnen, die Fiore mit Russland verbinden. Und sie unterscheiden sich nicht so sehr von denen der Nationalisten um Salvini.

Der Neofaschist Fiore beschränkte sich nicht nur darauf, die Annexion der Krim zu loben: Er brachte gleich eine Gruppe italienischer Unternehmer auf die Halbinsel am Schwarzen Meer. Mit dem Effekt, das sich doch gewisse Widersprüche zu dem demonstrativen Wirtschaftspatriotismus von „Forza Nuova“, der immer bereit steht, italienische Produkte zu verteidigen, auftun. Nach der organisierten Gruppenreise haben sich einige dieser

Geschäftsleute tatsächlich entschlossen, Produktionen auf die Krim auszulagern.

Die wirtschaftlichen Beziehungen zwischen Fiore und Russland beginnen offiziell im Jahr 2012. Damals fand in Nischnij Nowgorod, 400 Kilometer östlich von Moskau, eine zweitägige Konferenz mit dem Titel „Russisch-Italienischer Handelsdialog" statt. Im Programm wird Fiore als Leiter des italienisch-russischen Vereins „Alexandrit" präsentiert. Zwei Jahre später werden wieder Unternehmer auf Reisen geschickt, aber diesmal auf die Krim, die inzwischen unter russischer Kontrolle steht, und beim Namen Fiore steht nun nichts mehr von „Alexandrit". Teilnehmer berichten jedoch, dass der Vorsitzende von „Forza Nuova" derjenige war, der die ganze Reise von Italien aus organisiert hat.

„Der Verein wurde mir von einem Freund genannt, und ich wusste, dass Fiore der Präsident ist", sagte uns Diego Ebau, ein sardischer Kleinunternehmer, der an diesen Reisen teilnahm: „Mein Ziel und das der anderen mehreren Dutzend Unternehmern, die dabei waren, war nicht politisch, wir wollten verstehen, welche Vorteile die Krim zu bieten hat." Der Unternehmer erklärte uns, dass jemand, der heute mindestens 50.000 Euro auf der Halbinsel investiert, fünf Jahre keine Steuern zahlen muss, und danach liegt der Steuersatz bei maximal 6 Prozent. Mit anderen Worten: ein Steuerparadies, das mit Moskau durch die von Putin gewollte Brücke von Kerch verbunden ist. Nichts könnte einladender für einen Unternehmer sein, der sich zu Hause durch Steuern und Rezession unter Druck gesetzt fühlt. Genau deshalb wollen einige der Unternehmen, die an den von Fiore organisierten Reisen teilnahmen, ihre Fabriken in Italien schließen und auf der Krim wieder eröffnen. „Ich habe den Verein nach zwei Reisen wieder verlassen, weil ich doch lieber alleine arbeite", so der Sarde Ebau. „Aber ich weiß, dass eine apulische Firma aus dem Textilsektor die Produktion wohl bereits dorthin verlagert hat. Und um ehrlich zu sein, ich bin auch dabei: Zusammen mit einem anderen Sarden will ich dort einen Betrieb für die Bearbeitung von Marmor eröffnen."

Aber es geht nicht nur um Produktionsverlagerung. Es gibt noch etwas anderes, von dem Roberto Fiore nie öffentlich spricht und das ihn ganz ähnlich dastehen lässt wie die Freunde Russlands in der Lega. Der patriotischste Politiker Italiens der letzten fünfzig Jahre ist Eigentümer einer Gesellschaft mit Sitz in Zypern, der europäischen Steueroase, die auch die Russen ganz besonders schätzen. Unter ihnen ist, wie beschrieben, auch der Milliardär Malofejew, der von der Mittelmeerinsel aus die Finanzhilfe über zwei Millionen Euro für Marine Le Pen in die Wege geleitet hat. Auch Fiore setzte also auf Zypern. Im Oktober 2010 gründete er auf der Insel „Vis Ecologia Ltd.", ein Unternehmen, das sich offiziell mit „Recycling" beschäftigt, aber für eine aktive Firma ungewöhnliche Merkmale aufweist: keine Mitarbeiter, keine Webseite, Hauptsitz in den Büros einer Wirtschaftsprüfungsgesellschaft. Anfragen bei der Handelskammer zeigen, dass die Gesellschaft „aus steuerlichen Gründen" auf Zypern eingetragen ist, ohne dass allerdings ersichtlich ist, ob auf ihren Konten jemals Geld eingegangen ist, da das Unternehmen nie eine Bilanz vorgelegt hat. „Vis Ecologia Ltd." wurde im Juni 2016 wieder aufgelöst.

Der Faschistien-Führer war nicht der einzige Eigentümer der Firma mit Sitz auf Zypern. Die andere Hälfte der Anteile hielt ein gewisser Beniamino Iannace, vormals bei den Wahlen Kandidat von „Forza Nuova". Auch er war übrigens Teilnehmer der Russlandreise von 2012 und ist heute ein umtriebiger Unternehmer auf dem privaten Postsektor. Sein Franchiseunternehmen hat inzwischen Dutzende von Niederlassungen in ganz Italien. Und der Name Fiore taucht auch da auf. Aber nicht Roberto, sondern sein ältester Sohn Alessandro. Als die Gruppe 2013 gegründet wird, gehört der Sohn zusammen mit Iannace und Fabio Infante, der in der Vergangenheit ebenfalls für „Forza Nuova" ins Parlament wollte, zu den Aktionären.

Es ist genau der Name Alessandro Fiore, der symptomatisch für die gesamte internationale Kette der Souveränisten-Propaganda steht – vom russischen Oligarchen Malofejew bis zum amerikanischen Kardinal Burke. Es war bereits die Rede davon, dass Fiore junior einer der Mitarbeiter von „Katehon" ist, dem von Malofejew gegründeten *Think-Tank* ist, zu dessen Inspiratoren Dugin gehört. Fiore ist auch eine zentrale Figur in der Anti-

Abtreibungsbewegung „Pro Vita", die von Toni Brandi geleitet wird. Der wiederum, auch das zeigte eine Recherche von „L'Espresso", ist wirtschaftlich mit der Stiftung „Novae Terrae" von Volontè verbunden. Toni Brandi, Präsident von „Pro Vita", zahlte 5.700 Euro an die ultra-katholische Stiftung. „Pro Vita" und „Novae Terrae" nehmen prominente Plätze im „World Congress of Families" ein, der von einem Amerikaner namens Brian Brown gegründeten Vereinigung. Interessanter ist jedoch der Name des Botschafters von Browns Organisation bei den Vereinten Nationen: Alexej Komow. Der wiederum eng verbandelt ist mit dem „Katehon"-Milliardär und den Salvini-Boys.

Im Laufe der Jahre, seit 2015, wurden in ganz Mitteleuropa Konferenzzyklen organisiert, weil die Region „sensibler für das Thema der Familie ist als unser verwöhnter, hedonistischer Westen", liest man in einem der Prospekte. Referenten: Komow und Brandi. Die Prämissen lesen sich wie folgt: „Aber diese Länder sehen sich jetzt dem erpesserischen Druck der Europäischen Union und der Vereinigten Staaten ausgesetzt, sich an die tödliche und homosexuelle Agenda anzupassen, der wir hier im Westen seit Jahrzehnten folgen." Die Probeläufe für den Dialog zwischen Lega und Neofaschisten finden folglich nicht nur in den Gemeinderäten statt. Die Themen sind viel breiter gestreut, sie haben mit Geopolitik und Religion zu tun. Und mit Geld, wie immer.

Die Bestätigung auch dafür findet man wieder in einem Abhörprotokoll: Dabei wurde ein Unternehmer und Parteigänger von „Forza Nuova" durch die Carabinieri abgehört*, während er sich mit dem Neofaschisten-Führer Roberto Fiore unterhält. Er fragte Fiore, ob Alexej Komow noch in Italien sei. Fiore antwortet, dass er nach sechs Tagen im Land abgereist sei. Warum interessierte sich Fiores Gesprächspartner für Komow? Es ging um Geschäftsangelegenheiten: Er wollte Informationen über mögliche Investitionen in Russland durch ein im Ausland zu gründendes Unternehmen bekommen und interessierte sich deshalb für das russische Steuersystem.

45. PYRAMIDE DER SOUVERÄNISTEN

Wenn man ein Bild finden sollte für die Front der Souveränisten, die sich in Europa etabliert, dann passt vielleicht die Pyramide am besten. Die Pyramide ist eine Struktur, die auf einen Gipfel hinausläuft: Wer den einnimmt, hat die Aufgabe, das Tun und Lassen der anderen unter ihm zu inspirieren. In diesem Sinne sollte man sich Europa als ein Seil vorstellen, das auf der eine Seiten vom Kreml und auf der anderen vom Weißen Haus gezogen wird. Von Putin und Trump, Souveränisten beide und jeder mit seiner eigenen Agenda, je nach den eigenen nationalen Interessen, aber mit einem gemeinsamen Ziel: die Europäische Union zu destabilisieren, sie zu schwächen und so wie sie heute ist zu zerstören. Und was schien dazu besser geeignet als die Europawahl 2019, mit der Lega an der Regierung in Italien, mit der Partei von Marine Le Pen, die in Frankreich immer stärker wird, der Götterdämmerung der Angela Merkel in Deutschland, dem Vereinigten Königreich, das bald allein dasteht, und einer Vielzahl von antieuropäischen Formationen, die an Popularität gewinnen?

Wenn man dieser Fährte folgt, wird plötzlich alles klarer. Die Pyramide also. An der Spitze stehen die beiden Präsidenten, der Russlands und der der Vereinigten Staaten. Unterhalb des Gipfels findet man die Parteien der institutionellen Rechten. Am stärksten sind heute zweifellos die Lega und das „Rassemblement National" von Le Pen, die beide eine gemeinsame Fraktion im Europaparlament bilden. Sie nennt sich „Europa der Nationen und der Freiheit" und wurde im Juni 2015 gegründet, als Salvini seit über einem Jahr Lega-Vorsitzender war, und ihr gehören Parteien aus mehreren Ländern an: neben dem „Rassemblement National" die FPÖ aus Österreich, die „Partei für die Freiheit" des Niederländers Geert Wilders, aus Polen „Kongres Nowej Prawicy", die belgischen Unabhängigen von „Flamens Interesse", und womöglich stößt bald auch die „Alternative für Deutschland" dazu. In allen Fällen haben wir es zu tun mit Nationalisten, Euroskeptikern, Befürwortern eines Einwanderungsstopps und phasenweise auch eines Ausstiegs aus dem Euro. In ideologischer Nähe dazu findet sich schließlich die sogenannte Visegrad-Gruppe, also die Regierungen aus Polen, der Tschechischen Republik, der Slowakei und Ungarns.

Soweit der Teil des Blocks, den jeder sehen kann. Tatsächlich aber reicht die Allianz viel weiter. Sie beginnt in Russland und den USA und endet bei den Parteien der neofaschistischen extremen Rechten. Die fühlen sich legitimiert, die Muskeln spielen zu lassen, denn sie transportieren ja schließlich Konzepte und Prinzipien, die von denjenigen, die im Parlament sitzen oder an der Regierung sind, „freigegeben" wurden. Und solche politischen Bündnisse können dann, wie so oft, zu wirtschaftliche Verbindungen werden. Wie im Fall von „Front National" und „Casa Pound", über den wir im November 2017 in „L'Espresso" berichtet haben (der Artikel trug den Titel „Cassapound"). Die Recherche machte unter anderem deutlich, wie eng die Anhänger von Marine Le Pen mit führenden Vertretern der neofaschistischen Bewegung in Italien verbunden sind – gemeinsame Geschäfte im Schatten der Kuppeln des Vatikan.

Das alles erinnert sehr daran, was vor vielen Jahren in Italien mit dem „Movimenti Sociale Italiano" passierte. Die bloße Existenz dieser Partei, die aus den Trümmern des Faschismus entstand, legitimierte Gruppen der subversiven Rechten, Ideen zu propagieren, die der Demokratie selbst widersprachen. Und wer darauf antwortet, die Identifikation der rechten Souveränisten mit der neofaschistischen Szene sei eine reine Erfindung, der unterschäftzt das Gewicht der entstandenen persönlichen und wirtschaftlichen Beziehungen. Warum sollte sich ein Lega-Anhänger entscheiden, das T-Shirt von „Casa Pound" überzuziehen? Warum hat Salvini versucht, sich mit den Führern der „Faschisten des dritten Jahrtausends“ im Verein „Sovranità“ zusammenzutun? Was verbindet die Leute der „Front National“ mit den Aktivisten von „Casa Pound“? Und schließlich, wenn sich Faschisten und Lega-Leute im Namen der Religion an denselben Tisch setzten, wie kann man dann leugnen, dass es Synergien zwischen der Partei Salvinis und den faschistsichen Gruppen gibt?

Um diese Schweißnähte besser zu verstehen, eignen sich ganz hervorragend die Überlegungen von Franco Freda, einem der Protagonisten der rechten bleiernen Zeit in Italien: Freda gehörte zu „Ordine Nuovo“, war wegen des Massakers an der Piazza della Loggia angeklagt, wurde freigesprochen, ging dann lange Zeit in den Untergrund und nahm schließlich Kontakt auf mit Teilen der ’Ndrangheta von Reggio Calabria. In einem Interview mit dem Online-Magazin „Estremeconseguenze.it“ vom November 2018 erklärte Freda, warum Salvini so beliebt ist und warum er ihn für einen wahren Führer hält, der Italien bisher fehlte:

„Nach Padua kehre ich nicht mehr zurück. Das ist keine italienische Stadt mehr. Genausowenig wie Mailand noch italienisch ist. Auch in Italien wird kommen, was schon ganze Stadtteile in Frankreich prägt und was in anderen Städten in Deutschland passiert. Wenn es da noch politische Lösungen gibt, ist Salvini der Einzige, der sie finden kann. Er ist der Einzige, der ein bestimmtes Schicksal noch für uns hinauszögern kann … ein Los, das man durch eine militärische Aktion abwenden könnte. Und im Mittelmeerraum und in Europa gibt es nur einen Staat, der die Möglichkeit hat, eine solche Lösung in die Tat umzusetzen, und das ist Israel. Aber ich kann so etwas nicht auf der Straße sagen, weil sie mich des Verrats beschuldigen würden … ich, bekanntermaßen ein Antisemit, zumindest werde ich dafür gehalten *(Pause)* … Es scheint, dass an der Spitze von Salvinis Stab ein gewisser Giorgetti steht und mir wurde berichtet – aber ich geh natürlich nicht hin und frage ihn –, dass der ein begeisterter Leser von Sachen ist, die ich vor 55 Jahren herausgegeben habe, auch ideologisch begeistert. Salvini ist ein Individuum mit enormen Möglichkeiten und sollte nicht wegen bestimmter volkstümlicher Töne verkannt werden. Wenn er sich hält, wird er für Europa von enormer Bedeutung sein, einem zukünftigen Europa, das von Sibirien bis Kalabrien reichen wird."

Der *capitano*, den Freda da betrachtet, sieht aus wie ein neuer Duce, auf den man stolz sein kann, der einzige Verteidiger der weißen Rasse. Natürlich kann der Minister jederzeit sagen, ihn interessiere es ganz und gar nicht, was ein Franco Freda sagt, aber das Problem bleibt: Ein erklärter Rassist mag Salvinis Politik.

In dieser Verschmelzung von scheinbar fernen Welten nimmt die Pyramide der Populisten-Macht Gestalt an. Die Propaganda ist dieselbe. Man muss sich nur einmal in der Social-Media-Öffentlichkeit umtun und sich die Profile von „Forza Nuova" oder der Lega anschauen und die Seiten der Putin- oder Trump-Freunde aufrufen. Dieselben Themen, dieselben Ideen, nur der Ton variiert manchmal, aber das gehört zur Rolle, die jeder einzelne spielt. So werden beispielsweise die Artikel von „Sputnik", der Online-Propaganda des Kremls, ständig von Lega-Anhängern, französischen Rechtsextremen und italienischen Neofaschisten geteilt. Und für Malofejews *Think-Tank* „Katehon" arbeiten Salvinis Freunde genauso wie Figuren aus den Bewegungen, die ihre Nostalgie für die Duce-Jahre pflegen.

In diesen Gemeinsamkeiten, in diesen Propaganda-Laboratorien nimmt die Pyramide Gestalt an. Oben die beiden Weltmächte, in der Mitte die vorzeigbaren Kräfte der Populisten-Szene, unten das Fußvolk aus den Vorstädten, das den Zorn gegen die Einwanderer in passende Bahnen lenkt. Eine Kette, in der jedes Glied eine bestimmte Rolle hat. Eine unerbittliche Maschinerie, innerhalb derer alle einem Ziel folgen: das vereinte Europa und alles, was es repräsentiert, destabilisieren und schwächen, um es den Mächtigen zu übergeben, die am Ende die einzigen sind, die die Spielfiguren hin und her schieben: Trump und Putin.

ANMERKUNGEN

S. 10 https://www.buzzfeednews.com/article/albertonardelli/salvini-russia-oil-deal-secret-recording, 10. Juli 2019

S. 11 Siehe etwa: https://www.repubblica.it/politica/2019/08/06/news/fondi_lega_la_prescrizione_non_blocca_la_confisca_dei_49_milioni-233001977/

Erster Teil

S. 13 Die italienische Ausgabe dieses Buches erschien im Frühjahr 2019. Im August kündigte Matteo Salvini die Regierungskoalition mit der 5-Sterne-Bewegung auf; seit September 2019 ist er nicht mehr Innenminister. (A. d. Ü.)

S. 20 („Enimont-Skandal") – Am 13. Juni 1998 wird Bossi in dieser Sache in letzter Instanz schuldig gesprochen. Der Vorwurf, der auch gegen den damaligen Schatzmeister gerichtet war: illegale Parteienfinanzierung.

S. 21 (Zitat Salvini): Zitiert nach italienischen Medienberichten vom 7. September 2018

S. 25 (Verfahren vor dem Kassationsgericht): Das definitive Urteil des Kassationsgerichts in dem Fall erging am 7. August 2019. Die Lega wurde wegen Veruntreuung von staatlicher Wahlkampfhilfe verurteilt, 48,9 Millionen Euro an den Staat zurückzuzahlen. (A. d. Ü.)

S. 25 (Zitat Calderoli): „Corriere della Sera" vom 9. Juli 2018

S. 25 (Zitat Salvini): „In onda" auf „La7" am 3. Juli 2018

S. 26 **(Urteil Gericht Genua): Vergl. Dokument Nr. 1 im Dokumenten-Anhang zu der Recherche, der unter dem Link http://www.edition-fototapeta.eu/Schwarzbuch-Anhang auf der Webseite des Verlags zur Verfügung steht.

S. 26 **(Nebenkläger) Dokument Nr. 2 im Dokumenten-Anhang

S. 28 (Zitat Salvini) – „ANSA" 7. November 2014

S. 28 („Reform Fornero"): Eine Rentenregelung, die nach der damaligen

Arbeitsministerin Elsa Fornero benannt ist. Sie setzte die jährliche Rentenanpassung an die Inflation für 2012 und 2013 aus und hob das Renteneintrittsalter an. (A. d. Ü.)

S. 28 („Bufetti-Umschläge"): Umschläge einer in Italien sehr bekannten Firma für Büromaterial (A. d. Ü.)

S. 33 („Pontida"): Jährliches Treffen der Anhänger der Lega seit 1990 in Pontida bei Bergamo – der Legende nach wurde hier im Jahr 1167 die „Lega Lombarda" im Kampf gegen Kaiser Friedrich I. Barbarossa begründet. (A. d. Ü.)

S. 34 („Anti-Renzi"): Gemeint ist Matteo Renzi, Politiker und ehemals Vorsitzender des „Partito Democratico" DP; von 2014 bis 2016 italienischer Ministerpräsident. (A. d. Ü.)

S. 35 (Zitat Salvini): Dagospia, 7. November 2014

S. 36 **Dokument Nr. 10 im Dokumenten-Anhang

S. 38 („Rimborsopoli") Skandal um weit überhöhte Ausgaben in italienischen Regionalparlamenten, der 2012 ausbrach, aber nach vielen Ermittlungen zu relativ wenigen Verurteilungen führt. (A. d. Ü.)

S. 40 (PD, Idv und Rentner-Partei) – PD: „Partito Democratico", sozialdemokratisch; Idv: Italia dei valori, Mitte-Links-Partei, die 1998 vom ehemaligen Staatsanwalt Antonio di Pietro gegründet wurde; Rentner-Partei: „Partito die Pensionato", 1987 gegründete Mitte-Rechts-Partei. (A. d. Ü.)

S. 42 („Pontida") (s. o.)

S. 47 Gianni Letta, Politiker der Forza Italia, in allen Regierungen Silvio Berlusconis Staatssekretär im Amt des Ministerpräsidenten (A. d. Ü.)

S. 49 **(Quelle Protokoll): Nr. 11 im Dokumenten-Anhang

S. 51 **(Quelle Trient): Nr. 4 im Dokumenten-Anhang

S. 52 **(Quelle Brignardi): Nr. 5 im Dokumenten-Anhang

S. 52 („Margherita") – gemeint ist die Partei der linken Mitte „La Margherita" oder „Democrazia è Libertà – La Margherita" (DL), die von 2002 bis 2007 existierte. (A. d. Ü.)

S. 60 („Alleanza Nazionale") – 1995 aus dem neofaschistischen *Movimento Sociale Italiano* hervorgegangene italienische Rechtspartei. Ging 2009 in einem Parteienbündnis der rechten Mitte auf. (A. d. Ü.)

S. 61 **(Quelle Kontoauszüge): Nr. 7–8 im Dokumenten-Anhang

S. 62 **(Quelle Kontoauszüge): Nr. 6 im Dokumenten-Anhang

S. 70 **(Quelle Verkauf *Dirfin*): Nr. 16 im Dokumenten-Anhang

S. 77 **(Quelle Parnasi): Nr. 12b im Dokumenten-Anhang

S. 82 **(Quelle Verhör Parnasi): Nr. 12a im Dokumenten-Anhang

S. 93 **(Quelle „Ivad sarl"): Nr. 13 im Dokumenten-Anhang

S. 94 **(Quelle „Ivad sarl / Lazzari"): Nr. 14 im Dokumenten-Anhang

S. 95 **(„Prima Fiduciaria Spa"): Nr. 15 im Dokumenten-Anhang

S. 100 (Quelle Maroni): Ermittlungsakten der Staatsanwaltschaft Reggio Calabria zum Fall „Breakfast" und Francesco Belsito.

S. 101 (Quelle Salvini): Video, veröffentlicht in „L'Espresso" vom 2. März 2015.

S. 104 (Zitat Salvini): „Sky Tg24" vom 19. Dezember 2014

S. 107 **(Verfahren in Caltanisetta): Nr. 17 im Dokumenten-Anhang

S. 107 Licio Gelli, den Faschisten nahestehender Gründer der geheimen Freimaurer-Loge P2, gestorben 2015
Stefano Delle Chiaie, italienischer Neofaschist, Gründer der Organisation „Avantguardia Nazionale" und der terroristischen Vereinigung „Ordine Nuovo"
Toto Riina, Mitglied der sizilianischen Mafia, Boss des Corleonesi-Clans und mutmaßlicher Boss der Bosse. Gestorben 2017 (A. d. Ü.)

S. 109 (Verfahren gegen die 'Ndrangheta): Der sogenannte „Gotha"-Prozess war bei Drucklegung dieses Buches noch nicht beendet. Er richtete sich gegen insgesamt 38 Angeklagte, die als die Spitze – die sogenannte „cuppola" – der Mafia-Organisation aus Reggio gelten. 34 von ihnen wurden zu langen Haftstrafen verurteilt. (A. d. Ü.)

S. 110 (Zitat Miglio): Interview in „Il Giornale"

S. 115 (Zitat Salvini): RaiNews24 vom 30. November 2017

S. 116 („fascioleghismocrociato") – Neologismus, der auf die Faschisten, die Lega und die italienische Christdemokratie („scudo crociato", nach ihrem Parteiwappen) zusammen verweist. (A. d. Ü.)

S. 117 (Andreotti und Almirante) – Giulio Andreotti, langjähriger Spitzenpolitiker der „Democrazia Cristiana" und mehrfacher italienischer Regierungschef. Gestorben 2013.
Giorgio Almirante, Gründer und Chef der neofaschistischen Partei „Movimento Sociale Italiano". Gestorben 1988. (A. d. Ü.)

S. 117 (Bindi) – Rosy Bindi, italienische Politikerin und Linkskatholikin, langjähriges Mitglied der „Democrazia Cristiana" und dann Gründungsmitglied der „Demokratischen Partei" DP. (A. d. Ü.)

S. 118 (Ermittlungen gegen Pagano u. a.) – das italienische Kassationsgericht hat einen Einspruch der Staatsanwaltschaft gegen die Aufhebung des Hausarrests für die Verdächtigten zurückgewiesen.

S. 119 (Regierungen von Rumor und Colombo) – Mariano Rumor, christdemokratischer Politiker, Ministerpräsident Italiens 1968 bis 1970 und von 1973 bis 1974; Emilio Colombo, christdemokratischer Politiker, Ministerpräsident von 1970 bis 1972. (A. d. Ü.)

S. 122 (Udc u. a.) Udc – „Unione di Centro", italienische Zentrumspartei, Mitglied der EVP, gegründet 2002
„Noi Sud" – genauer: „Libertà e Autonomia – Noi Sud", italienische Kleinpartei, vor allem in Kalabrien aktiv, gegründet 2010.
PdL – „Il Popolo della Libertà", italienische Mitte-Rechts-Partei, gegründet 2009 von Silvio Berlusconi.
MpA – „Movimento per le Autonomie", italienische Kleinpartei, vor allem auf Sizilien aktiv, gegründet 2005. (A. d. Ü.)

S. 122 („Berufungsgericht") – in der ersten Instanz im Jahr 2011 waren 13 Angeklagte, darunter Drago, noch verurteilt worden.

S. 123 (Zitat Drago) – „Livesicilia.it" 24. September 2018

S. 123 („Provenzano") – Der Staatsanwalt Giovanni Falcone ermittelte in den 80er Jahren gegen Provenzano wegen mutmaßlicher Verbindungen zur Mafia von Corleone. Das Verfahren wurde mangels Beweisen eingestellt.

S. 125 (Ermittlungen von Termini Imerese) – Das Kassationsgericht bestätigte die Aufhebung des Hausarrests gegen die Brüder Caputo.

S. 125 (Ermittlungen von Termini Imerese) – Verfügung des Untersuchungsrichters am Gericht von Termini Imerese vom 3. April 2018

S. 126 dto.

S. 127 dto.

S. 127 dto.

S. 132 („Mafia Capitale") – in den italienischen Medien geprägter Begriff für eine Reihe von Verfahren, bei denen es um Korruption und Mafia-Strukturen in Rom ging: In dem Zusammenhang wurden 2018 zwei Angeklagte im Berufungsprozess zu hohen Haftstrafen verurteilt. Im Jahr 2014 waren 28 Personen verhaftet worden. (A.d.Ü.)

S. 134 (Zitat Furgiuele) – „Strill.it", 19. September 2012

S. 135 **(Antrag auf Beschlagnahme): Nr. 19 im Dokumenten-Anhang

S. 136 (Zitat Furgiuele) – „Il Lamentino" vom 28. Juni 2018

S. 136 (Beschlagnahme-Bescheid) – Gericht von Catanzaro, 8. August 2016

S. 136 (über Salvatore Mazzei) – Urteil des Gericht von Catanzaro vom 29. Januar 2018, mit dem in der ersten Instanz das Vermögen des Unternehmers beschlagnahmt wird.

S. 140 **(Artuso/Pesce Clan): Nr. 21 im Dokumenten-Anhang

S. 140 (Antonio Francesco Rao) – Festnahmebefehl im Rahmen der Anti-Mafia-Operation „Arca". Rao zählte nicht zu den Beschuldigten.

S. 141 (Zitat Furgiuele) – „Zmedia.it" 5. Oktober 2016

S. 144 **(Gioffrè und Artuso): Nr. 20 im Dokumenten-Anhang

S. 144 **(Abhöraktion) – Abhörprotokoll vom 30. Mai 2011 im Festnahme-Befehl gegen den Pesce-Clan im Rahmen des Ermittlungsverfahrens „Bunker" aus dem Jahr 2012, Antimafia-Behörde von Reggio Calabria

S. 144 (Francesco Pesce): Nr. 22 im Dokumenten-Anhang

S. 145 **(„O.p. Citrus Esperidio"): Nr. 23 im Dokumenten-Anhang

S. 145 („Operation Arca") – Bekannt werden die Ermittlungen 2007, als es zu Festnahmen durch die Anti-Mafia-Behörde von Reggio Calabria kommt.

S. 146 (Aussage Vincenzo Albanese) – Die Familie Cacciola, die mit dem Clan Bellocco zusammenhängt, stand im Rahmen des sogenannten „Mauser"-Verfahrens vor Gericht, das im Januar 2017 in der Berufung mit mehreren Strafurteilen endete.

S. 147 (Zitat) – „Zmedia.it" vom 28. Februar 2018

S. 148 (Zitat Umberto Bellocco) – Die Ermittlungen unter dem Titel „Vento del Nord" wurden von der Anti-Mafia-Staatsanwaltschaft Reggio Calabria geführt.

S. 149 (Ermittlungen in Mailand) – Im sogenannten „Blue Call"-Prozess bestätigte das Kassationsgericht die Urteile vom Juni 2018 gegen 16 Angeklagte.

S. 150 (Cusato) – Cusatos Name erscheint auf der langen Liste von Verwaltungspersonal aus verschiedenen Gemeinden in der Provinz Reggio Calabria, die von den Ermittlern der ROS in einem langen Bericht mit dem Titel zitiert werden: „Ergebnisse der Ermittlungen über den Verbleib der Immobilien, die vom organisierten Verbrechen in der Provinz Reggio Calabria beschlagnahmt wurden ..." Das Dokument ist aus dem Jahr 2007.

S. 151 („'o Criminale") – Aus dem Verhörprotokoll des mit der Justiz von Neapel zusammenarbeitenden Salvatore Scafuto vom 10. Oktober 2016.

S. 153 (MSI und Almirante) – „Movimento Sociale Italiano" – s. o. (A. d. Ü.)

S. 153 „Repubblica sociale italiana", auch bekannt als Republik von Salò existierte von September 1943 bis April 1945 als von Nazi-Deutschland gestützter Rumpfstaat des faschistischen Regimes unter Mussolini im Norden Italiens. (A. d. Ü.)

S. 153 Lorenzo Insigne kommt aus Neapel und spielt für den Fußball-Club der Stadt.

S. 155 (Zitat Pugliese) – „Otto Pagine Avellino", 19. Juli 2018

Dritter Teil

S. 163 (Europaparlament) – „la Repubblica", 2. Dezember 2016

S. 165 (Vokabular) – „il Giornale" 2. August 2018

S. 169 (Medien) – Geschäftsbericht der Lega Nord vom 31. Dezember 2015

S. 169 (analoge Bewertung) – Agi, 7. Oktober 2018

S. 173 **(Vergleich): Nr. 37 im Dokumenten-Anhang

S. 176 („Covalis") – http://www.covaliscapital.com/

S. 176 (Guglielmi) – „Bloomberg", 6. Juni 2018

S. 177 (Zitat Coldiretti) – „Quifinanza.it", 29. Juni 2018

S. 178 (Zitat Lega) – Rede Salvinis im EU-Parlament vom 8. Oktober 2013

S. 180 (Zitat Salvini) – „Corriere della Sera" vom 11. Januar 2018

S. 183 („Casa Pound") – eigentlich „Casa Pound Italia", neofaschistische Bewegung und Partei; ihre Mitglieder sehen sich als „Faschisten des dritten Milleniums". Der Name geht zurück auf ein 2003 in Rom besetztes Haus: Der Dichter Ezra Pound mit seinen rassistischen und antisemitischen Positionen war Anhänger Mussolinis. (A. d. Ü.)

S. 184 (Zitat Mascetti) – „Lettera 43", 18. Juli 2016

S. 185 (Cardin-Report) – *Putin's asymmetric assault on democracy: implications for US National Security*, 10. Januar 2018

S. 185 (Zitat Schechowtsow) – Anton Schechowtsow, *Tango Noir. Russia and the Western Far Right*, Routledge, 2018

S. 186 **(„Sovranit"): Nr. 24 im Dokumenten-Anhang

S. 186 (Zitat Ictv) – Ictv, Sendung vom 13. Juni 2017

S. 186 (Zitat Osipow) – „Notize Geopolitiche", 15. Juni 2017
S. 187 **(„Adresse"): Nr. 30 im Dokumenten-Anhang
S. 187 **(„Orion"): Nr. 31 im Dokumenten-Anhang
S. 188 (Interview) – „La Stampa", 1. Dezember 2018
S. 188 **(„ItalAgro"): Nr. 35 im Dokumenten-Anhang
S. 189 **(„Far Global Service"): Nr. 32 im Dokumenten-Anhang
S. 189 **(„Global Service International"): Nr. 33 im Dokumenten-Anhang
S. 190 **(„Agrovenezja"): Nr. 34 im Dokumenten-Anhang
S. 190 (Zitat Schechowtsow) – *Tango Noir.* s. o.
S. 191 („Dugin-Denken") – „Kommersant", 24. März 2016
S. 191 („Isag") – http://www.isagitalia.org
S. 192 („US-Finanzministerium") – Entscheidung vom 19. Dezember 2014
S. 192 („Europäischer Rat") – Entscheidung vom 30. Juli 2014
S. 192 („Front National") – „Mediapart", 2. November 2015
S. 193 (Zitat Malofejew) – „The Guardian", 6. März 2017
S. 194 **(„Katehon"): Nr. 27–28 im Dokumenten-Anhang
S. 194 („Anwesen") – vergl. „L'Espresso", 16. November 2018
S. 195 **(„Zentrum"): Nr. 29 im Dokumenten-Anhang
S. 197 **(„31, Nowinskij Boulevard"): Nr. 25 im Dokumenten-Anhang
S. 197 **(„Tsargrad"): Nr. 26 im Dokumenten-Anhang
S. 199 („Termine") – Interview Salvini, „la Repubblica", 18. Oktober 2018
S. 200 („Francesco") – Im Juli 2019 wurde bekannt, dass sich hinter dem Vornamen ein gewisser Francesco Vannucci verbirgt, in einem Interview mit der Nachrichtenagentur ANSA bestätigte er seine Teilnahme und bezeichnete sich als Berater und Finanzexperte. (A. d. Ü.)
S. 204 („PdL") – „Il Popolo della Libertà" (s. o.) (A. d. Ü.)
S. 206 (Zitat Raymond Leo Burke) – *Hope for the World* (mit Guillaume d'Alançon), Ignatius, San Francisco 2016
S. 207 („Ted Malloch") – „la Stampa", 4. Mai 2017
S. 209 (Zitat Brannon) – http://www.dignitashumanae.org
S. 210 („Udc") – „Unione di Centro" (s. o.) (A. d. Ü.)
S. 210 („Comunione e Liberazione") – katholische Laienbewegung (A. d. Ü.)
S. 210 (Zitat Brannon) – „The Independent", 27. September 2018
S. 213 („Opus Dei") – https://opusdei.org/it-ch/article/la-morte-di-un-fedele-soprannumerario-dellopus-dei/.
S. 213 (Zitat Gotti Tedeschi) – „Libero", 8. August 2017
S. 214 **(„Santander"): Nr. 36 im Dokumenten-Anhang
S. 216 (Zitat zu Fiore) – Ermittlungsakten der Carabinieri im Fall „Banglatour" von 2014. Es sei betont, dass gegen Roberto Fiore in diesem Zusammenhang nie ermittelt wurde.
S. 217 (Delle Chiaie) – dto.
S. 217 (Simone Di Stefano) – dto.
S. 218 (Zitat Salvini) – „ANSA", 3. Febrauar 2018
S. 219 (Zitat Grimoldi) – „Lettera 43", 9. Februar 2015
S. 226 (Abhörprotokoll) – Ermittlungsakten der Carabinieri im Fall „Banglatour"

Dieses Buch erschien im italienischen Original im Februar 2019 unter dem Titel *Il libro nero della Lega* bei Editori Laterza, Bari, Rom

ISBN 978-3-940524-83-6

Satz und Gestaltung: Gisela Kirschberg, Berlin
Gesetzt in der Minion und der Frutiger
Druck: GGP Media GmbH, Pößneck